Karl A. Kubinzky

Historisches aus Graz

Karl A. Kubinzky

Historisches aus Graz

Leykam

Satz und Layout: Helmut Lenhart
Gesamtherstellung: Leykam Buchverlag

ISBN 978-3-7011-7694-6

Vorwort

Geschätzte LeserInnen!
Liebe BIG-FreundInnen!
Sehr geehrte Damen und Herren!

Was Sie hier in Händen halten, erfüllt mich als Bürgermeister mit großem Stolz: rund 100 Beiträge der Serie „Historisches aus Graz" aus unserer „BürgerInneninformation Graz", kurz BIG, zusammengefasst zu einem handlichen Band von Prof. Dr. Karl Albrecht Kubinzky.

„Graz-Historiker" Professor Kubinzky hat es in den vergangenen zehn Jahren wie kein anderer geschafft, unsere BIG-LeserInnen mit seinem Wissen zu erfreuen, seine leicht lesbaren Texte gehören zum fixen Bestandteil jeder Ausgabe und werden von seinen Fans, die übrigens in allen Altersgruppen angesiedelt sind, stets mit Spannung erwartet.

Den „Beweis" für ihre ungebrochene Beliebtheit erhielten Kubinzkys Texte im Rahmen einer BIG-LeserInnenbefragung Schwarz auf Weiß: Unter dem Punkt „Wovon wollen Sie mehr lesen" belegten die Zahlen ganz eindrucksvoll: „Historisches aus Graz".

Als „externer Redakteur" ist Professor Kubinzky ein wahrer Glücksfall für das BIG-Team, seine Beiträge kamen stets pünktlich und mit zahlreichen Exemplaren aus seiner umfangreichen privaten Bilder- und Fotosammlung bestückt. Die Themenwahl erfolgte sowohl auf Wunsch der Redaktion als auch durch den Historiker selbst. Nichts kam zu kurz – Innere- wie Randbezirke waren mit interessanten Geschichten vertreten. Und so entstand über die Jahre hinweg ein buntes Bild der Vergangenheit unserer Stadt Graz, das im vorliegenden Buch zum Gustieren einlädt.

Mein Dank gilt an dieser Stelle dem großen Engagement von Professor Kubinzky als BIG-Kolumnist. Er möge uns auch in Zukunft mit seinen historischen Graz-Impressionen begleiten und diese in einer eventuellen Fortsetzung veröffentlichen.

Herzliche Grüße

Mag. Siegfried Nagl
Bürgermeister der Landeshauptstadt Graz

Vorwort des Autors

Seit mehr als 10 Jahren erscheinen in der „Bürgerinformation Graz" BIG der Grazer Stadtverwaltung meine Beiträge unter dem Titel „Historisches aus Graz". Das freut den Autor und hoffentlich auch die Redaktion und möglichst viele Leser. Das positive Echo auf meine Beiträge, es sind fast 100, hat mich zu diesem Buch ermutigt. Es handelt sich um keine historische Fachpublikation, sondern um leicht lesbare Artikel mit dem Wunsch, geschichtliches Wissen zum Grazer und natürlich auch zur Grazerin zu bringen.

Da Wissen über Identifikation und Identitätsbildung zur Zufriedenheit beitragen kann, wurde hier auch versucht, einen Auftrag für die Stadt und ihre Bewohner zu erfüllen. Es sollte auch nicht nur über die Konzentration historischer Ereignisse aus dem Raum der Stadtmitte berichtet werden, sondern auch der Stadtrand und Themen sollten angesprochen werden, welche die Bewohner außerhalb der City betreffen. Oft war die Themenwahl durch den Wunsch der BIG-Redaktion bestimmt und daher für mich eine interessante Herausforderung. Die quantitativen Grenzen der Beiträge setzte mir immer die Redaktion. Aus den Mosaiksteinen der einzelnen hier beschriebenen Beiträge entstand keine „Geschichte der Stadt Graz". Wohl aber ein buntes Bild aus der Vergangenheit der Stadt. Da einzelne Beiträge im BIG Jahre auseinanderlagen, ergeben sich inhaltliche Überlagerungen. Das trifft besonders für die jeweils drei Artikel über die 17 Bezirke zu, die über drei Jahre verteilt erschienen sind. So gestaltet lässt sich jeder Beitrag in beliebiger Reihenfolge lesen. Oft wurde versucht, die historisch orientierten Artikel bis zur Gegenwart fortzuführen. Aktualitäten sind allerdings oft einem schnellen Wandel unterworfen. Ältere Beiträge, so wie jener über die Geschichte des Hauptplatzes, wurden in diesem Buch auf den gegenwärtigen Stand gebracht. Zukünftige Artikel zur Geschichte der Stadt in der BIG geben mir die Chance, etliche der vielen noch nicht bearbeiteten Themen darzustellen.

Mitunter hatte ich den Eindruck, dass meine Bilder wichtiger und wirkungsvoller als meine Texte sind. Die vielen Bilder in diesem Buch versuchen, dieser Vorliebe vieler für Bilder Rechnung zu tragen.

Mein Dank gebührt der Stadtgemeinde Graz, ihren politischen Amtsträgern und der Abteilung für Öffentlichkeitsarbeit (Dominik, Krainz, Schick), dem Verlag und vielen, die mir mit Interesse und Wissen zur Seite standen. Ohne der BIG wäre es nicht zu dieser Beitragssammlung gekommen, ohne den Verlag nicht zu diesem Buch.

Karl A. Kubinzky

Kind sein in Graz

Kindheitserlebnisse prägen früh das Gedächtnis späterer Erwachsener. Es war selten leicht und einfach als Kind in Graz zu leben. Trotzdem, vielleicht aber auch deswegen tragen Erwachsene einen Berg von Erinnerungen mit sich.

Willkommen im 20. Jahrhundert!?

Das ereignisreiche 20. Jahrhundert prägte auch Kindheit und Jugend der Grazer. Mangelzeiten in und unmittelbar nach Kriegen standen am Anfang vieler Leben. Schon während des Ersten Weltkriegs marschierten Kinder im Sinne vormilitärischer Erziehung, wenn auch nur hinter dem Schulwart. Das Völkerballspiel hatte seine Wurzel im Völkerkriegsballspiel (zumindest spricht vieles dafür, dass der Name ursprünglich Völkerkriegsball war und dass es sich um ein Kampfspiel im Umfeld der Propaganda des Ersten Weltkriegs handelte). Väter fehlten oft in den Familienkonstellationen. Im Nationalsozialismus und im Zweiten Weltkrieg wiederholte sich dies noch viel dramatischer. Krieg und Verfolgung zerstörten Familien. Militärische Erziehung war von 1938 bis 1945 für Jugendliche ein Teil der Alltagsrealität. Seit zwei bis drei Generationen haben wir nun Frieden. Eine so lange Friedenszeit gab es bei uns schon lange nicht. Verfeindete Jugendorganisationen in Uniform, die einander prügeln, gibt es zum Glück nicht mehr. Parteien und Religionen lassen ihre Jugendlichen nicht mehr aufmarschieren. Die Last der

Ein Kindermädel in zeitgenössischer Umgebung am Carl-Ludwig-Ring (Opernring) (Ausschnitt aus einem Ölbild von Otto Wintersteiner, 1887).

Erinnerung und die Mahnung für die Zukunft blieben zurück. Aber es gab natürlich auch schöne und lustige Erlebnisse im ewigen Wechsel von Kindheit und Erwachsensein. Die soziale Lebensbühne Graz gab hierfür das räumliche Umfeld und das lokale Identifikationsobjekt. Vergilbte schwarz-weiß oder sepia gefärbte Kinderfotos berichten von Personen, die längst schon von uns gegangen sind.

Am Beginn: Mütter plus Ärzte und Hebammen

1954 gab es in Graz noch 39 selbstständig tätige Hebammen. Gegenwärtig sind es nur mehr 18. Der Schwerpunkt der Berufsausübung hat sich auf Krankenhäuser und Sanatorien verlegt. In der älteren Geschichte der Stadt Graz waren Hebammen meist ältere Frauen, ihre Bezahlung war häufig bescheiden. Oft leisteten sie ihre Arbeit ohne Verdienst. Besonders aber bei adeligen Familien konnten sie einträglich arbeiten. Die von der Landschaft (Landesverwaltung) beschäftigten Hebammen mussten eine mehrjährige Ausbildung bei einer Meisterhebamme (viel später war dies die Lehrhebamme) absolvieren. Die Zeit der Gebärstühle ist längst vorbei. Heute gibt es an der Fachhochschule Joanneum eine Ausbildung in sechs Semestern. Die Tradition von Hebammenschulen geht in Graz bis zum Ende des 18. Jahrhunderts zurück.

Im Palmburg genannten Gebäude Paulustorgasse 15 befand sich im 19. Jahrhundert in einer heute recht eigenartig anmutenden Kombination eine „Findel- und Irrenanstalt", der eine Gebäranstalt folgte. Dort gab es auch eine Einrich-

Familienidylle (um 1900).

tung, die man heute als Babyklappe bezeichnen würde. Seit 1912 befindet sich an dieser Adresse das Bezirksgericht für Strafsachen. Die Findelanstalt übersiedelte nach einer vieljährigen Schließung ins Anna-Kinderspital (Mozartgasse). Ab 1923 übernahm diese Aufgabe die mit der Frauenklinik des LKH verbundene Gebärklinik. Wenig bekannt ist, dass der Gynäkologe Hermann Knaus, der für seine Feststellung der Fruchtbarkeitsperiode („Knaus-Ogino") Weltruhm erlangte, von 1923 bis 1934 am Grazer Landeskrankenhaus arbeitete.

Einst modern, heute nostalgisch

Geschäfte, die auf Kinderkleidung spezialisiert sind, waren und sind in Graz eine Seltenheit. Früher waren sie auf die Innere Stadt konzentriert. Unter ande-

Kind im Fotoatelier Martinelli, Pfarrgasse 1, seit 1929 Fischer-von-Erlach-Gasse (um 1900).

Hausmusik in der Moserhofgasse 53 (um 1912).

Eine unglücklich wirkende kleine Blumenverkäuferin an der Hauptbrücke, seit 2009 Erzherzog-Johann-Brücke (um 1945).

rem sind/waren die Namen Gerstner, Kollmann und Wieser (ehem. Engel) ein Begriff. Haben Sie die sich jeweils modisch ändernden Formen der Kinderwagen beobachtet? Kinderwagen gab es früher u. a. beim Familienbetrieb Renner in der Sauraugasse zu kaufen. Berühmtheit erlangten die „Rennerbuben" mit ihren Luftschiffabenteuern am Beginn des 20. Jahrhunderts. Auch die Spielzeuggeschäfte hatten ihren Standort im I. Bezirk. Den heute erwachsen gewordenen ehemaligen Grazer Kindern sind die Namen Sing, Koch und Breineder ein Begriff. Im Papiergeschäft Seewann in der Herrengasse 5 gab es in den Nachkriegsjahren künstlerisch gestaltete Kleinfiguren. Weniger kunstvoll war mein hölzerner Roller mit seinen leicht ovalen Rädern. Anspruch und Angebot haben sich inzwischen stark verändert. Wer erinnert sich noch an die Märchenvorstellungen in der Theaterschule Neubauer-Neuber im Haus Bürgergasse 3 (ehem. Palais Schwarzenberg)? Eine Generation später besuchten die Kinder die von Erwin Riegler geleitete Märchenbühne.

Neben der vom Buchklub der Jugend empfohlenen und als wertvoll eingestuften Literatur gab es vor zwei Generationen jene Hefte, die meist als „Schundhefte" bezeichnet wurden. Ihre fehlende literarische Qualität glichen sie durch billige Abenteuerdarstellung aus, sie waren jedenfalls bei Halbwüchsigen beliebter als die schulisch geförderten Druckwerke. Was vor vielen Jahrzehnten die begehrten Sammelbilder von Liebigs Fleischextrakt waren, wurden später zu meiner Kinderzeit Bildserien mit Autos, Schiffen, Flugzeugen und Sportlern. Sammelkarten gibt es aber natürlich auch heute noch. Sie haben nur ihre Themen und die Druckqualität verändert.

Menschen altern, Spielsachen auch

Die wegen ihrer Milchgetränke als Baby-Bar bezeichnete Gaststätte im Stadtpark hat nun ihre Funktion geändert. Nur mehr Senioren erinnern sich noch an das „Panorama" (Jungferngasse), das einst fade Dia-Serien zeigte. Es gibt nunmehr keine unerlaubt verlängerten Besuche im Non-Stop (Herrengasse 13) und die Mehrzahl der einst traditionellen Ausflugsziele für Eltern und Kinder am Stadtrand hat geschlossen. Es gibt auch keine typischen Weihnachtsfilme mehr im Orpheum, im Ring- oder im Opernkino. Das

Pichler'sche Spielzeugmuseum Toy, Toy, Toy (Hartiggasse 4) zeigt jetzt nostalgisch das, was einst Kinderaugen zum Glänzen brachte. Alte Spielsachen wurden nun zum Objekt der Begierde Erwachsener in Altwarenhandlungen, auf Fetzenmärkten, aber auch in Antiquitätengeschäften und auf Auktionen. Alte Puppenwagen und deren Insassinnen träumen nun als Dekoration. Für ihre Instandhaltung bedarf es fachlich qualifizierter Hände. Vorsichtige Väter halten ihre Kinder von nun wertvoll gewordenen alten Automodellen und Modelleisenbahnen fern. Der Erfinder der berühmten Matador-Holzbaukästen, Ing. Johann Korbuly (1860–1919), war übrigens Bauleiter unserer Schloßbergbahn. Naturbelassene Spielplätze, wie die Marienwiese mit ihren Teichen, gibt es kaum mehr. Einst waren im Sommer der Hilmteich und einige Wirtshausteiche voll von Ruderbooten. Mutige badeten einst auch in der Mur oder in den Mühlgängen. Rodel- und Skispuren querten früher mehr als heute die Platte und den Rosenberg, die Hänge in der Ragnitz oder in Thal.

Jugendkultur und Zukunftshoffnung

Die einst als kleine, rechtlose Erwachsene behandelten Kinder sind heute hoffentlich als ein wichtiger Teil der Gesellschaft erkannt. Die Wirtschaft hat sie nun als eine interessante Konsumentengruppe identifiziert. Die kommunale Politik bemüht sich um sie. Eigensinnig gehen sie, die Kinder und Jugendlichen, aber ihren eigenen Weg.

Mädchen bei der Fronleichnamsprozession 1961 in der Moserhofgasse. Das abgebildete Haus Nr. 47 gibt es in dieser Art nicht mehr.

Tinte, Schweiß und Fleiß: Schulzeit für alle

Alle Grazer sind irgendwann in eine Schule gegangen, die Mehrheit in Graz. Mit der Schulzeit verbinden sich viele Erinnerungen, gute und schlechte. Wie war das in Ihrer Schulzeit?

Maria Theresia und die Analphabeten

Anfangs war es bevorzugt Aufgabe der Kircheneinrichtungen auch den weltlichen Unterricht durchzuführen. Die berufliche Ausbildung lag in den strengen Händen der Innungen. Bis heute nimmt die berufliche Ausbildung eine Sonderstellung im Schulsystem ein. Die Reformen der Kaiserin Maria Theresia brachten die allgemeine Schulpflicht und stärkten den Einfluss der weltlichen Verwaltung. Trotzdem besuchten in ihrem Todesjahr 1780 kaum die Hälfte der Kinder eine Schule, die übrigen blieben ohne Ausbildung oder sie besuchten nicht anerkannte „Winkelschulen". Noch bei der Volkszählung 1880 gab es in Graz jenseits des Pflichtschulalters 9% Analphabeten. Vor vier Generationen kamen mitunter deutlich mehr als 100 Pflichtschüler auf eine Lehrkraft. Gegen Ende des 19. Jahrhunderts gab es in der Marschall-Volksschule eine Klasse mit 115 Schülern. Die Schulgesetze von 1868 und 1869 schufen die weltliche Organisation der Volks- und Bürgerschulen. Innerhalb dieser gibt es auch noch gegenwärtig Schulen, die weltliche Schulorganisation mit geistlicher Schulleitung verbinden, so jene in Graz,

Evangelische Mädchenschule VI. Klasse (1896).

die mit den Orden der Schulschwestern, der Ursulinen oder der Sacre-Coeur-Schwestern verbunden sind. Konfessionell geführte Schulen gab es in Graz bis 1938 auch durch die Evangelische Kirche und durch die Israelitische Kulturgemeinde. Lang ist die Liste der Privatschulen in der Zwischenkriegszeit.

Schule ist nicht gleich Schule

Nicht nur Inhalt und Stil schulischen Unterrichts änderten sich, sondern auch politische Grundhaltungen, die mittransportiert wurden. Völkerkriegsball und vormilitärisches Exerzieren waren einst Teile eines solchen Auftrags. Die Bilder politischer Leitpersonen und die Staatssymbole wechselten im 20. Jahrhundert besonders häufig. Der Zeitgeist fand auch seinen Niederschlag in den Namen einzelner Schulen. Die Franz-Joseph-Doppel-Bürgerschule für Knaben und Mädchen wurde zur Wielandschule, die auch schon wieder Geschichte ist. Die k. u. k. Infanterie-Kadetten-Anstalt Liebenau wandelte sich zur Bundeserziehungsanstalt, dann in das Haus Liebenau des Großen Militärwaisenhauses Potsdam und nun ist sie die HIB (Höhere Internatsschule des Bundes Graz-Liebenau) mit BG (Bundesgymnasium) und BORG (Bundesoberstufenrealgymnasium). Die Bundesrealschule in der Keplerstraße wurde kurz in eine Staatliche Oberschule für Jungen umbenannt, nun ist es ein Bundesrealgymnasium. Die Namen Königin-Luisen-Schule, Hans-Klöpfer-Schule und Maria-Theresien-Schule hatten nur sieben Jahre Gültigkeit und verschwanden 1945. Einst gab es eine Hausfrauenschule und eine Dienstmädchenschule. Vor 100 Jahren konnten auch

Trinkt Milch aus der Landeszentralmolkerei Graz (um 1930).

Privat-Töchterkurse im I. Staatsgymnasium besucht werden. Auch die Namen der Schultypen wechselten. Aus Hauptschulen wurden Volksschulen, aus Bürgerschulen Hauptschulen, aus Hauptschulen Mittelschulen, aus Gymnasien Höhere Schulen, aus Hochschulen Universitäten. Anfang des 20. Jahrhunderts wurden noch die künftigen Lehrer und Lehrerinnen getrennt ausgebildet. Damals gab es übrigens noch eine Mehrheit männlicher Lehrkräfte. Die geschlechtliche Sortierung bei den Schülern dauerte in einzelnen Schulen bis in die Gegenwart. Die erste Mädchen-Mittelschule Österreichs wurde 1873 im Haus Neuthorplatz 4 (= Kaiserfeldgasse 29) eröffnet und übersiedelte bald in die Sackstraße 16. Als 1869 als Ergänzung zum Akademischen Gymnasium ein II. Staatsgymnasium gegründet wurde, befand sich diese Schule im Haus Griesgasse 29. Mit diesem Standort unzufrieden, übersiedelte diese Schule 20 Jahre später in die Lichtenfelsgasse und wurde so zum Lichtenfels-Gymnasium.

Was blieb? Was änderte sich?

Anfang des 20 Jahrhunderts gab es noch Schulnoten für Sittliches Betragen, Fleiß, Fortgang und Äußere Form der schriftlichen Arbeit. Im Städtischen Mädchen-Lyzeum wurde auch das Schulfach Somatologie und Hygiene unterrichtet und daher auch benotet.

Vergilbte Zeugnisse und stereotype Klassenfotos dokumentieren die längst vergangene Schulzeit. Ihre Betrachtung führt zur meist nur mangelhaft beantwortbaren Frage, was denn aus all diesen Personen, die einst füreinander so wichtig waren, geworden ist. Vorbei ist die Zeit der überbesetzten Schülerheime und Internate unter geistlicher und weltlicher Führung. Die Dezentralisierung der höheren Schulen durch die Neugründungen in den Bezirksstädten veränderten die Schulstrukturen. Es verlagerte sich aber auch der Schwerpunkt der schulischen Ausbildung auf die Gymnasialebene. Der Anteil der Maturanten und Studenten stieg über die letzten Jahrzehnte deutlich. So stehen heute je nach Generation unterschiedliche Strukturmerkmale nebeneinander. An den Wechselunterricht (eine Schule vormittags und eine nachmittags im gleichen Gebäude) können sich noch viele Grazer erinnern. Das städtische Schulsystem der Ersten Republik weitete seine Tätigkeit in Bereiche der allgemeinen Jugendfürsorge

2-A-Klasse der Hirtenschule in der Hirtengasse, Fröbelgasse (1928).

Volksschule Liebenau (1915).

aus. Der Stadtschulrat sorgte für Tagesheimstätten, Ferienkolonien und Erholungsheime. Es gab einen umfangreichen schulärztlichen Dienst und Angebote für sportliche Aktivitäten.

Bis 1938, als die bislang selbstständigen Gemeinden am Stadtrand ganz oder zumindest teilweise zu einem Teil von Graz wurden, sorgten jene Gemeinden für eine eigene Pflichtschulorganisation. So gab es in der Marktgemeinde Mariatrost im Jahr 1935 zwar drei Volksschulen (Mariagrün, Mariatrost, Niederschöckl), mit Lehrpersonal waren sie jedoch nur sehr bescheiden ausgestattet. Die Volksschule Mariagrün hatte zwar einen Direktor und einen Katecheten, aber nur eine Lehrerin. Für jede der Volksschulen gab es einen eigenen Ortsschulrat, der von Mariagrün hatte einen Obmannstellvertreter, der gleichzeitig Schriftführer, Kassier und Schuldirektor war. Zusätzlich gab es in der Gemeinde die landwirtschaftliche Haushaltungsschule „Tannhof".

Was blieb über alle Zeiten? Der Wunsch zu bilden und zu erziehen, gemeinsam mit der Hoffnung, dass dies zu einem guten Ziel führen möge.

Gestellte Szene in der Schulküche Kinkgasse (um 1910).

Die Mehrheit als Minderheit: Alt-Grazerinnen

Es gab in Graz immer mehr Frauen als Männer. Aber es standen immer mehr Männer im Licht der Öffentlichkeit als Frauen. So war es! Wird es auch in Zukunft so sein?

Der weite Weg der Emanzipation

Als charmanter Plauderer berichtet 1855 Albert Polsterer in seinem Grazführer über die 21.260 „Frauenzimmer" der 37.263 Stadtbewohner des Jahres 1826. Zumindest damals und nach Ansicht des Autors waren die Grazerinnen: Zwar nicht von griechischem (?), aber von niedlichem und üppigem Wuchs, hatten meist schönes, oft dunkles Haar, sanft sprechende Augen und eine gesunde frische Gesichtsfarbe. Wie wären wohl die Grazerinnen der Gegenwart zu schildern? Einst war es überwiegend der soziale Status des Ehemannes oder Vaters, der die Position der Frau in der Gesellschaft definierte. Die Mehrheit der Frauen war in der Geschichte im Sinne einer patriarchalischen Gesellschaftsordnung im Haushalt und mit der Familie beschäftigt. Typische Frauenberufe waren bis zur Mitte des 19. Jahrhunderts beispielsweise die Tätigkeit im (meist) fremden Haushalt, die Arbeit als Wäscherin, Kindermädel

Werbung für das Modegeschäft Zwieback in der Albrechtgasse 1 (um 1930).

Um 1910 wurde in Graz die erste Hosenrockträgerin verspottet oder bewundert, jedenfalls beachtet.

Eva Rueber-Staier (Miss Styria, Miss Austria und 1969 Miss World) im Landhaushof.

Ein typischer Frauenberuf: Sekretärin (um 1940).

oder in der Gastwirtschaft. Dann nahm die Zahl der Fabriksarbeiterinnen massiv zu. Es folgte als Zeichen der Emanzipation der Beruf im Handel und im Büro, beispielsweise als „Kontoristin". Ab dem frühen 20. Jahrhundert war die Arbeit beim Herstellen von Telefonverbindungen eine typische Frauenaufgabe, das „Fräulein vom Amt stöpselte die Verbindungen". Die frühe Frauenbewegung hatte auch in Graz eine bürgerliche und eine sozialdemokratische Wurzel. Der Erste Weltkrieg, aber auch der Zweite, brachte für Frauen neue Lebensrollen und Belastungen. Die katholische Kirche ging in ihrer Geschichte einen eignen Weg. Neben der unübersehbaren männlichen Dominanz gab es auch in Graz, insbesondere als Ergebnis der Gegenreformation, eine ausgeprägte Marienverehrung, Frauenklöster und ab dem 19. Jahrhundert damit verbunden ein auch auf Mädchen ausgerichtetes Schulsystem. So war die 1989 seliggesprochene Klara Fietz (1905–1937) am Gymnasium der Schulschwestern tätig. Auch die Parteien entdeckten erst spät Frauen für wichtige politische Funktionen. 1918 zog als Vertreterin der Arbeiterinnenbewegung Martha Tausk als erste Frau in die provisorische Landesversammlung (Landtag) ein. Graz kann stolz berichten, dass es hier von 1893 bis 1898 den ersten Club für Radfahrerinnen in Österreich gab. 1872 und 1873 erschienen in Graz die „Frauenblätter". Ab 1873 gab es für höhere Töchter das „Mädchenlyzeum".

Unsichtbare Frauen

Die Industrielle Anna Zankl (1823–1890), Chefin einer großen Farbenfabrik in Gösting, löste das Problem, dass ihr als Frau sichtlich keine Firmenführung zugetraut wurde, indem sie im Allgemeinen mit „A. Zankl“ auch ein männliches Geschlecht vermuten ließ. Die Schriftstellerin Hilda Knobloch (1880–1960) veröffentlichte auch als Hans Knobloch. Historische Romane waren als Autor besser zu verkaufen. Ähnlich argumentierte die für das Frauenrecht engagierte Schriftstellerin Maria Janitschek (1859–1927), die auch als Marius Stein publizierte.

Typisch für die Darstellung der Frauen in der Vergangenheit ist das Brunnendenkmal (1878) für Erzherzog Johann auf dem Hauptplatz. Die vier einst steirischen Flußsysteme und die Sockelfiguren für die Wissenschaft und Landwirtschaft sind unverkennbar weiblich. In den Nischen der Rathausfront am Hauptplatz standen bis 1957 zwölf Steinfiguren. Es gab dort ganz im Zeitgeist des späten 19. Jahrhunderts keine Frau. Wohl aber waren und sind nun wieder seit einigen Jahren die Kunst und die Wissenschaft am Rathausportal weibliche Symbolfiguren. Der Handel und das Gewerbe sind durch Männer dargestellt. Als 1959 die Ehrengalerie im 2. Burghof in der Burg mit Porträtbüsten von steirischen Prominenten geschmückt wurde, gab es nur steinerne Denkmäler von Männern. Erst viel später (1994) wurde mit Paula Grogger und Anna Plochl (verh. Meran, bez. Habsburg) auch zweier großer Töchter des Landes gedacht. Die Zahl der Straßennamen, die einen ausgeprägt weiblichen Bezug haben, ist in Graz in augenscheinlicher Minderheit. Nur rund 20 Namen weisen auf Frauen hin, da gibt es mehr Vogelnamen im Grazer Straßennetz. So fragt man sich, was denn Vögel mehr für die Stadt geleistet hätten als Frauen. Gegenwärtig wird allerdings versucht, dieses extreme Ungleichgewicht zwischen Frauen- und Männernamen auszumerzen. Womöglich haben es in

Personal des Sanatoriums Wiesler in der Heinrichstraße (1912).

Weiblicher Alltag: Wäsche in einem Keller der Alberstraße (30er-Jahre, Foto: Curt von Coll).

Werbung für das erfolgreiche Kochbuch der Grazerin Katharina Prato: Die Süddeutsche Küche (um 1900).

Zukunft Männer schwer in Graz zur Ehre eines Straßennamens zu kommen.

Gräfinnen, Witwen, Köchinnen, Dienstmägde

Trotz all der hier zu erwähnenden „Wenn und Aber" gab es quer durch die Geschichte von Graz viele Frauen, die hier Anrecht auf ihre Namensnennung hätten. Manche von ihnen gehörten der Oberschicht an, viele den anderen sozialen Schichten. Wenige wurden geehrt, so die Kaiserinnen Maria Theresia, Elisabeth und Anna durch Straßennamen. Wäre die Geschichte (siehe der Tod des Thronfolgers in Mayerling 1889) anders verlaufen, so müsste hier auch der Stephaniensaal und die Stephanienwarte erwähnt werden. Niemand zweifelt beispielsweise am malerischen Talent von Norbertine Bresslern-Roth (1891–1978) oder am Erfolg von Katharina Prato (1818–1897) als Autorin des Bestsellers „Süddeutsche Küche", der in Hunderttausenden Exemplaren erschien. Der Platz um den Uhrturm, der 2008 als „Platz der Ehrenamtlichen" gewidmet wurde, soll auch an die vielen freiwilligen, sozialen und ehrenamtlichen Leistungen von Frauen in Geschichte und Gegenwart erinnern. Wer mehr Informationen über Frauen in Graz einst und jetzt erhalten will, der kann sich an einige einschlägig engagierte Vereine und Gruppen wenden. Die Liste historisch bedeutsamer Grazer Frauen kann im Internet ergänzt werden (http://woment.mur.at/netz/23orte/).

Die Angst der Juristen

Mit drei Verordnungen versuchte noch nach 1900 die Juridische Fakultät der Universität Graz sich vor Studentinnen zu schützen. Es waren keine Studentinnen zugelassen. Wenn es trotzdem welche geben sollte, so dürften diese keine Prüfungen ablegen. Wenn sie trotzdem Prüfungen bestanden haben sollten, so würden diese nicht anerkannt. Diese Formulierungen lassen bereits den erfolglosen Abwehrkampf erkennen. Erst 1919 wurden Frauen offiziell an der Rechtsfakultät zugelassen. Es war das gleiche Jahr, das auch das Frauenwahlrecht brachte. Das allgemeine Männerwahlrecht war allerdings nur wenige Jahre älter (1907). Dies mag ein Beispiel dafür sein, dass die soziale, wirtschaftliche und politische Position vieler Männer in der Geschichte zwar besser als jene der meisten Frauen war, aber ebenfalls recht bescheiden blieb. Nun leben wir in Graz in einer vielschichtigen Gesellschaft. Zumindest sehr theoretisch kann man(n?) sich jenes soziales Umfeld zu seinem Geschlechtsverständnis aussuchen, das zu ihm/ihr passt. Im Rahmen städtischer Freiheit, die oft nur Anonymität ist, müssen auch Superemanzen und Supermachos miteinander auskommen. Oder sich wenigstens wechselseitig ignorieren.

1933 gastierte die Wiener Damenband „Toni Weinlich" auf dem Schloßberg.

Modestudie vor dem neuen städtischen Theater (um 1900).

Hochzeiten gestern, heute und morgen

Auch in Graz wurde natürlich schon immer geheiratet. Doch im Vergleich zu heute gab es viele Unterschiede. Anderes ist dabei über Jahrhunderte fast gleich geblieben. Wussten Sie, dass das Wort Hochzeit (hochzit, hochgezit) ursprünglich allgemein ein weltliches oder religiöses Fest von besonderer Herrlichkeit bedeutete? Dann verengte sich der Begriff auf das Umfeld einer Trauung. Dieses Wort wiederum hängt weniger mit „trauen" zusammen, sondern mit „anvertrauen".

Von Kinderbräuten, Hochzeitsladern und Regierungsgeschenken

Der Historiker Fritz Popelka weiß vom 15. Jahrhundert zu berichten, dass die Hochzeiten der bürgerlichen Oberschicht in Graz so aufwendig waren, dass die Hochzeitstafel auf maximal sechs Tische mit je acht Personen begrenzt wurde. Bei großen Hochzeiten prominenter Bürger hatte einst die Regierung einen Vertreter mit einem Geschenk zu entsenden. Früher war das Heiratsalter deutlich niedriger als heute. Einst gab es spezielle Hochzeitseinlader. Allerdings ist aus dem 17. Jahrhundert belegt, dass diese keine „vertrauenswürdigen Personen" waren. Die Kosten der Hochzeit wurden schon damals der väterlichen Mitgift der Braut zugerechnet. Über die Heirat mit Witwen konnte man zu den Handwerksrechten Verstorbener kommen. Wie viele Frauen wendeten sich wohl an die für Heirat und Ehe zuständige hl. Anna. Maria Straßengel war ebenfalls ein im Zusammenhang mit Hochzeiten gern besuchter Wall-

Bäuerliche Hochzeit in Mariatrost (um 1900).

Großbürgerliches Hochzeitspaar (um 1895).

fahrtsort. Die Wahl des Ehepartners war in der Vergangenheit, besonders in höheren sozialen Schichten, sehr stark vom Willen der Eltern abhängig und von deren Umfeld beeinflusst. Lange war es nur eine Konfession, die mit ihren Pfarrern Paare traute. Dann waren es zwei, später drei, heute sind es rund zwanzig. So kann in Graz beispielsweise auch neuapostolisch oder koptisch geheiratet werden, hauptsächlich sind das jedoch Angehörige jener Religionen – und das weltliche Standesamt vollzieht zuvor den profanen Rechtsakt.

AVE CLAUDIA IMPERATRIX

Historisch berühmt und mit dem Schloss Eggenberg verbunden ist die Hochzeit des Habsburger Kaisers Leopold I. mit seiner Verwandten, der Erzherzogin Claudia Felicitas von Tirol im Jahre 1673. Aufsehen erregten die 30 sechsspännigen Kutschen der Landstände. Die Trauung durch den päpstlichen Nuntius und vier Bischöfe erfolgte im Dom, der damals die Hofkirche war. Die Festtafel gab es in der Burg. Wer gerne Chronogramme (Verschlüsselungen von römischen Jahreszahlen in Texten) auflöst, kann über dem Portal des Eggenberger Schlosses noch aus dem aVeCLaVDIa IMperatrIX die Jahreszahl 1673 herauslesen. Während die Trauungen des Adels in der einschlägigen Literatur gut dokumentiert sind, muss der über bürgerliche Hochzeiten Forschende in den Pfarren und im Diözesanarchiv suchen. Das Standesamt kann solche Informationen erst für die letzten drei Generationen geben.

Brauch, Regeln, Rituale

Kaum werden mehr jene, meist großen, ländlichen Hochzeitsgesellschaften organisiert, die einst in den Pfarrkirchen am Stadtrand bäuerliche Dynastien miteinander verbanden. Durch die Vermischung von städtischen und ländlichen Hochzeitsbräuchen gibt es heutzutage auch in Graz das Brautstehlen und Geld bringende Absperrungen. Aus dem hochzeitlichen Böllerschießen (ein mehr als symbolisches Brautaufwecken) wurde gegenwärtig ein (verbotenes) Hupkonzert. Wer hätte vor Jahrzehnten den Tauben die Freude gemacht und nach der Trauung Reiskörner geworfen? Zu den neuen Bräuchen zählen auch harmlose Manipulationen am Auto der Brautleute. Globalisierung und Fantasie geben heute neue Gestaltungsideen, so wie es auch regional und nach Religionen variierende Hochzeitsbräuche gibt. Traditionell wird in der Obersteiermark die Braut auf der Fahrt zur Nachmittagsjause entführt, in der Südsteiermark beginnt die für den Beistand teure Suche nach der Braut erst nach dem Hochzeitsmahl. All das lässt sich mischen und variieren. Dort, wo früher über den Getrauten beim feierlichen Kirchenauszug mitunter Säbel der Offizierskameraden gekreuzt wurden, sind es nun manchmal moderne Berufsgeräte. Aus dem Hausruckgebiet Oberösterreichs kommt beispielsweise der „Küchenlandler“: Nach dem Festmahl ist ein Tanz für das Küchenpersonal reserviert. Einige typisch steirisch-ländliche Bräuche haben nicht nach Graz gefunden. Es gibt hier keinen Hochzeitslader mit dem „Ladsteckn“, auch ein zu würzendes Sauerkraut vor dem Gasthof ist in Graz unbekannt.

Nicht nur für die Politik, sondern auch für die Hochzeit (und erst recht danach) kann das Zitat gelten, dass „alles so schwierig“ ist. Expertinnen und Fachliteratur haben zu diesem Thema ein kaum mehr überschaubares Wissen. Zum Trost: Irgendwo ist alles Richtige falsch und daher auch alles Falsche richtig!

Verbunden vor Gott und dem Staat, aber auch vor den Familien und Freunden

Geistliches und weltliches Recht und auch Traditionen sind bei Eheschließungen eng miteinander verbunden. Eine erste demonstrative Trennung von kirchlichem und staatlichem Eherecht erfolgte schon 1783 durch das Ehepatent von Kaiser Josef II. 1868 erfolgte ein weiterer Schritt in Richtung einer staatlichen Regelung für Hochzeiten. Aber erst im Jahr 1938 wurde durch die damals vollständige Trennung von Kirche und Staat den Standesämtern die alleinige Matrikelführung überantwortet. Das rechtlich nicht einfache Verhältnis zwischen der staatlichen und der kirchlichen Trauung ist durch Verträge und Gesetze geregelt. Begriffe wie „Ehegattenerbrecht, Ehegüterrecht und Zuge-

Am 6. Juni 1937 heiratete dieses Paar (vermutlich im Mausoleum) und die Hochzeitskutsche wartete schon.

winngemeinschaft" zeigen, dass Hochzeiten nicht nur aus Ringtausch, Kuss und Brautstraußwerfen bestehen. Das weiße Brautkleid wurde erst im 19. Jahrhundert zur Standardkleidung der Braut. Wer auf alte Bräuche hält, der weiß über viele Tabus und Pseudopflichten bei Hochzeiten Bescheid.

Wer mit wem?

Über die Motive, die hinter der Wahl des Ehepartners stehen, rätseln heute Psychologen, Soziologen und mitunter auch Schwiegereltern. Quer durch die Geschichte war die Gleichheit oder zumindest die Ähnlichkeit der sozialen Position der Brautleute offensichtlich das wichtigste Kriterium. Einst waren ja auch die sozialen Bühnen, auf denen sich Heiratswillige kennenlernen konnten, deutlicher nach Ausbildung, Beruf und Ansehen sortiert und getrennt, als dies heute der Fall ist. Wahrscheinlich ist heute der Begriff Ansehen durch das Wort Aussehen zu erweitern. Um 1880 heirateten 62% der Taglöhner und 62% der Hausdienerschaft berufsgleiche Frauen. Junge Männer aus sozial angesehenen Berufsgruppen heirateten damals bevorzugt Töchter von Bürgern, die ähnliche Berufe hatten. Zwischen heiraten wollen und können bestand ein wichtiger Unterschied. So lag 1880 in Graz der Anteil der Ledigen bei der Hausdienerschaft mit 88% weit über dem Durchschnitt von 60%. Nur 37% der damals in Graz (Bezirke I–VI) Wohnenden waren hier geboren, 63% waren Zugewanderte. Viele von diesen kamen aus kleinen, ländlichen Orten, etliche auch aus fernen Kronländern, so aus Siebenbürgen, Slawonien oder Mähren. Es braucht nicht viel Fantasie, sich die bunte Mischung der Grazer jener Zeit vorzustellen. Die Integration brauchte Zeit. Das, was man heute als „Mischehen" bezeichnen kann, leistete dem eher einheitlichen Durchschnittsgrazer kommender Generationen Vorschub. In den Bezirken Lend und Gries, den tra-

Kriegsheirat mit Fronturlaub (1941).

Die Hochzeit als Bühne für Emotionen und Symbole.

ditionellen Wohnplätzen der Zugewanderten, hielten sich Lebensmodelle von Minderheiten länger.

Heiratsfreudige Zahlen

Im Mai finden die meisten Hochzeiten statt. Der Begriff „Wonnemonat" hängt zwar mit dem Wort Weide zusammen, aber viele verstehen das wohl anders. Stichwort Mai: Es gibt aber auch Ausnahmen. Im Jahr 1945 dachte im Mai kaum jemand an Hochzeiten. Im Mai gab es damals nur 16 Hochzeiten, im Dezember 1945 aber 137. Früher waren der Dienstag und der Donnerstag die traditionellen Heiratstage, nun ist es mit Abstand der Samstag.

Das Standesamt Graz kann recht unterschiedliche Zahlen für die Hochzeiten pro Jahr melden. 1945 waren es nur 962, 1987 fast 2000, eine Zahl, die auch in der Vergangenheit schon mehrfach überschritten wurde. In den letzten Jahren schwankt die Zahl um 1000. Zwischen 1945 und 2005 ist die Zahl der ledigen Männer, also der nicht verwitweten oder geschiedenen, die heiraten, von 65% auf 70% gestiegen, bei den Frauen von 75% auf 66% gefallen. Im Ausnahmejahr 1945 heirateten 15% der Frauen, die geschieden waren, nun sind es 32%. 1948 waren 76% der beiden Ehepartner Staatsbürger Österreichs, 1991 92% und 2005 nur mehr 46%.

Eine Studie des Instituts für Soziologie der Universität Graz belegt, dass auch noch um 1970 die Heiratspartner bevorzugt aus einem ähnlichen sozialen Umfeld kamen. Ähnliche Schulbildung und, damit verbunden, auch ähnlicher Bekanntschaftskreis waren damals bestimmende Faktoren bei der Partnerwahl. Auch der Einfluss der Eltern und die Beurteilung der Erwählten durch den Freundeskreis spielten eine größere Rolle, als dies von den Betroffenen erkannt wurde. 1970 gaben 25% der damals Heiratenden an, dass sie sich über Bekannte kennengelernt hätten, 15% hatten sich im Beruf kennengelernt, 11% beim Tanz und auf Partys und knapp 10% durch ein ständiges Begegnen. Der Mann war in der Regel um einiges älter. Die Aufgebotsmeldungen des Jahres 1970 zeigten, dass damals ein Viertel der Brautleute schon vor der Eheschließung zusammenlebte. Selbstständige heirateten später, und auch Studenten ließen sich mit der Eheschließung Zeit. Heute ist das alles ganz anders. Oder??

Letzte Ruhe – Tod in Graz

Leben und Tod – auch in Graz sind sie nebeneinander. Der Friedhof ist ein Spiegelbild einer Kultur. Graz besitzt nun mit dem neuen islamischen Grabfeld 15 Friedhöfe. Allein der Zentralfriedhof hat über 30.000 Grabstätten. Was als Teil der Erinnerungskultur fast für die Ewigkeit gedacht ist, verbindet besonders an Gedenktagen Vergangenes mit unserer Gegenwart. In einem Vers des Dichters Hermann v. Gilm († 1864) heißt es: „Ein Tag im Jahre ist den Toten frei." Allerseelen beziehungsweise Allerheiligen ist so ein Tag.

Gräber als Religions- und Kulturdenkmäler

Die Flurnamen Leechfeld und Leechwald (Siedlung, daher auch Grabstätten, keltisch: lea, leb = Grabhügel), aber auch die jüngsten Ausgrabungen im Bereich der Alten Universität und des neuen Landesarchivs samt „Pfauengarten" und 2010 im Bereich der Burg beweisen, dass es, seitdem es Siedlungen im Raum Graz gibt, auch eine Bestattungskultur gibt. Frühe Gräber helfen uns, einen Blick in längst vergangene Zeiten und Kulturen zu werfen. Wie wird wohl einst das Urteil über unsere Zeit auf Grundlage der gegenwärtigen Gräber und Grabsteine aussehen?

Zentralfriedhof: Gräber für gefallene Soldaten verschiedener Armeen (I. Weltkrieg).

Religion und Begräbniskultur

Pfarre und Friedhof gehören in der christlichen Religion zusammen. Viele der Grazer Kirchen besitzen in ihrem Inneren alte und kulturhistorisch wertvolle Grabsteine. Die Mehrheit der Grazer Friedhöfe ist mit katholischen Pfarren verbunden. Dies trifft auch für jene Pfarren zu, die zusammen mit ihrer Gemeinde erst 1938 zu einem Teil der Stadtgemeinde gemacht wurden (Straßgang, Maria Trost, St. Peter, St. Veit). 1856 und 1933 entstanden die beiden Friedhöfe der Evangelischen Kirche. Ein Teil des Zentralfriedhofs gehört der Altkatholischen Kirche (1932, erworben 1993). Die einst durch Wohnort und besonders durch die Religionszugehörigkeit definierten strengen Grenzen der Friedhofswahl bestehen heute kaum mehr. Für Graz von Bedeutung ist auch der Pfarrfriedhof von Feldkirchen und jener der Anatomie beim Tobelbader Waldfriedhof. 1865 wurde der Friedhof der Israelitischen Kultusgemeinde in Wetzelsdorf, damals noch ein Teil Eggenbergs, geweiht. Der Urnenfriedhof und die Feuerhalle (1932) der Stadt Graz gehen auf eine Gründung zweier Vereine (Die Flamme, Landesverein für Feuerbestattung) zurück. Neu ist

Trauerzug mit schwarz verschleierten Frauen in der Zeillergasse (um 1930).

der Interkonfessionelle Friedhof mit dem Muslimischen Gräberfeld. Durch die historische Verbindung von Puntigam mit der Marktgemeinde Feldkirchen hat der dortige Friedhof auch eine Verbindung zu Graz.

Nicht immer bleibt die Erinnerung

Auch wenn der Wunsch besteht, dass Friedhöfe als letzte Ruhestätte der Toten auf Ewigkeit Bestand haben sollen, so ist dies doch selten der Fall. Die Friedhöfe beim Dom, bei der Franziskanerkirche und der Andräkirche sind nur mehr als Platzanlage zu erahnen. Bis ins 19. Jahrhundert gab es bei der Straßganger Rupertikirche einen Friedhof. Der protestantische Friedhof beim heutigen Orpheum wurde im 17. und 18. Jahrhundert als Pestfriedhof genutzt und sein Gelände ab 1786 teilweise zu einer Gaststätte umfunktioniert. Der jüdische Friedhof des Mittelalters im Raum westlich des Jakominiplatzes ist nur mehr durch wenige museale Grabsteine dokumentiert. Seuchenopfer erhielten im Laufe der Geschichte Grabstätten nahe der Idlhofgasse, im Bereich des Stadtparks und bei der Schörgelgasse. Gefallene Soldaten fanden u. a. bei der Viktor-Franz-Straße und am Rosenberg ihre letzte Ruhe. 1945 wurden die Opfer politischen Mordens am Feliferhof verscharrt, am Bismarkplatz (seit 1947: Am Eisernen Tor) befanden sich Gräber von Soldaten der Roten Armee. Wer weiß, wo es sonst noch längst vergessene Tote gibt? Es ist nicht einmal anzunehmen, dass alle Toten des Bombenkrieges bisher gefunden wurden. Die Bomben beschädigten auch die drei der Eisenbahn nahen Friedhöfe.

Denkmäler und die kleinen gelben Zettel

Die Realität der Friedhofsverwaltung kennt die kleinen gelben Aufkleber, die mahnend vom Verfall oder von der Nichtbezahlung berichten. Erinnerungswunsch und Denkmalidee stehen dann im Konflikt mit den realen Gesetzen der

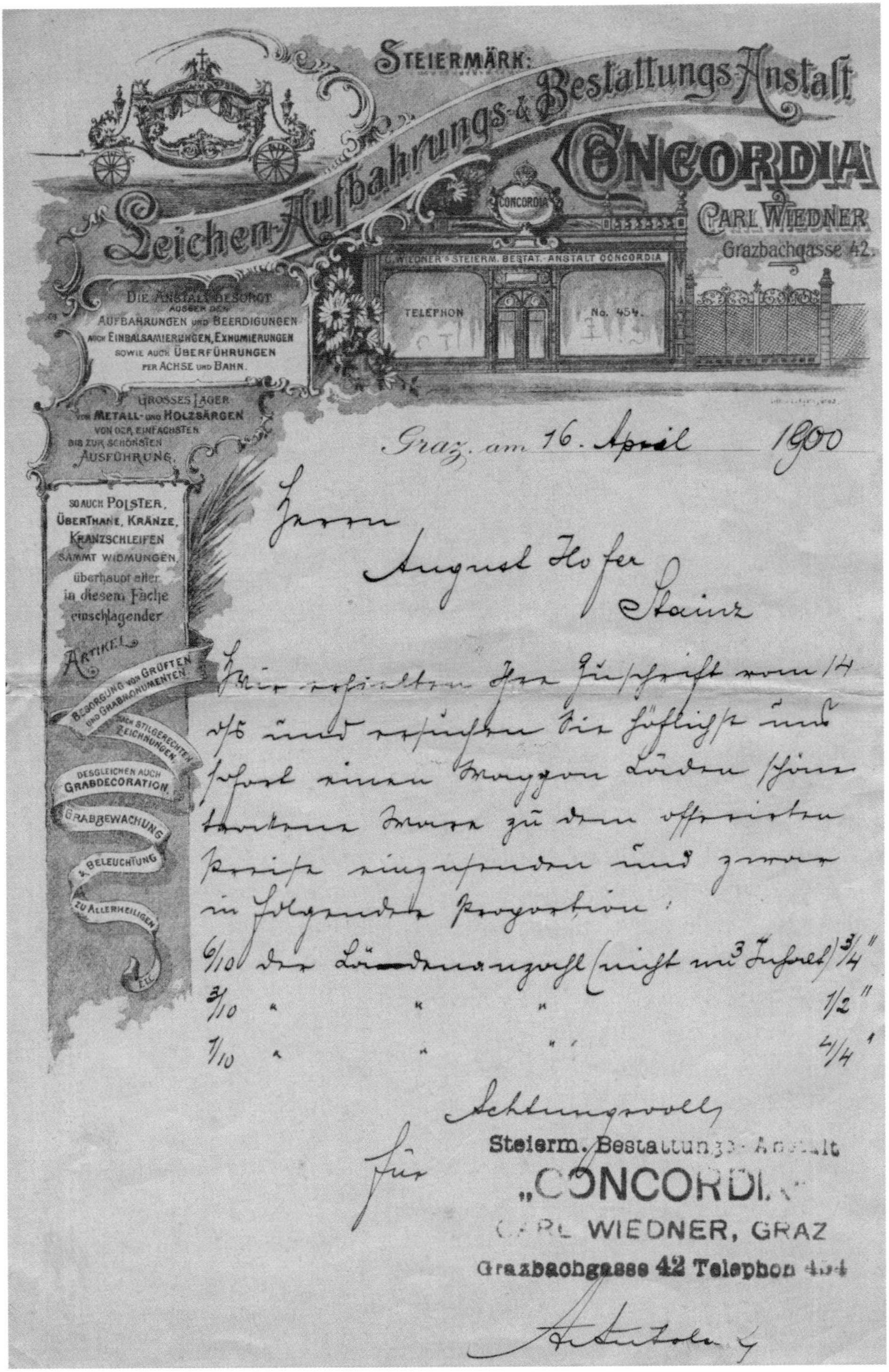

Briefpapier der Steiermärkischen Leichen-Aufbewahrungs- & Bestattungs-Anstalt Concordia, Grazbachgasse 42 (1900).

Friedhofsordnung. Mehr Patenschaften, die gibt es wirklich, für erhaltungswürdige Gräber und die Übersiedlung besonderer Grabsteine an andere geschützte Orte, etwa die Friedhofsmauer, würden der Stadtgeschichte und auch den Toten einen schätzenswerten Dienst erweisen. Christliche Auferstehungshoffnung und irdische Personendokumentation ließen Grabstätten im Zeitgeist, aber auch unter teilweise hohem künstlerischen Aufwand entstehen. Die monotone Gleichheit von Soldatengräbern demonstriert die Gleichheit im Tod.

Eine Stadt der Toten

Einige Friedhöfe imponieren durch ihr Alter und damit durch die Dokumentation vergangener Zeit. Der Zentralfriedhof wiederum zeichnet sich aus durch seine Vielfalt. Nicht nur als religiöse Gedenkstätte, sondern auch als kulturhistorischer Lehrpark. Der von Carl Lauzil (siehe Lauzilgasse) entworfene kommunale und überkonfessionelle Friedhof wurde nach jahrelangem Streit um seine religiöse Bedeutung 1894 von der Stadtpfarrkirche erworben. Seine überkonfessionelle Bedeutung blieb erhalten. So gibt es heute Grabstätten u. a. von ukrainischen, koptischen, muslimischen Gläubigen und von Bahais. Kinder, Exekutive, Soldaten vieler Nationen und beider Weltkriege und Bombenopfer haben auf dem Zentralfriedhof eigene Grabfelder. Das Internationale Mahnmal (1961) für die Opfer des Nationalsozialismus enthält im weiten Gewölbebogen rund 2.500 Namen. Die 20 m hohe Stele zeigt in mehreren Sprachen die Mahnung: „Hütet Freiheit und Frieden, denn wir starben für sie."

Begraben in Graz

Leider gibt es keine vollständigen Register, wer seit der Friedhofsreform von Kaiser Josef II. (Verlagerung der Friedhöfe an den damaligen Stadtrand, 1782, 1784) wo in Graz bestattet wurde. 1965 erstellte das Grazer Stadtarchiv auf Grundlage einer unveröffentlichten Arbeit von Stefan Rechnitz ein Verzeichnis von über 1.000 mehr oder weniger berühmten Toten der Grazer Friedhöfe. Die Wichtigkeit von Grabstätten leitet sich aber auch von der persönlichen Betroffenheit ab. Hier ist daher nur eine sehr kleine und willkürliche Auswahl zitiert: Max Freiherr v. Washington, Robert Hamerling, Carl v. Tegetthoff, Johann v. Reininghaus, Jakob Lorber, Jochen Rindt.

Der Ranghöchste in Graz Bestattete ist Kaiser Ferdinand II. († 1637). Sein Mausoleum ist mit der Katharinenkirche verbunden.

Literatur:

Derler Karin, Urbanek Ingrid: Planung für die Unendlichkeit – Der Grazer Zentralfriedhof, Graz 2002.

Grazer Bestattung: Wegweiser zu den Ruhestätten der Stadt Graz, Graz 2004.

Hafner Ottfried, Kurzmann Gerhard: Tod in Graz – Lebendige österreichische Geschichte auf dem St. Leonhard-Friedhof, Graz 1990.

Kurzmann Gerhard, Resch Wiltraud: Denkmäler und Schicksale – Der St. Peter Stadtfriedhof, Graz 2002.

Obersteiner Gernot P., Wiesflecker Peter: Tod in Graz – Kultur von Sterben und Begräbnis, Ausstellung im Steiermärkischen Landesarchiv, Graz 2003.

Priessner Edda: Der Israelitische Friedhof in Graz, Diplomarbeit, Graz 1992.

Schischek Ingeborg: Der Steinfeldfriedhof, Dissertation, Graz 1999.

Kein Graz ohne Schloßberg – kein Schloßberg ohne Graz

Städte mit Bergen und Burgen mitten in der Stadt gelten als schön gelegen. Beispiele hierfür sind Rom, Prag, Budapest, Lissabon, Salzburg und natürlich auch Graz.

Kein Teufel am Beginn

Da Sie hoffentlich nicht die Sage glauben, dass der Teufel den Schloßberg fallen gelassen hat, stellt sich die Frage nach seiner Herkunft. Er ist gleich zweimal entstanden. Zuerst unter ganz anderen klimatischen Bedingungen als Dolomitkegel im Mittel-Devon vor ungefähr 400 Millionen Jahren, und zwar als Landformung am Rande eines Gebirges. Im Verlauf der Nacheiszeiten formte ihn eine Ur-Mur. Sie brachte und entfernte Schotter.

Spätestens gegen Ende des 10. Jahrhunderts gab es am Südhang eine kleine Befestigung zum Schutz der Straße, die hier die Mur überquerte. In der Folge entwickelten sich die Festung auf dem Berg und die Siedlung an ihrem Fuß parallel, allerdings unter unterschiedlichen rechtlichen Bedingungen.

Kleinburg an der Mur

Aus historischer Sicht: Ohne Schloßberg gäbe es kein Graz. Hätte man den Stadtnamen slawischen Ursprungs übersetzt, müsste nun Graz auf den Namen Kleinburg

Der Schloßberg in theatralischer Überhöhung (Staudner, um 1700).

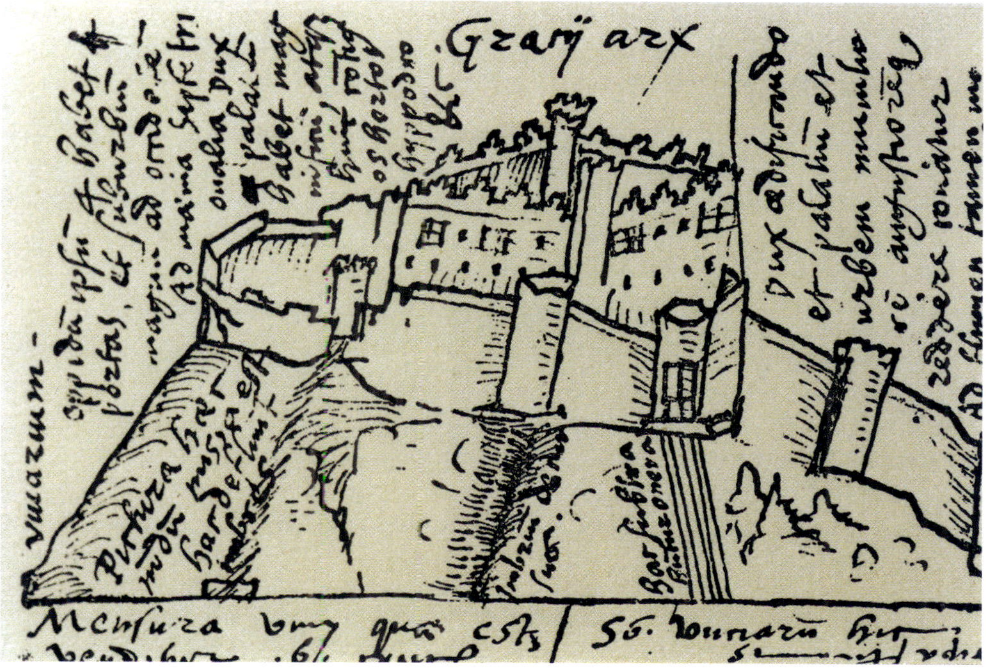

Der Schloßberg zu Graz (Blotius, 1571).

(an der Mur) hören. Im Schutze des 123 m hohen Berges und dessen Besatzung konnte man die Mur überqueren, und es entwickelte sich die Stadt. Eines der ersten Herrschaftszentren des Landes Steiermark lag auf dem Schloßberg. Dort nahm beispielsweise der Habsburger Herzog Leopold III. 1382 die Unterwerfung von Triest an. Ab dem Ende des Mittelalters wurde die Residenz, der „Hof", in die Stadt verlagert, in die „Burg" (Hofgasse). Der Landesfürst besaß den Schloßberg zum Schutz der Stadt. Die Festung war aber auch eine Demonstration der Macht gegenüber der Stadt. Im 19. Jahrhundert erwarben die Stände den Schloßberg. Seit 1885 ist er größtenteils im Eigentum der Stadtgemeinde.

Mythenzerstörung

Im Widerspruch zu Sagen und Fehlinterpretationen belagerten nie Türken den Schloßberg. Der „Türke", es ist keiner, in der Dachluke des Palais Saurau (Sporgasse 25) wurde fälschlich als Beweis dafür verstanden. Der Türkenbrunnen hat seinen historisierenden Namen erst im 19. Jahrhundert erhalten. Auch kein aufmerksamer Hund rettete 1481 am Schloßberg Kunigunde, die Tochter Friedrichs III. Das kleine Hundedenkmal, nun beim Uhrturm aufgestellt, hat eine andere und banalere Geschichte. Wer den „geheimen Gang" von der Stadt auf den Berg unterirdisch sucht, irrt. Er führte, auf der Mauer gebaut, zur Festung, die lange hauptsächlich nur ein berüchtigtes Gefängnis war.

Bewährung 1809

Durch Jahrhunderte bis zu zwei Edikten von Kaiser Josef II. (1782, 1784) war Graz eine Festungsstadt. Dann wurde Graz zu einer „offenen Stadt", der Schloßberg aber blieb Festung, gleichzeitig war er aber auch ein riesiges Gefängnis. Der Schloßberg musste 1809 seine militärische Bewährung ablegen, als er als Festung längst technisch überholt war. Aber da den Franzosen schwere Artillerie fehlte, konnten sich Major v. Hackher, Hauptmann Karl v. Cerrini und die rund 900 Mitstreiter trotz des Beschusses und der Sturmangriffe behaupten. Was in französischen Akten darüber steht, ist uns auch noch nach 200 Jahren unbekannt. 1805, vor und nach der vergeblichen Belagerung von 1809 arbeiteten übrigens die Franzosen und die mit ihnen verbündeten Württemberger an der Instandhaltung der Festung. Insgesamt ging der Krieg für Österreich verloren (Frieden von Schönbrunn) und die Festung wurde weitgehend zerstört. Uhrturm, Glockenturm und eine Bastei kauften die Grazer frei. Die romanische Thomaskapelle, heute wäre sie eine kunstgeschichtliche Sensation, trugen die Grazer selbst ab. Die Fundamentmauern sind nun neben dem Glockenturm, den die Grazer oft nach der Glocke (hl. Elisabeth) Lisl nennen, zu sehen. Feldzeugmeister Freiherr von Welden (siehe Weldenstraße) widmete sich als Kommandant des Schloßbergs weniger seiner Wehrkraft als seiner gärtnerischen Gestaltung. 1848 bis 1856 brachte die Angst vor einer Revolution dem Schloßberg wieder den Charakter einer Festung. Der letzte Kommandant Wilhelm Frh. v. Kalchberg ließ Vogelfuttertische aufstellen.

Architektonische Anschläge scheitern

Johann Kleinoscheg projektierte eine Totalüberbauung des Schloßbergplateaus im historistischen Stil des späten 19. Jahrhunderts. Sein Architekt war Matthias Seidl, sein Propagandist Peter Rosegger. Dieser war übrigens ein so begeisterter Schloßbergüberquerer, dass seine Frau

Das Schweizerhaus mit dem Weldendenkmal (1912).

Projekt Überbauung des Schloßbergs (Mathias Seidl, 1891).

Bau der Schloßbergbahn (1893).

gesundheitliche Bedenken äußerte. Das Projekt Kleinoschegs war so sehr im Detail geplant, dass man sich sogar über den Familienstand des weiblichen Personals Gedanken machte. Auch eine „Walhalla" berühmter Steirer, später am Rathaus realisiert, sollte gezeigt werden. Insgesamt wollten aber die Grazer den monströsen Neubau nicht. Dem hatte sich schließlich auch Rosegger angeschlossen. Nur die Bergbahn, ursprünglich mit Dampf betrieben, wurde 1894 verwirklicht.

Graz sollte als „Stadt der Volkserhebung" 1942/43 im Sinne des Nationalsozialismus weitgehend verändert werden. Für den Schloßberg waren vom Stadtplaner Peter Koller ein hoher Südostturm mit „Blick ins deutsche Unterland" und ein riesiger „Führersaal" geplant. Graz blieb diese Entwicklung erspart.

1950 bewarb Hans Reininghaus das Projekt eines Großhotels auf der Stallbastei. 1963 wurde die Idee diskutiert, die Schloßbergstollen als Großgarage auszubauen. Die Mehrheit der Wähler lehnte 1998 das Projekt eines Kunsthauses im Schloßberg ab. Der Lift zum Uhrturm war ein Teil dieses Projekts.

1945: keine Schlacht um Graz

Im Zweiten Weltkrieg gaben die Stollen im Berg bis zu fast 50.000 Stadtbewohnern Schutz vor Luftangriffen. Ein Teil der Stollen ist im Jahr 2000 zum „Dom im Berg" ausgebaut worden, die Tunnelachse Dr.-Karl-Böhm-Allee–Schloßbergplatz ist jetzt geöffnet. Ein privater Eisenbahnverein (Werkbahnmuseum) nutzt Stollen, ebenso die öffentliche Märchengrottenbahn. Einige Kilometer Stollen und un-

Projekt Peter Kollers zur Umgestaltung des Schloßbergs, ganz rechts der Uhrturm (1942).

terirdische Hauszugänge sind ungenutzt und verfallen. 1956 gab es die Gefahr, dass die Schloßbergbahn durch den brüchigen Dolomit in einen Luftschutzstollen stürzt.

Wirklich zu einer Katastrophe hätte es aber zu Kriegsende kommen können. Im Mai 1945 wäre es beinahe zu einer zweiten Belagerung des Schloßbergs gekommen. Alles war vorbereitet, Panzersperren rund um den Berg sollten die Rote Armee zumindest symbolisch aufhalten. Die 6 km Schloßbergstollen sollten strategische Funktionen haben. Doch dann fehlte es an Verteidigern und auch der Gauleiter hatte sich abgesetzt. So kam es zum Glück für Graz und seine Bewohner zu keiner Schlacht um den Schloßberg.

Denkmalschutz und/oder Naturschutz?

Sind die Felsen, so wie bei der Festung Hohensalzburg, als Denkmal ehemaliger Wehrhaftigkeit zu erhalten? Was wäre mit einer teilweisen Rekonstruktion alter Gebäude? Oder soll der Berg eine grüne Insel sein? Der Zustand des Schloßbergs an seiner kaum besuchten Nord- und Ostseite mit dem einsamen Welden-Denkmal dokumentiert fast schon zu viel Natur. Soll der Schloßberg möglichst intensiv genutzt und bespielt werden? Sind noch mehr Gaststätten, Gedenkstätten und Ehrentafeln gewünscht? Oder gibt es schon jetzt einen gerade noch akzeptablen Kompromiss aller Nutzungsinteressen? Sollte die Stadtgemeinde versuchen, die größeren privaten Grünflächen am Schloßberghang zu erwerben und zusätzliche Zugänge und Wege schaffen? Viele Fragen und daher auch viele mögliche Antworten. 255.000 (Rekord!) Stadtbewohner und daher auch Schloßbergexperten sind zu ihrer Meinungsabgabe aufgerufen. Wer mehr über den Symbolberg von Graz wissen will, kann ihn erwandern und auch viel darüber lesen, so in Peter Laukhardts Buch „Der Grazer Schloßberg“.

Der Türkenbrunnen

Eine Festung, wie sie der Schloßberg darstellte, brauchte eine sichere Versorgung mit Wasser. Dazu dienten Zisternen und zeitweise auch ein Aufzug von der Mur. Wirklich selbst versorgt glaubte sich die Besatzung aber erst durch einen eigenen Brunnen, so tief, dass er den Grundwasserspiegel bei der Mur erreichte. Bergleute und Hilfspersonal errichteten 1554–1558 einen 88 m tiefen Schacht. Jahrzehnte später musste die Brunnentiefe auf 94 m erhöht werden. Im historistisch gesinnten 19. Jahrhundert erhielt der „Tiefe Brunnen" den Namen „Türkenbrunnen". Schöpfwerke mit Seil und Kette ergänzten die Anlage, die immer wieder Probleme verursachte. Nach der weitgehenden Zerstörung der Festungsanlagen durch französische Truppen im Jahre 1809 war der Schacht durch Baumaterial verschüttet. 1837 wieder freigelegt, gab es hier Wasser für die nun zivile Nutzung. Der Steinkranz stammt erst aus dem Jahr 1934. Damals wurde auch eine hölzerne Überbauung des 19. Jahrhunderts entfernt. Bis in die Gegenwart konnte man Steine einwerfen und auf ihren Aufschlag warten. 1979 und 1999, wie P. Laukhardt in seinem Schloßbergbuch berichtet, untersuchten Experten den Schacht. Jetzt ist der Brunnen sicherheitshalber verschlossen. 2003, als dieser Beitrag geschrieben wurde, warteten die Grazer auf die angekündigte neuerliche Öffnung des Schachtes und dessen Beleuchtung. So ganz funktioniert die Beleuchtung auch 2010 noch nicht.

Der „Tiefe Brunnen" (erst im 19. Jahrhundert Türkenbrunnen) mit dem hand- oder pferdebetriebenen Zugwerk und dem Holzaufbau Mitte des 19. Jahrhunderts.

1895: Die Bosniaken kommen

Große Politik bestimmte die Entwicklung

1878 hatte unter Bismarks Führung der Berliner Kongress unter anderem die Entscheidung getroffen, dass das bisher unter der Herrschaft des Türkischen Reiches stehende Bosnien-Herzegowina (BiH) und der Sandschak (Besetzung 1878–1908) nun unter der Verwaltung Österreich-Ungarns zu stehen hätten. Weniger bekannt ist, dass dafür Zahlungen an die Hohe Pforte in Istanbul zu leisten waren und dass österreichische Offiziere das Gebiet schon 1865 vermessen hatten (Kartendruck 1875), ein Indiz für die Gewissheit über die kommende Entwicklung. Mit dieser Politik hängt die österreichische Anerkennung des Islam von 1874 zusammen, mit der Koalitionsstrategie am Vorabend des Ersten Weltkriegs die Ausweitung dieser Anerkennung 1912. Eine teilweise Anerkennung der serbisch-orthodoxen Kirche in Österreich gibt es seit dem 18. Jahrhundert, seit 1860 eine volle Anerkennung.

Opfer auf beiden Seiten

Die Besetzung von BiH erfolgte 1878 weitgehend gegen den Willen der Bevölkerung. Die vorgeblichen Befreier von der türkischen Herrschaft wurden als neue Besatzer verstanden. Die Muslime sahen ihre Religion in Gefahr, die Serben sahen ihre Zukunft in der Gemeinsamkeit aller Serben. Die anfangs geringen Probleme verstärkten sich. Dazu trug auch ein Massaker durch eine ungarische Husareneskadron bei. Die militärische Besatzung (Okkupation) forderte auf beiden Seiten Opfer. Den steirischen Soldaten, die dabei fielen, wurde in Graz am sogenannten Radetzkyspitz 1901 ein Denkmal gewid-

Das II. Bosnisch-Herzegowinische Infanterieregiment in der Großen Dominikanerkaserne in der Grenadiergasse (um 1900).

met. 1908 wurde BiH formlos annektiert und hiermit ein Teil Österreich-Ungarns unter der gemeinsamen Verwaltung beider Reichsteile.

Von Banjaluka nach Graz

1881 war der Befriedungsprozess so weit fortgeschritten, dass in BiH Truppen ausgehoben werden konnten. Diese wurden 1894 in vier Infanterieregimenter umorganisiert. Das zweite Regiment mit dem Ergänzungsbezirk Banjaluka, also dem Norden des Gebiets mit einem serbischen Anteil von 60%, wurde im folgenden Jahr in Graz stationiert. Der staatlichen Politik der übernationalen Einheit entsprechend wurden damals alle Bewohner von BiH ohne Unterscheidung von Religion, Sprache und Identität Bosniaken genannt. Die Dienstpflicht dauerte damals drei Jahre, es folgten neun Jahre Reservepflicht Die Kommandosprache war Deutsch, die Regimentssprache eine Mischung der in BiH gesprochenen Sprachen. Die meist deutschsprachigen Offiziere mussten ein Jahr in BiH dienen und dort die Landessprache erlernen.

Bosniaken als Ordnungsmacht

Da das bosnische Regiment häufig aufgrund seiner Unbefangenheit lokalen Ereignissen gegenüber in jener innenpolitisch angespannten Zeit gegen Demonstranten von Rechts und Links eingesetzt wurde, war seine Popularität bei vielen Grazern vorsichtig formuliert begrenzt. Bei einem mit dem Staat und seinem politischen System identen Bevölkerungsteil waren die Bosnier zumindest anerkannt. Populär aber war die Regimentskapelle unter ihrem Kapellmeister Eduard Wagnes (siehe Wagnesgasse). Insbesondere sein Marsch „Die Bosniaken kommen" fand Beifall. Die Bosniaken marschierten bei der katholischen Fronleichnamsfeier mit und waren auch bei Feiern beim Denkmal für die bei der Besetzung ihres Landes gefallenen Steirer vertreten.

Ein Feldwebel des Regiments im Fotoatelier.

Militärische Parallelgesellschaft

Für gläubige Muslime waren die Lokale der Murvorstadt tabu. Allerdings war ja die Mehrheit der in Graz stationierten Bosniaken ohnedies trotz des orientalischen Fes vermutlich serbisch-orthodox. In der nicht sehr komfortablen Dominikanerkaserne bei der Andräkirche gab es ein bescheidenes orientalisches Café. Die Muslime wurden durch einen Militär-Iman betreut. Die Bosnier blieben bis zu ihrem Abmarsch 1914 in Graz Fremde in einer Art militärischer Parallelgesellschaft.

Uniformen der Bosnisch-Herzegowinischen Infanterie (Brüch, 1895).

Allerdings war damals die Murvorstadt, so wie auch heute, eine bunte Bühne unterschiedlicher Sprachen, Religionen und Identitäten. Inmitten der damals in großer Schar zugewanderten Slowenen und Juden, und den in geringerer Zahl hierhergekommenen Tschechen und Ungarn fielen die Bosniaken eigentlich gar nicht so auf.

Ende im ersten großen Krieg

Neben den steirischen 27ern, den „Belgiern", waren die Bosnier über Jahre das zweite Grazer Hausregiment und trotz ihrer aufgrund der Uniform (blau, auf dem Kopf ein roter Fes) erkennbaren Exotik ein Teil des Grazer Alltags. Ab 1914 brach die alte Welt militärisch, wirtschaftlich und zuletzt auch politisch zusammen. Die Grazer Bosniaken galten im Ersten Weltkrieg als besonders verlässlich und furchtlos. Kein anderes Regiment der österreichisch-ungarischen Armee erhielt mehr Auszeichnungen für Einsatz und Mut. Die Grazer Bosnier waren in der Armee geachtet und vom Feind gefürchtet. Die Italiener bezeichneten sie als „Coloniali", als Kolonialtruppen, und hatten damit teilweise recht. Soweit die bosnischen Soldaten 1918 Österreich verließen und in den neuen Staat der Serben, Kroaten und Slowenen (SHS, Bosnier oder Albaner kommen auch im Namen des späteren Jugoslawien nicht vor) heimkehrten, kann angenommen werden, dass sie als Kämpfer der anderen Seite der Front nicht als Helden empfangen wurden. Dass sich dieses Problem aber auch positiv lösen ließ, bewies der spätere Präsident Tito, ebenfalls ein ehemaliger Angehöriger der österreichisch-ungarischen Armee.

Es blieben Namen und Gräber

Einige Erinnerungen blieben. Das Grazer Garnisonsmuseum zeigt Ausrüstungsgegenstände und Bilder der Bosniaken. In der Garnisonskirche (Barmherzigenkirche) gibt es eine Gedenktafel und hin und wieder ist der Marsch „Die Bosniaken kommen" zu hören. Am eindrucksvollsten ist aber der Soldatenfriedhof in Lebring, der letzten österreichischen Station des Regiments beziehungsweise vieler seiner Angehörigen. Die Gräber zeigen gut erkennbar die drei Konfessionen, die in dieser Truppe vertreten waren. Erst 1980 wurde dem Bosniakenregiment in Graz ein Namensdenkmal bei der Straßganger-straße gewidmet: die Zweierbosniakengasse nahe der Gablenzkaserne. Ältere Grazer kennen noch die über Jahrzehnte in Graz angebotenen „Bosniakerln", ein Roggenbrot mit viel Kümmel.

Die neuen „Bosniaken"

Rund 8% der Ausländer (= nicht österreichische Staatsbürgerschaft) in Graz kommen ohne nähere Unterscheidung ihrer sprachlichen und politischen Zugehörigkeit gegenwärtig aus Bosnien. So wie seinerzeit bei den bosnischen Soldaten, so sind auch heute die Bezirke Gries und Lend meist der Lebensraum dieser Zuwanderer. Der Zuzug aus dem Raum Bosnien und Herzegowina wird heute der ehemaligen Bosniaken wegen weder lieber noch weniger gern in Graz aufgenommen. Aber der Hinweis, dass in der „guten alten Welt des späten 19. Jahrhunderts" (die es übrigens nicht gab!) die Welt in Graz nach Sprachen und Identitäten recht bunt war, kann helfen, mit der Gegenwart besser leben zu können. Bis 1918 war 1/3 der Steirer Slowenen und bei der Volkszählung von 1880 wurde festgestellt, dass 2/3 der Grazer nicht in der Stadt geboren worden waren. Auch wenn die überwiegende Mehrheit der nicht in Graz Geborenen trotzdem gebürtige Steirer aus dem nahen und ferneren Umfeld von Graz waren, kann angenommen werden, dass die Grazintegration auch damals nicht immer sehr leicht und unproblematisch war. Einst fehlte es noch dazu weitgehend an einem politischen Grundkonsens, der nun hoffentlich gegeben ist. In Graz besteht seit 1969 eine serbisch-orthodoxe Pfarre. 1992 wurde der Kulturkreis der Muslime in Graz gegründet.

Kapelle des Regiments mit ihrem Dirigenten Eduard Wagnes (vorne, Mitte) (um 1912).

Mozart: Bitte wir auch!

Wien und Salzburg rittern um das Musikgenie Mozart. Weltweit findet unser Wolferl, der sich selbst meist Amadé nannte, Würdigungen. Da ist es nur recht und billig nach seiner Verbindung zu Graz zu fragen. Was gibt es hier außer eigener Mozartkugeln?

30 Orte in Österreich hatten einst Mozart kurz oder länger zu Gast. Graz war nicht dabei. Schade! Wir sind aber trotzdem nicht eine nun modisch inspirierte „mozartfreie Zone“ (2006 als Alternativprogramm in Graz propagiert), weder einst noch jetzt. Was eine Übernachtung des durchreisenden Meisters der Stadt gebracht hätte, ist aus heutiger Sicht höchst fraglich. Schließlich ist das Bleibende an Mozart seine Musik. Und diese ist auch in Graz reichlich und gut vertreten. Mozart war und ist in Graz präsent – sei es in der Oper, im Konzertsaal oder auf kleinen Musikbühnen und in Sängerrunden. Es gibt aber auch noch andere lokale Spuren des Musikgenies.

Schon 1788 gab es eine Aufführung der „Entführung aus dem Serail“. Unter dem Theaterdirektor Joseph Bellomo wurde zwischen 1791 und 1797 rund 70-mal Mozart aufgeführt. Am 29. Mai 1793 erfolgte die Grazer Erstaufführung der „Zauberflöte“, zwei Jahre nach der in Wien. Zwischen 1788 und 1823 (Theaterbrand) gab es 114 Aufführungen der „Zauberflöte“, 98 von „Don Giovanni“ und 38 der

Der Mozart 1792 gewidmete Pavillonbau (Mozart-Tempel) im Garten des Hauses Schubertstaße 35.

Lünettenbild im Kammermusiksaal (Julius Schmidt, 1908).

„Hochzeit des Figaro". Zwischen 1970 und 2000 standen 12-mal Inszenierungen von Werken Mozarts auf dem Spielplan der Oper. Graz war auch der Auffindungsort etlicher Originalnoten Mozarts.

Das älteste Mozart-Denkmal

Sowohl im Stefaniensaal als auch im Schauspielhaus befinden sich Reliefs von Mozart. Im Kammermusiksaal kann man auf einem Gruppenbild Mozart sehen. Der Vorgängerbau des Schauspielhauses, das Ständische Theater, war jene Bühne, die schon zu Lebzeiten Mozarts des Meisters Werk mehrfach und erfolgreich aufführte. Emanuel Schikaneder, der Textdichter der „Zauberflöte", leitete das Theater 1781/82. Der Kaufmann Franz Deyerkauf, sein Geschäft befand sich an der Ecke Sackstraße-Murgasse (wo ist denn nur die darauf hinweisende Tafel verblieben?), sein Besitz in der heutigen Schubertstraße (Mozarthof Nr. 29), stand mit Mozart in enger Verbindung. Nun, im Garten des Nachbarhauses Nr. 35 befindet sich seit 1792 ein kleines Gartenhaus jenes Kunst- und Musikalienhändlers Deyerkauf, das als Mozartdenkmal identifiziert wurde. Der einem Tempel der Aufklärungszeit ähnliche Bau in Form eines achteckigen Gartenpavillons ist schon lange seiner interessanten Fresken beraubt und überdies gegenwärtig leider nicht zugänglich. Graz kann sich aber rühmen, dank Deyerkauf das älteste Mozartdenkmal zu besitzen. Eine Büste Mozarts in Mariagrün kennen wir nur mehr aus der Literatur.

Unterschiedliche Traditionspflege

Als 1870 viele neue Straßennamen eingeführt wurden, erhielt die Gasse vor dem Meerscheinschlössl Mozart als Taufpaten.

Einen Motivbericht über die Namensgebung gibt es nicht. Außer dem Barockschloss hatte die bis dahin zur Heinrichstraße gerechnete Gasse damals nur ein Haus. Im nun der Universität gehörenden Meerscheinschlössl mit der Adresse Mozartgasse 3 befindet sich seit Jahren das Institut für Musikwissenschaft und damit eine Stätte der Mozartforschung. Die Grazer Ortsgruppe der Internationalen Stiftung Mozarteum besteht erst seit 1929, sie ist nur eine von weltweit rund 90. Wohl aber ist sie aktiv, in ihrem musikalischen Aufgabenbereich wie auch in der Pflege von Mozarts Andenken. So steht seit 1936 eine Büste (Künstler: Werner Seidl) auf einem Steinsockel nahe dem Franz-Joseph-Brunnen im Stadtpark. Mozarts einschlägigen Interessen folgend, benannte sich eine von 1927 bis 1936 in Graz bestehende Freimaurerloge nach dem Meister. Dem gleichen Umfeld ist eine Mozartbüste im Stiegenhaus des Hauses Paulustorgasse 3 zuzurechnen.

Exlibris der Mozartgemeinde Graz (1929).

Mozart-Denkmal im Stadtpark (W. Seidl, 1936).

Verwandtschaftliche Beziehungen

Mozarts Witwe Constanze kam dreimal nach Graz und bedankte sich 1796 in der „Grätzer Zeitung“ recht freundlich für die Unterstützung, die sie hier erhalten hatte. Mozarts Sohn Wolfgang Amadeus wohnte 1820 im damals bekannten Gasthof „Zum wilden Mann“ in der Schmiedgasse und gab im Redoutensaal (Schauspielhaus) ein Konzert in Zusammenarbeit mit dem Mozart eng verbundenen Steiermärkischen Musikverein. Karten zum Konzert hatte Deyerkauf (Handlungsgewölbe zum großen Hut am Hauptplatz) in seinem Angebot. Der 1762 in Graz geborene Komponist Jakob Haibel (Heibel) heiratete 1807 eine Schwägerin Mozarts, Sophie Weber. Haibel gehörte in jungen Jahren zur Theatergruppe des Emanuel Schikander. Wenn schon nicht Mozart, so lebte doch sein Großvater mütterlicherseits, Wolfgang Nikolaus Pertl, nach 1700 in Eggenbergischen Diensten einige Jahre in Graz. Die Familie der Schwester Mozarts Maria Anna (Nannerl) hat schicksalsschwere Spuren in Graz hinterlassen. Ihre Enkelin und deren Tochter (Großnichte von Wolfgang Amadeus Mozart) waren Patienten der Nervenheilanstalt „Feldhof". Sie starben 1890 und 1919. Ihre Grabstätte befindet sich auf dem Zentralfriedhof, südlich der großen Einsegnungshalle und Kirche (Grab: 13.a-III-14 II-82).

Das traurige Ende von Mozart-Nachkcmmen (Zentralfriedhof).

Mozart im Stefaniensaal (Julius Schmidt, 1908).

Die Stadtbibliothek bietet bei einer Internetabfrage zum Stichwort Mozart 566 „Treffer" an Sachbüchern und Tondokumenten. Die Steiermärkische Landesbibliothek besitzt zum Thema „Mozart und Graz" u. a. folgende Literatur:

Fussy Hubert: Wie Graz zur Mozartstadt wurde, Histor. Jahrbuch der Stadt Graz, Bd. 16/17, Graz 1986, S. 93–132.

Hafner Ottfried: Mozart in Graz, Graz 1991.

Krempel Edda: Mozart und Graz, Graz 1956.

Stekl Konrad: Dokumente zum Thema: Mozart und Graz, Blätter für Heimatkunde, 40. Jg., Heft 1, Graz 1966, S. 21–27.

Suppan Wolfgang: Steirisches Musiklexikon, Graz 1962–1966.

Wurz Herbert: Unbekannte Mozartgedenkstätten, Tagespost vom 2. September 1942, Graz.

In guten wie in schlechten Tagen: Rund 640 Jahre war Graz habsburgisch

Nur mehr sehr wenige Grazer haben bewusst Graz als Hauptstadt des habsburgischen Kronlandes Herzogtum Steiermark erlebt. Die Farbkombination schwarz-gelb und das „Gott erhalte" der Haydnhymne haben eine historische Dimension erhalten. Für rund 25 Generationen war die Verbindung der Herrscherfamilie mit dem Schicksal der Stadt Graz und des Landes Steiermark eine Selbstverständlichkeit. Gegenwart vergeht, Geschichte bleibt. Hier sollen Verbindungen zwischen der Familie Habsburg und der Stadt Graz skizziert werden.

Fortleben im Namen

Die Republikanisierung der Grazer Straßennamen fand nur bedingt statt. Der Carl-Ludwig-Ring (Opernring) verlor seinen Namen. Auch die Ferdinandsbrücke (Keplerbrücke) und die Franz-Karl-Brücke (Hauptbrücke, 2009 Erzherzog-Johann-Brücke) wurden umbenannt. Auch wurde der Franzensplatz zum Freiheitsplatz und der Kaiser-Franz-Josef-Kai kurzfristig zum Schloßbergkai. Andere Namen blieben jedoch bis heute: Friedrichgasse, Maria-Theresia-Allee, Kaiser-Josef-Platz, Albrechtsgasse, Annenstraße, Elisabethstraße, Heinrichstraße, Rudolfsstraße. Auch der Fürstenstand, der Stephaniensaal und die Stephanienwarte (Platte) gehören zu dieser Form der Traditionspflege. Am Namen des Joanneumrings und des Landesmuseums Joanneum rüttelten nicht einmal kritische Republikaner. Die Kaiser Franz I. und Josef II. haben ihre Denkmäler, Erzherzog Johann dominiert den Hauptplatz. Wer in öffentlichen Gebäuden sucht, findet als Statuen zweimal lebensgroß Kaiser Franz Josef I., einmal Kaiser Franz I. und seinen Bruder

Nur wenige Jahre stand im 19. Jahrhundert auf der Kreuzung Elisabethstraße-Glacisstraße ein Denkmal für Kaiserin Elisabeth, Gemahlin von Kaiser Franz Josef.

Erzherzog Johann sowie ihre Großmutter Kaiserin Maria Theresia. Auf ihre Gründer berufen sich im Namen die Karl-Franzens-Universität (Karl II. von Innerösterreich, Franz I.) und die technische Erzherzog-Johann-Universität.

Das Erbe der Geschichte

Längst regiert kein kaiserlicher Statthalter mehr von der Burg aus im Auftrag der Habsburger die Steiermark. Aber noch immer gehen Hofräte in der Hofgasse an der Hofbäckerei Edegger vorbei zu ihrem Arbeitsplatz in die Burg. Kaiserliche Doppeladler und königliche Adler schmücken historische Gebäude und der steirische Panther und das Landeswappen tragen häufig den Herzogshut. So zeigen auch die neuen Kennzeichen der Kraftfahrzeuge das Landeswappen mit dem Herzogshut. Was an denkmalwürdiger Architektur die Stadt Graz zu einem Teil des Weltkulturerbes macht, hat nicht nur ein erfolgreiches Bürgertum, ein stolzer Adel und die religiöse Baukunst geschaffen, sondern auch repräsentierender Herrscherwille. Also leben wir mit, und mitunter auch von unserer Geschichte. Was wäre die Altstadt ohne Dom (Friedrich III.), Mausoleum (Ferdinand II.), Burg, alte Universität, Jesuitenkolleg und Mariensäule? Die kurzen Zeiten habsburgischer Residenz in Graz im 15. und an der Wende vom 16. zum 17. Jahrhundert bildeten bedeutende Phasen der Grazer Stadtgeschichte. Das Beispiel des Ferdinandeums (siehe Ferdinand II.) zeigt die Verbindung von Tradition und schulischer Funktion.

Die Besuche von Kaiser Franz Josef waren für Graz besondere Ereignisse. Er legte Grundsteine und eröffnete Gebäude.

Die Katharinenkirche mit dem Mausoleum für Kaiser Ferdinand II. (1578–1637) bildet einen Höhepunkt der „Stadtkrone".

Franz Josef besuchte aber auch die Grazer Volksküche (Wielandgasse 18). 1856 und 1883 inspizierte er seine Kadetten in der Gemeinde Liebenau. Dem Kaiser ist der Stadtparkbrunnen gewidmet und die Wielandschule war nach ihm benannt.

Sie lebten in Graz

Aus der steirischen Linie der Habsburger seien hier Herzog Ernst der Eiserne, sein Sohn Friedrich III., Karl II. von Innerösterreich und sein Sohn Kaiser Ferdinand II. erwähnt. Nicht nur die Steiermark allgemein, sondern speziell auch Graz haben von dem von uns so gerne zitierten Erzherzog Johann in vielen Bereichen profitiert. Dies auch dann, wenn die Steiermark nach Tirol nur – sieht man von seiner Anna Plochl ab – die zweite Liebe des populären Erzherzogs war. Die Liste der für Graz wichtigen Gründungen des „steirischen Erzherzogs" ist lang. Was wäre Graz ohne die Universität, deren Wiedereinrichtung 1827 u. a. auf seine Initiative zurückgeht. 1811 begründete er das nach ihm benannte Joanneum, aus dem auch die Technische Universität der Gegenwart und die Landesbibliothek hervorgegangen sind. Die Steiermärkische Sparkasse, die Wechselseitige, das Landesarchiv, der Forstverein und Historische Verein berufen sich auf Initiativen Johanns. Die klassische Südbahnverbindung, die Wien über Graz mit Triest verband, verdankte die Stadt dem Erzherzog. Das Anna-Kinderspital (1854) hatte die Gräfin von Meran (geb. Anna Pochl) als Förderin.

Bis vor Kurzem hatte das Grazer Stadtmuseum dem 1914 ermordeten Thronfolger Franz-Ferdinand, dem prominenten

Die Inkarnation des „guten Habsburgers": Erzherzog Johann. Hier sein Denkmal auf dem Hauptplatz (Bank, 1878).

ersten Toten des Ersten Weltkriegs, einen ständigen Ausstellungsraum in seinem Geburtshaus (Sackstraße 18) gewidmet. Erzherzog Johann wohnte zeitweise in seinem Palais Meran. Aber auch andere habsburgische Familienangehörige wohnten im 19. Jahrhundert zeitweise in Graz, so die Erzherzöge Carl Ludwig und Heinrich. Dieser heiratete, übrigens wie „unser Johann", bürgerlich. Die in der Steiermark lebenden Familien Meran, Liechtenstein, Harnoncourt, Goess und Mayr-Melnhof sind unsere Zeitgenossen und nahe Verwandte der Habsburger und insbesondere Erzherzog Johanns.

Otto von Habsburg, Sohn Kaiser Karls I., hat sich 2006 ins Goldene Buch der Stadt Graz eingetragen.

Vom Konflikt zur Anerkennung

„Von der Parteien Gunst und Hass verwirrt, schwankt ihr Charakterbild in der Geschichte", kann man – frei nach Schillers Wallenstein – zu den Habsburgern zitieren. Als Otto von Habsburg, der Sohn des letzten Kaisers von Österreich, 1967 erstmals nach seiner Österreichverbannung nach Graz kam, gab es recht unterschiedliche Reaktionen. Die einen freuten sich, feierten ihn im Minoritensaal und malten am Kaiser-Franz-Josef-Kai auf eine Wand „Otto herein". Die anderen sahen die Republik gefährdet und protestierten lautstark. 1957 wurden die auf die steirische Geschichte bezogenen Rathausfiguren zersägt. Diese Zeit war unter Vizekanzler Pittermann eng mit dem Begriff des „Habsbsurg-Kannibalismus" verbunden. 12 leere Nischen, ehemals von den Statuen historisch bedeutsamer Steirer geschmückt, erinnern heute auch nach der Neuschaffung der Symbolfiguren von Handel, Wissenschaft, Kunst und Gewerbe an dieses Ereignis. Inzwischen haben

Die einen wünschten sich Otto von Habsburg im Ausland, die anderen warben in den 60er-Jahren „Otto herein" (Kaiser-Franz-Josef-Kai). 1967 kam er erstmals nach Graz.

sich die Bewertungen geändert. Der 1912 geborene Otto von Habsburg ist als einer der letzten prominenten Zeugen einer auch für Graz bedeutsamen Epoche, als eindrucksvolle Persönlichkeit und als erfolgreicher Vortragender und Sachbuchautor gern gesehener und gehörter Gast in Graz. 2006 hat sich nun der Kaisersohn in das Goldene Buch der Stadt Graz eingetragen.

Annenhof-Kino: Halle mit Kasse aus dem Jahr 1931.

Kino-Nostalgie: Der Hauptfilm beginnt!

Wer kann nicht etwas über einen Kinobesuch erzählen? Die Lichtillusionen des Films und das konkrete Erleben auf den Klappsesseln sind ein unauslöschlicher Teil unserer Erinnerungskultur. Jede Zeit hatte ihre typischen Filme und die dazu passenden Kinos. „Blenden" wir zurück. Was sind Ihre ersten Kinoerinnerungen? Märchenfilme? Die Wochenschau? Konflikte mit dem Jugendverbot? Die Begleiterin / Der Begleiter?

Gehen wir in ein Kino der Vergangenheit: Der Kartenschalter mit dem Sitzplan, das Programmheft in Sepiafarbe, das Kinobuffet im Stil der Zeit, das Herumirren im halbdunklen Saal, das typische Geruchsgemisch (ungelüftet, Öl vom Boden, Desinfektionsmittel mit Duftbeimischung). Endlich ist es soweit. In den besseren Kinos ging ein Vorhang auf und nach Werbung und Wochenschau brachte der Ruf „Der Hauptfilm beginnt" die Säumigen in den Saal.

Cineastische Pioniere

Ein Jahr nach der ersten Filmvorführung in Paris und sechs Monate nach einer Demonstration des neuen Mediums in der Reichshauptstadt Wien lernte Graz das „Kino" kennen. Im September 1896 zeigten die Brüder Lumière ihre Entwicklung im Redoutensaal des Grazer Schauspielhauses. Es folgten die Jahre der Wanderkinos. 1906 eröffnete der Wanderkinounternehmer und Mechaniker Oskar Gierke das erste feste Kino in Graz (Jakominigasse 104 = Conrad-von-Hötzendorf-Straße 64). Es folgten 1909 das Maxim Bio(skop) in der Radetzkystraße 10 und das Annenhof, 1910 das spätere Unionkino. In den 20er-Jahren gab es nach dem Kinohistoriker Franz Suppan schon 15 öffentliche

und drei Vereinskinos. Bis 1929 gab es ausschließlich Stummfilme, untermalt von Musik und hin und wieder mit Geräuschaktionen und Filmerklärern.
Stolz betonten einst die Kinos, die damals noch meist Lichtspieltheater genannt wurden, mit ihrem Namen, dass sie Tonfilme zeigen würden. Das Rechbauer ernannte sich gar zum Klangkino. Sogar das ehrwürdige Schauspielhaus brachte einst Filmprodukte. Wo sind die Zeiten, da Filmrisse in Vorstadtkinos während der Reparaturklebung noch mit Hilfe von eingeblendeten Dias nummeriert wurden? Wo sind die aus heutiger Sicht lächerlichen Jugendverbote, die heute schon vom Kinderprogramm im Fernsehen überholt werden? Wo sind die Sensationen, die einst ein Tonfilm, dann ein Farbfilm und schließlich Cinemascope und Stereoton geboten haben? Wo sind die Warteschlangen, in denen man um die letzten Karten kämpfte?
Manche Kinos und ihre Filme bleiben unvergesslich. Die amerikanischen Großfilme im Ringkino und im Girardi, die Heimatfilme im Orpheum und im Opernkino, die Abenteuerfilme im Mur- und Tonkino. Die Kinos klärten auf, lehrten Rock & Roll und Twist, zeigten Helden und die weite Welt und weckten Emotionen. Wer hurtig unterwegs, bei Kasse und jung war, konnte sich um ½ 3 h, ½ 5 h, ½ 7 h und ½ 9 h Illusionen vom Zelluloidstreifen vorführen lassen. Nicht vergessen soll hier die gemeinsame Kinovorstellung als Rendezvousplatz und Kontaktbühne sein. Auch solo war man im Kino nicht allein.

Drehort Graz

Alpin-Film produzierte 1919 Kurzstummfilme wie „Der Sprung in die Ehe“ und „Die Zwangsjacke“. 1929 fand in Graz mit den „G'schichten aus der Steiermark“ die Premiere des ersten österreichischen Tonfilms statt. Es folgten Jahre der Propagandafilme, auch wenn diese zur Ab-

Unionkino Annenstraße 34 (Sammlung Suppan, um 1955).

Schüler um 1955 vor dem Schaukasten der Ton-Lichtspiele in der Conrad-von-Hötzendorf-Straße 64. Der Film war: Dschungel Gangster, II. Teil: Zur Strecke gebracht.

lenkung betont harmlos gestaltet waren. „Die Deutsche Wochenschau" sorgte bis zum Ende für Siegesmeldungen. Die mit Kriegsende leeren Hallen am Thalerhof wurden zum Studio für die „Hexen" (1946). Von diesem Film ist einzig die athletische Figur des späteren Schwarzeneggerfreundes Helmut Knaur („Mui") erwähnenswert. Die Kriminalfilme „Prämien auf den Tod" und „Der Schuss durch das Fenster" der Alpin-Film hatten sogar freundliche Kritiken. Der Erzherzog-Johann-Film (1950) fand trotz O. W. Fischer nur geteilte Aufnahme. Es soll hier auch noch ein Film über die Jugend des Papstes Johannes Paul II. erwähnt werden, Graz hatte dabei die undankbare Rolle des kriegszerstörten Krakau. In der Gegenwart ist u. a. laut Cinestyria J. M. Erma und A. Schwarzenberger, kommerziell Pre TV, Artmedia, EPO Film und der ORF filmisch in Graz aktiv.

Euphorie, Krise und letztlich eine positive Bilanz

Rechnet man heute die Vielzahl von Kinosälen einzelner Unternehmen (Cineplexx: 10 mit 1200 Plätzen, Annenhof: 8 mit 2000 Plätzen u. a.) im Vergleich zur einstigen Zahl an Kinos, so sieht die Bilanz gar nicht so schlecht aus. Zwar ist mit Fernsehen und Video eine harte und artverwandte Konkurrenz erwachsen, aber trotz aller finsteren Prognosen lebt das Kino nach wie vor. Als Kinofestivals kann Graz stolz auf die „Diagonale" und das „Berg- und Abenteuerfilmfestival" hinweisen.

Buffet des Ring-Kinos, Joanneumring 22 (um 1960).

Das Opernkino (Radetzkystraße 1) vor der Schließung (1999).

KINO einst und jetzt

Annenhof UCI (Annenstraße 29)
Apollo (Keplerstraße 38)
Augarten KIZ, Tonkino am Augarten (Friedrichgasse 24)
Bahnhof Non-Stop (Bahnhofplatz 1, Europaplatz 2)
Filmtheater Andritz (Andritzer Reichsstraße 28)
Cineplexx (Alte Poststraße 470)
Falkenkino (Payer-Weyprecht-Gasse 46)
Fröbelkino (Wienerstraße 102)
Geidorf (Geidorfplatz 1)
Girardi, Gloria, Royal (Conrad v. Hötzendorfstr. 10)
Kernstock Lichtspiele (Kernstockgasse 16 = Morrestraße 18)
Lichtspielhaus Gösting (Wienerstraße 234)
Lichtspiele Liebenau (Liebenauer Hauptstraße 103)
Lichtspiele St. Peter (St. Peter Hauptstraße 23, Morrehof)
Lichtspieltheater Straßgang, Puntigamer Kino (Straßgangerstraße 9 = Mitterstraße 9)
Maxim Bio, Stadtkino (Radetzkystraße 10)
Mur, Roland Tonkino, Zentralkino (Griesplatz 27, dann Grenadiergasse 23)
Non-Stop Herrengasse (Herrengasse 13)
Opernkino (Radetzkystraße 1)
Orpheum (Jakobigasse 8 = Orpheumgasse 8)
Parkkino Kroisbach (Mariatrosterstraße 32)
Rechbauer, Elite-Klang-Kino (Rechbauerstraße 6)
Ries (Riesstraße 56)
Ring, Kriegswaisenkino (Joanneumring 22)
Rosegger (Wetzelsdorf, Peter-Rosegger-Straße 62)
Schiller (Plüddemanngasse 196)
Schubert, Kammerlichtspiele (Mehlplatz 2)
Thalia (Opernring 5a)
Theaterkino, Theater am Franzensplatz (Freiheitsplatz 7)
Ton, Cinema (Conrad-v.-Hötzendorf-Straße 64)
Union, Edisontheater (Annenstraße 34)
Westend Filmtheater (Eggenberg, Hauseggerstraße 49)

Wir sind so sportlich! Sind wir es?

Erst Ende des 19. Jahrhunderts kamen die meisten Sportarten, wie Boxen, Fußball, Radfahren und Autorennen, zu uns. Nun brauchen wir sogar eine „Zertifizierte Ausbildung zum/r HochseilgartentrainerIn" (Zitat: Institut f. Sportwissenschaft der Univ. Graz).
Wer schwer körperlich arbeitete, brauchte keinen Sport. Für Frauen war Sport ohnedies tabu. Auch im ländlichen Raum konnte man lange nichts mit Sport anfangen. Nur in Ausahmefällen war man auf „Fitness" bedacht, so bei den Soldaten. Auch in der Oberschicht gab man sich mitunter sportlich. In der Ballhausgasse gab es ein Ballhaus, in dem eine Art Saaltennis gespielt wurde. So war es am 23. Jänner 1623 eine Pioniertat, als die Landstände den Antrag auf Ernennung von Meistern für das Reiten, Fechten und Tanzen stellten. Der Enkel jener „Landschaftlichen Fechtschule" ist der Landesfechtclub (LFC), gegründet 1894. Der Name Schießstattgasse erinnert an einen der alten Grazer Schießplätze. 1862 wurden die Satzungen des Grazer Turnvereins genehmigt. In den Schulen waren körperliche Aktivität und Ertüchtigung lange kein Auftrag. Das „Turnen" brauchte viel Einsatz zur Durchsetzung und zur inhaltlichen Ausweitung. 1848 wurde das Freifach Gymnastik im Gymnasium eingeführt. 1869 gab es Turnen als Pflichtfach an Pflichtschulen. Im Schuljahr 1883/84 wurde dies aber für Mädchen durch Jahre nur mehr zu einem fakultativen (= möglichen) Turnunterrichtsfach.

Turnen – Leibeserziehung – Sport

1811 gab es, der Idee Friedrich Ludwig Jahns folgend, in Berlin den Turnplatz Hasenheide. 1868 ließ der Landtag nordöstlich des Schloßbergs eine Turnhalle mit einem Freiturnplatz errichten. Diese Landesturnhalle, mehrfach umgebaut, wird nun „Landessportzentrum" genannt und steht neben dem „Haus des Sports", ehemals ein Heulager, in der Jahngasse (Name 1870), nahe dem Jahndenkmal (errichtet 1902). Turnen war um

Die Landesturnhalle (1899).

Altmodisch oder modern? Trainingsgeräte der Privatturnanstalt Hermine Schaeffler (Rosenberggürtel 25).

1900 politisch sortiert und ist dies, siehe Dachverbände, im weiteren Sinne meist noch heute. Vor 100 Jahren befanden sich im Vereinsregister beispielsweise der Deutschvölkische Turnverein Jahn, der I. steiermärkische Arbeiter-Athletenklub Vorwärts und der sportlich ambitionierte katholisch-konservative Touristenverein Adria. Es gab aber auch einen Jüdischen Turnverein, einen böhmischen (= tschechischen) Turnverein Sokol und einen slowenischen Turnverein Sokol. Ähnlich sozial und politisch sortiert waren auch die vielen Radfahrvereine. Radfahrschulen wurden damals als unerlässlich betrachtet. 1882 wurde der Grazer Bicycle Club gegründet. Wobei die Meinung vertreten wird, die Bezeichnung Fahrrad wäre in Graz gefunden worden. Der Steiermärkische Automobilclub entstand im Jahr 1900 unter seinem Gründungspräsidenten Hans Reininghaus. Radrennnen und auch Motorradrennen gab es immer wieder in Graz. Berühmt und von den Teilnehmern auch gefürchtet waren die Riesrennen. Um 1900 gab es in Graz zwei Trabrennplätze, einen bei der Lazarettkaserne und einen östlich des Messegeländes. Die Wurzeln des Völkerballspiels sind nicht klar erkennbar. Aber vieles spricht dafür, dass der Name ursprünglich Völkerkriegsball war und dass es sich um ein Kampfspiel im Umfeld der Propaganda des Ersten Weltkriegs handelte. Die Wehrsporterziehung in den nationalsozialistischen Jahren von Graz ist den Älteren noch in Erinnerung. Das soll aber nicht die Freude am Sport im Allgemeinen mindern.

Sportnostalgie – verwelkter Lorbeer

Sogar auf der Suche nach den Wurzeln des alpinen Skilaufs werden wir mit einiger Mühe in Graz fündig. Der Buch-

Die III. Frauen- und Mädchenabteilung der Grazer Turnerschaft (um 1910).

halter Max Kleinoscheg (1862–1940) las im Café Thonethof (Herrenhof) vom norwegischen Skisport. 1890 erhielt er aus Trondheim, damals noch nicht unsere Schwesterstadt, die gewünschten Ski (218 cm!). Kleinoscheg wohnte damals im Haus Wielandgasse 10 und testete seine Bretteln nahe der Äußeren Jakominigasse (nun Conrad-von-Hötzendorf-Straße). Erst dann verlagerte sich die Skigeschichte zu Toni Schruf nach Mürzzuschlag. Über die Geschichte des Fußballs in Graz gibt es in diesem Buch anderswo zu lesen.

Ruhm und Vergessen liegen im Sport dicht nebeneinander. Der Grazer Fußballer Rudi Hiden (1909–1973) war einst ein internationaler Star. Auch der Ruhm der gebürtigen Grazerin und Slalomweltmeisterin von 1936 Gerda Gräfin Paumgarten-Hohenschwangau (1907–2000) ist verblasst. Gerade noch der Formel-1-Weltmeister von 1970 Jochen Rindt (1942–1970), einst wohnhaft am Rosenberggürtel 16, blieb uns mehrheitlich in Erinnerung. Pionierinnen waren z. B. im Ersten Frauen Turnverein (Graz 1890) oder im Damen Bicycle Verein (Graz 1893) zu finden. Wer denkt noch an die „Erste Grazer Lawn Tennis Gesellschaft von der Humboldtstraße" (1889), die auf Macadam (mehrschichtiger fester Belag) am Fuß des Rosenbergs spielte? Als der Breunerteich (Hauslabgasse) verbaut wurde und damit als Eislaufplatz verloren ging, entstand westlich der Finanz (Anzengrubergasse) ein einst beliebter Ersatz. In der Ersten Republik gab es in der Reithalle in der Mondscheingasse (siehe der Name Reitschulgasse) auch einen Rollschuhbetrieb. Nur mehr eine Legende ist die Skischanze am Nordhang des Plabutsch, auf der 1931 vor 3.000 Zuschauern 27 m weit gesprungen wurde. Die kalten Schwimmbäder an den beiden Mühlgängen inklusive der als riesige Badewanne projektierten Militärschwimmschule (1835–1978, daher der

Name Schwimmschulkai) leben nur mehr in der nostalgischen Erinnerung. Wo sich in der Lichtenfelsgasse 7 ein Bad befand, stehen nun Wohnhäuser. Auch die Skilifte im Bereich der Platte sind schon Sportgeschichte. Übrig geblieben sind viele Fotos, meist sind es aber unbeschriftete Gruppenbilder, undeutliche Zeugen der Vergangenheit.

Der Formel-1-Weltmeister von 1970: Jochen Rindt (1942–1970).

Sport als Körperperformance

Soziologisch ist die Bühne Sport ergiebig. Die ritualisierte Inszenierung fasziniert. Da gibt es recht unterschiedliche Rollen: Aktiver (erfolgreich, erfolglos), Trainer, Schiedsrichter, Zuschauer (objektiv, subjektiv). Schuljugend-Sport, Hobbysport und erst recht der kommerziell ausgerichtete Profisport zeigen hohen Einsatz und meist Risikobereitschaft. Die von den Teilnehmern gesetzten Erwartungen sind recht unterschiedlich. Die Aufstellung von teilweise recht skurrilen Sportregeln und deren internationale Durchsetzung gehörten zur ernsten Seite des angeblich so lockeren Sports. Die Unterstellung, dass viel mehr Grazer Sport schauen als selbst betreiben, dürfte leider stimmen. Unter der Annahme, dass aktiver Sport Freude macht und häufig gesund ist, noch ein Hinweis: Gegenwärtig warten einige Hundert Sportvereine der insgesamt über 3.700 Grazer Vereine und noch viel mehr einschlägige Ausbildungen und Kurse auf Sie!

Arnold Schwarzenegger zeigte schon mit 16 Jahren seine Muskel (Hotel Steirerhof, 1963).

Badespaß: Wasser, Sonne, Freizeit

„Graz geht baden" ist wohl nicht der treffende Titel für diesen Beitrag. Im alten Graz sah man den persönlichen Umgang mit dem Wasser überdies anders. Man fürchtete Hochwasser der Mur und war insgesamt eher wasserscheu. Auch die schönsten Stadtpalais waren nur äußerst mäßig mit Wasser für den hygienischen Umgang ausgestattet. Es hatte einst dort nach heutigen Normen für die Wohnqualität bestenfalls gerade für „Substandard" gereicht. Auch das Schwimmen hatte man eher ungern. Und wenn junge Burschen die Mur oder die Mühlgänge als Bad benutzten, war dies der Moral abträglich. Aber das sollte sich gründlich ändern.

Waschen und Schwimmen

1894 konnte ein Grazführer (Verlag Franz Pechel) sieben Bäder ankündigen: das Josef-Kodella-Bad (dann: Bad zur Sonne), das Bad des Ludwig Förster (dann: Just, Brandhofgasse), die Militärschwimmschule, zwei „Flußbäder" (besser: Mühlgangbäder) in der Körösistraße, schließlich das Franzensbad in der Schiffgasse und jenes des Anton Bail am Mariahilferplatz. Drei dieser Bäder konnten nur Wannen und die damals modischen Kaltwasserkuren anbieten, die vier anderen hatten Ähnlichkeiten mit heutigen Bädern. Noch 71 Jahre später verrät die amtliche Statistik erschreckende Defizite: 53% der Grazer Wohnungen besaßen

Das kühle Mühlgangbad Körösistraße 42 in den 50er-Jahren (Foto: Hauber).

1965 weder Wannen noch Duschen. Nur in 77% der Wohnungen gab es damals einen direkten Wasseranschluss. Kein Wunder, dass öffentliche Badeanstalten mit Wannenbädern noch in den 60er-Jahren Konjunktur hatten.

Tarzan schwimmt originellen Rekord

Um 1850 erkannte das Militär den Vorteil schwimmfähiger Soldaten und errichtete die Militärschwimmschule (Körösistraße) am linksseitigen nördlichen Mühlgang nahe der heutigen Keplerbrücke. Die Badeanstalt hatte originellerweise das Aussehen einer riesigen Badewanne. Eine Besonderheit und ein Akt der Emanzipation war eine Abteilung exklusiv für Frauen. 1924 trat der aus dem altösterreichischen Temesvárer Banat stammende berühmte Tarzandarsteller Johnny Weissmüller dort auf. Der Rekord dieses schwimmstarken Filmstars krankte daran, dass die Grazer Militärschwimmschule eine einzigartige Bahnlänge hatte. Das Bad wurde 1978 ein Opfer des neuen Bäderhygienegesetzes. Übrigens besaß auch die Militärkadettenanstalt in Liebenau ein eigenes Freibad (1953 BEA-Hallenbad). Die Bosniaken der Grazer Garnison mussten am rechtsseitigen Mühlgang nahe der Wienerstraße baden gehen.

Karriere: Vom Teich zum Badestrand

Um so mehr Natur in Graz verloren ging, desto mehr wünschte man Freibäder. Lehmgruben, die von Ziegeleien übrig blieben (z. B. Pammerbad) und Fischteiche, so in Straßgang, wurden zu Bädern ausgebaut. Das Bad im Thalersee, eigentlich in einem Teich, war in der Ersten Republik beliebt und der See dementsprechend

Badefass des Vereins-Reserve-Spitals in der Handelsakademie Grazbachgasse zur Zeit des Ersten Weltkriegs.

frequentiert. Sonnen- und Badereisen an das Meer gab es damals extrem selten.

Die Gemeinde zählte 25 Bäder sowie Haken und Kabinen

In den 50er-Jahren des 20. Jahrhunderts gab es in Graz 25 Badeanstalten und Freibäder. Dazu gehörten allerdings auch Gesundheits- und Wannenbäder. So die Volksbäder in der Friedrichgasse, Gabelsbergerstraße und in der Gaswerkstraße. Diese waren im städtischen Eigentum, genauso wie die Freibäder Augarten, Wienerstraße, Kinderfreibad und Eggenberg. 18 Bäder wurden von privaten Unternehmern geführt, so das Bad in der Lichtenfelsgasse, das Fruhmann-Schwimmbad, das Pfang-Freibad und das Riegerbad. Die penible städtische Statistik zählte damals 3.830 Haken in den Umkleideräumen

Badekonjunktur am Thalersee (30er-Jahre).

der privaten Bäder. Star dieser Zählung war das Stukitzbad (1.500 Haken), gefolgt vom Bad zur Sonne (810 Haken). Nobler war das Pammerbad, das seinen Gästen 200 Kabinen anbot.

Mehr Badegäste anderswo – weniger Schwimmbäder hier

1974 wurde das neue Eggenberger Bad eröffnet. Es harrt nun nach einem Neubau, dem Vernehmen nach noch 2010, der Neueröffnung. In den 70er-Jahren wandelten sich aber auch die Schottergruben der Autobahnbaustellen südlich von Graz zu Teichen, die bald als Badeseen Karriere machten. Nun waren auch die neuen und großen Bäder in der weiteren Umgebung von Graz, etwa in Frauenthal oder in Eggersdorf, für Grazflüchtige eine Attraktion. So ging die Zahl der Grazer Bäder zurück. Der Anspruch an die Qualität von Bädern erhöhte sich nun in Richtung Komfortausstattung, aber auch Naturbelassenheit. Die meisten Grazer waschen sich nun zu Hause, und aus vielen Freibädern wurde Bauland, wie z. B. das Josefsbad, einst liebevoll Pepperlbad genannt. Was an Bädern blieb, wurde ausgebaut, so die Anlagen der Stadtwerke (Augartenbad, Bad zur Sonne, Eggenberger Bad, Margarethenbad, Stukitzbad und Straßganger Bad). Das Ragnitzbad überlebte als letztes privates Bad der Stadt. Die Stadtgemeinde betreibt noch ein Wannen- und Brausebad (Volksbad Friedrichgasse) und das Kinderfreibad in der Gaswerkstraße. Einige Bäder überlebten nur durch den Einsatz von Aktivbügern, so das Bad zu Sonne, das Margarethenbad und das Stukitzbad.

Wassersport: Breite und Spitze

Zum Dachverband Union gehört das Bad in der Engelgasse (1971), zum ASVÖ

Familien-, Schwimm- und Sonnenbad Lichtenfelsgasse 7 (30er-Jahre).

jenes ATG-Bad in der Kastellfeldgasse (1967) und das VGT-Bad in der Münzgrabenstraße. Den Freizeitschwimmern stehen die Sportschwimmer gegenüber. Wer will klingende Namen hören?: Gert Kölli, Uschi Seitz, Alexander Pilhatsch. Die Wassersportler von GAK, ATG und USC schrieben österreichische Sportgeschichte. Dem Sportpionier Dr. Karl Helfrich wurde nachgesagt, dass er als Trainer Millionen Sprünge vom Dreimeterbrett und vom Turm kritisch verfolgt habe. Zum Schluss noch eine Pointe: Arnold Schwarzenegger sollte Bademeister im Augartenbad werden, entschied sich jedoch für eine andere Karriere.

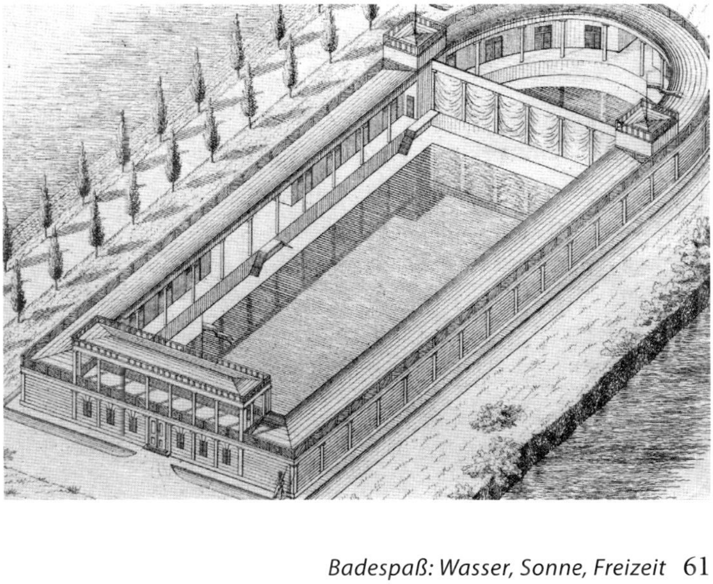

Wie eine große Badewanne: Die Militärschwimmschule (1840–1978) zwischen dem Mühlgang in der Körösistraße und dem Schwimmschulkai (Steinhauser, 1840).

SK Sturm (1920).

44 Füße, ein Ball, zwei Tore

Die Geschichte des Fußballs in Graz ist voll Mythen, Namen, Niederlagen und Siegen. Jede Generation hatte ihre Helden. Viele Vereine prägten ein Stück Sportgeschichte, doch nur zwei hatten langfristig Bedeutung. Fast könnte man sagen, sie trennen Graz in zwei Sportparteien.

Vor erst (oder: schon?) gut 100 Jahren (1893) fand die Idee Fußball zu spielen nach Graz. Der Student Gustav Wagner, später Universitätsprofessor in Prag, überzeugte Mitglieder des Techniker-Alpenklubs und des Akademisch-technischen Radfahrervereins (ATRV) vom englischen Modesport Fußball. 1894 gab es nahe der Landesturnhalle ein Spiel zweier ATRV-Mannschaften. Erst acht Monate danach gab es ein vergleichbares Spiel in Wien. Die Grazer Fußballer übersiedelten bald vom Stadtpark auf den späteren Sportklubplatz westlich des Messegeländes. Wie sich der Ball so dreht: 1895 verloren die Grazer in Wien und spielten im folgenden Jahr in Graz unentschieden. Die erste Begegnung mit einer Mannschaft aus Prag endete 1897 mit einer Niederlage. Nicht alle waren vom Fußballspielen begeistert, und so gab es für Spieler Decknamen und angeklebte Bärte. Doch bald ging es nun immer/oft/häufig für die nun zahlreicher werdenden Grazer Mannschaften positiv weiter.

Als eine Schülerauswahl 1902 überraschend den Stadtfavoriten 4:1 schlug, gründeten die Sieger den Grazer Athletik Klub GAK. Sieben Jahre später wurde in einer verregneten Matchpause von jugendlichen Amateuren im Augarten ein Verein gegründet und nach dem Prager

Die Fußballmannschaft des Arbeiter-Athleten-Sport-Klubs (1924).

Fußball weiblich dominiert: II. GAK Redoute (1921).

Vorbildverein Sturm benannt. Die Vereinsfarben waren schwarz-weiß und ihre Heimat wurde über Jahrzehnte der Bezirk Jakomini. Im Auf und Ab des Fußballspiels als Profisport trennen zur Zeit etliche Klassen die beiden Lieblingsfeinde STURM und GAK.

Wer kennt noch jene weit mehr als 100 Fußballvereine, die kurz oder etwas länger die lokale Fußballgeschichte mitschrieben? Germania, Weiße Elf Gösting, SC Nordstern, Hertha, SC Hermes, FC Kloiber Riedl und Schrott, Hakoah, SV Südbahn-Heizhaus, Olympia Mariatrost ... Tausende Namen haben die Grazer Fußballgeschichte geprägt. Manche mehr (Hiden, Kölly, Schilcher, Fraydl, Senekowitsch, Schachner ...), viele weniger. Das hängt vermutlich auch damit zusammen, dass der Fußball rund ist und in seinem Lauf schon immer nur mangelhaft berechenbar war.

Winter: Holz und Kohle dagegen, Rodel und Ski dafür

Auch in Graz ist jeder Winter eine besondere Herausforderung. Wie war das in der jüngeren Vergangenheit? Etwas Freude und viele Probleme tauchen auf.

Familiäre Winterwirtschaft

Wenn es drohte kalt zu werden, sorgten in den 50er-Jahren rund 140 (!) Grazer Holz- und Kohlenhändler für Abhilfe. Kohlenberge wurden von den Gehsteigen durch die Kellereinwürfe geschaufelt. Der Hackstock im Keller musste benutzt werden. Das Schleppen des Brennstoffes in die Wohnungen war ein typisches Winterproblem. Die Rauchfänge kamen ihrer Aufgabe nach und mitunter war der Schnee durch die Luftverschmutzung verfärbt. Der Sparherd oder auch der Kachelofen tat seine Pflicht. Berühmt waren die Dauerbrandöfen der Firma Garms aus Wetzelsdorf. Wer nicht die ganze Wohnung heizen konnte, zog sich aus den ungeheizten Räumen zurück. Die Küche mit ihrem Herd hatte besondere Attraktion und mitunter waren in den Herden noch Wasserschiffe vorhanden. Wer sparen wollte, benutzte die kühle Ablage zwischen den Fenstern statt des Kühlschranks. In der Küche oder Speis waren Vorräte eingelagert. Dazu gehörten auch oft gefüllte REX-Gläser, der Stolz bemühter Hausfrauen. Der Badeofen war meist händisch zu heizen und entwickelte manchmal eine erschreckende Eigendynamik. Nun

Wärmestube in der Zinzendorfgasse 5 (Koburg) (um 1945).

Skiwiese auf der Platte (Foto: Hauber, um 1950),

wurde seltener zu Hause gebadet und die öffentlichen Wannenbäder hatten Saison. Sollte das Badewasser durch die vereiste Dachrinne abgeleitet werden, musste der Reinigungsdrang stark nachlassen. Wintertypische Probleme gab es auch beim Wäschewaschen. Waschen, Bleichen und Trocknen waren in dieser Zeit nur mehr erschwert möglich. Die Küche und der Dachboden waren nun die Orte, wo man bevorzugt die Wäsche zum Trocknen aufhängte.

Viel Schnee auf der Straße

Der Magistrat setzte seine auf LKWs montierten Schneepflüge ein. Nach Ansicht der Betroffenen waren es aber auch schon damals zu wenige. Das händische Schaufeln ganzer Teams war oft notwendig. Auch das Abräumen der verschneiten Dächer gab es früher häufiger als heutzutage. Zwischen dem Gehsteig und der Fahrbahn staute sich im Kompetenzstreit eine kleine eisige Hügelkette auf. Ein Ärgernis beim Überqueren der Straße, eine Freude für dort herumrutschende Kinder. Öfter als heute polterte Schnee von den Dächern, zumindest so oft wie heute gab es bei Tauwetter unausweichliche Lacken (für Nichtösterreicher: Pfützen): die Lawinen der Lagunenstadt. So formulierte es Rudolf Hans Bartsch. Der Schneeschmelze folgten häufig Überschwemmungen, so beispielsweise 1938 in Liebenau. Von winterlicher Not zeugt die weitgehend baumlose Eggenberger Allee. Im kalten Winter 1919/1920 wurden die Bäume zu Brennholz. Noch in den 40er-Jahren musste es öffentliche Wärmestuben (mein PC kennt nicht einmal mehr das Wort) geben.

Wer sparen musste/wollte, der meldete sein Auto für einige Monate ab. Besonders Aufmerksame entlasteten dann Autoachsen und Reifen. Abgelassenes Kühlwasser gehörte auch zum Schutzprogramm. Winterfahrer schlossen die Kühljalousie vor dem Motor. Tramway-Schaffner scheuten oft davor zurück, das kleine Türl zwischen dem Wageninneren

Polizeischüler beim Schneeschaufeln in der Radetzkystraße (1963).

und der eiskalten Plattform an beiden Enden des teilweise offenen Wagens zum Fahrscheinverkauf und zur Fahrgastkontrolle zu öffnen, eine Chance für frierende Schwarzfahrer.

Ski und Rodel, Pioniere und Kinder

Die Freuden des Wintersports, und wurde er auch nur amateurhaft oder mit kindlichem Einsatz ausgeübt, gehörten zur positiven Seite der kalten Jahreszeit. Im 19. Jahrhundert war noch der Breunerteich (Ecke Elisabethstraße/Brandhofgasse) beliebtes Ziel der Eisläufer. Ab 1856 tummelte sich das Bürgertum auf dem vereisten Hilmteich, einem ehemaligen Ziegelteich. Übermütige scherzten: Graz, das liegt am Hilmerteich und rundherum liegt Österreich. Auch die Teiche am Hang des Rosenhains boten winterliche Eislaufflächen. Lange gab es auch „hinter der Finanz“ (Anzengrubergasse) einen Eislaufplatz. Auch der Thalersee wurde gerne belaufen. Da man auf Natureis angewiesen war, konnten so gesehen die kalten Winter von Vorteil sein.

Es wird vom Unternehmer und Buchhalter Max Kleinoscheg berichtet, dass er jene 218 cm langen Skis, die er 1890 aus Trondheim (unsere Schwesterstadt!) erhalten hatte, eines Nachts im Dezember auf den bescheidenen Unebenheiten bei der Äußeren Jakominigasse (seit 1935 Conrad-von-Hötzendorf-Straße) ausprobierte. Es folgten weitere Versuche am Ruckerlberg. Erst dann verlagerte er seine Pioniertaten zu Toni Schruf nach Mürzzuschlag.

Ski gefahren wurde dann auch an heute eher unüblichen Orten, auf den „Steilhängen“ des Rosenhains, hinter dem Schloss Eggenberg, in Thal oder auf der Platte. Dort gab es auch vor etlichen Jahren kurz zwei Skilifte. Früher stand auch eine Skischanze nahe der Straße nach Thal (Plabutscherschanze). Am Beginn des Skisports gab sogar eine kleine Schanze nahe dem Café Rosenhain. Die Rodelwiesen in Mariatrost oder vom Ruckerlberg (Rudolfstraße) in Richtung Ragnitz sind Legende. Bescheidener waren die mäßigen Hänge um die Dammallee im Stadtpark. Früher waren sie öfter als heute genutzt. Aufsehen und Anerkennung erregten die erfolgreichen steirischen Eisschützen bei den Olympischen Spielen 1936 in Garmisch-Partenkirchen. Wäre das Stockschießen nicht nur ein Teil des Vorführprogramms gewesen, so hätte der Gendarm Ignaz Reiter aus Liebenau damals eine Goldmedaille errungen.

Sieht man von den eher bescheidenen winterlichen Vergnügungen ab, so war der Winter in Graz eher eine Plage. Viele der winterlichen Belastungen gibt es heute nicht mehr oder sie sind zumindest meist stark gemildert. Andere und neue Probleme sind nun mit dem Winter und der Zeit um Weihnachten und den Jahreswechsel verbunden.

Verkehrsposten an der Kreuzung Grieskai-Belgiergasse (um 1960).

Herbst 1945: Bombenruinen in der Naglergasse (Blickrichtung Herz-Jesu-Kirche). Das Ziel der Bomben war vermutlich die Firma Kielhauser in der Sparbersbachgasse, die im Krieg weniger Seifen als kriegswichtige Produkte herstellte.

Hauptsache: Überlebt – Friedens-Weihnachten 1945

Für viele mag es schon die Zeit ihrer Großeltern sein. Andere waren damals dabei und sind jetzt als Zeitzeugen gefordert. Das Rad der Zeit, zurückgedreht auf Weihnachten 1945, bringt ein graues Bild. Es soll gerade 65 Jahre später nicht vergessen sein.

Belastungen verschiedener Art

Eine unübersehbare Kluft zwischen denjenigen, die bis vor einem Dreivierteljahr die politische Macht besessen hatten, und jenen, die nun das neue Österreich repräsentierten, ging quer durch die Bevölkerung. Tausende lebten damals in Graz mit unklarer Zukunft. Vertriebene, Geflüchtete, Ausgesiedelte, Übriggebliebene, Untergetauchte, Zurückgekehrte, Zwischengelagerte, Ausgebombte, Verwaiste ... Für einen Teil von ihnen gab es eine kühle, aber zutreffende Bezeichnung durch die

Minimalausstattung: Bett, Herd, Bassena, Kastl (um 1945).

Alliierten: DP = displaced persons (wörtlich: Personen am falschen Ort). Besonders in den (erst 1946 wieder oder erst errichteten) Bezirken Jakomini, Liebenau und Gries gab es Barackenlager. Endlose Namenlisten von Vermissten und vom Roten Kreuz Gesuchten füllten das karge Radioprogramm. Noch gab es am Bismarckplatz (Am Eisernen Tor) sowjetische Soldatengräber. Die britische Besatzungsmacht war in vielen Bereichen des öffentlichen Lebens noch entscheidend. Gerade war erst wieder der Schilling eingeführt worden und die Regierung Figl/Schärf hatte ihr Amt angetreten.

Leben zwischen Ruinen

Die weihnachtliche Ankündigung, dass ab 2. Jänner der Briefverkehr (keine Ansichtskarten!) mit dem Ausland wieder aufgenommen würde, stimmte optimistisch. Was zu Hause fehlte, fand man als

Anstehen um Schweizer Medikamente in der Sporgasse (Foto: Hauber, um 1946).

Panzersperren, aber keine Schlacht um Graz (Kälbernes Viertel 1945).

Titel einer Operette im Kammersaal: Brasilianischer Kaffee. Wer Glück hatte, der erhielt Care-Pakete. Hamstern, tauschen, auf dem Schwarzmarkt kaufen, organisieren: Das waren die damals modischen Unwörter.

Manche Formulierungen überlebten den „Umbruch" vom Mai 1945: In den Medien gab es noch immer den „inneren Schweinehund" und die „Ablieferungssaboteure". Als Parole des Tages pointierte ein Journalist: Spart Licht, sonst wird euch nicht heimgeleuchtet. Und: Jetzt, wie in der Urgeschichte, Salz ein Geschenkartikel. Aber es gab schon wieder Theater, Kinos und Kabarettvorstellungen. Die Berichte über Weihnachtsfeiern begannen meist mit: „Mit einer schlichten Weihnachtsfeier ..." Viele wollten vergessen, andere nachholen, wenige erinnern. Die Nachrichtenabteilung der britischen Besatzungstruppen hatte am Hauptplatz einen beleuchteten Christbaum aufgestellt. Bürgermeister Dr. Speck sprach am 22. Dezember 1945 um 18 Uhr dort: Ein Weihnachtsmärchen ist über den Hauptplatz gezogen.

Decken und Möbelstoffe wurden zu Kleidern. Auftrennen, wenden und neu zusammennähen brachte die Illusion des Neuen. Die Zeitungsannoncen boten etwa Folgendes: „Tausche schönen Gamsbart gegen Wintermantel" oder „Alte Geige gegen Haferlschuhe". Bei Kastner & Öhler gab es insgesamt nur vier Verkaufspulte. Dort wurden beispielsweise aus den Vorhangstoffen geschneiderte Kinderjacken und das Geschirr der Firmenküche verkauft. NS-Parteidekoration wurde nun modifiziert als Weihnachtsschmuck angeboten. Fast alle Waren wurden bewirtschaftet, nicht nur Lebensmittel. So gab es auch Schuhreparaturscheine. Auf dem freien Markt konnte man auch einkaufen, allerdings um zigfach überhöhte Preise und häufig jenseits der Legalität. Zigaretten und Cognac waren oft besser einzusetzen als bares Geld.

Unvergessliche Worte

Wer 1945 im Radio die Weihnachtsworte des Bundeskanzlers Leopold Figl hörte, dem blieben sie tief in Erinnerung: „Ich kann Euch zu Weihnachten nichts geben. Ich kann Euch für den Christbaum, so ihr überhaupt einen habt, keine Kerzen geben. Kein Stück Brot, keine Kohle zum Heizen, kein Glas zum Einschneiden. Wir haben nichts. Ich kann Euch nur bitten: Glaubt an dieses Österreich!"

Weihnachten: Als vorgestern noch heute war

Drehen wir gemeinsam die Zeit zurück. Weihnachten war und ist ein besonderes Datum. Weihnachten ist sicher mehr als Geschenke, Marktstände und das Warten auf Schneefall. Das Fest bleibt, die Form und das Umfeld änderten sich. Wie war das vor über 100 Jahren, wie waren die Festtage vor mehr als 50 Jahren? Waren Sie damals schon dabei? Wie wird das heuer sein? Wie in 50 Jahren?

Julfest als politische Weihnachtsdemonstration

Das deutsch-liberale „Grazer Wochenblatt" titelte im Geist des 1906 aktuellen Kulturkampfes am „23. Julmond" (= Dezember): Los von Rom. In diesem Sinne wurden „Julfeiern" angekündigt. Dort gab es „Julbescherungen" und „Julreden". Wer eine „Wehrschatzmarke" vorweisen konnte, der erhielt beim Reichsverband Anker der deutschen Handels-, Industrie- und Privatangestellten Nachlass beim Eintritt. Wir erfahren, dass am 24. Dezember Adelo, Eginhard und Hildebrand, am 25. Werhilde und Irmbert Namenstage haben. Zum 24. Dezember als Gedenktag lesen wir, dass im Jahre 785 die Sachsenherzöge Widukind und Abbio dem König Karl huldigten. Aber in derselben Ausgabe des so germanenfreundlichen Wochenblattes wird auch das Weihnachtsheft der betulichen „Gartenlaube" mit „stimmungsvollen Weihnachtsengeln" angekündigt. Im Annoncenteil bietet die Textilfirma Ruderer (Bismarckplatz 8) „billige schöne Weihnachtsreste" an.

Weihnachtsstimmung als Programminhalt

Im christlich-sozial orientierten „Grazer Volksblatt" liest man anderes über die Weihnachtszeit. Hier wird berichtet, dass im „Herrenhaus", dem parlamentarischen Oberhaus der österreichisch-ungarischen Monarchie, der Fürstbischof Jeglic und der Erzbischof Teodorowicz über die Wahlrechtsreform gesprochen hätten. Im Feuilleton (Kulturbeitrag), verfasst von G. Friedrich, liest man: „Weihnachten! Jubelt dein Herz nicht auf beim Klang dieses Wortes, fühlst du es nicht pochen in rascheren Schlägen und siehst du nicht vor deinen Augen ein Bild aufsteigen voll Glanz und Freude!" Der katholische Jünglingsverein „St. Josef" feierte mit dem

Weihnachtliche Dekoration bei Kastner & Öhler (Ernst Wendlig).

Festspiel „Hirten und Könige“ am Stephanitag in seinem Vereinsheim im Admonterhof. Das Waisenhaus Maria-Trost (Gemeinde Fölling) hatte bei der „Christbaumfeier“ hohen Besuch, der „das frische Aussehen und den frohen Sinn der Insassen“ lobte. Es erschienen die Exzellenzen Gräfinnen Clary und Goeß und auch die Handelskammerpräsidentengattin Karoline Kloiber. Wir erfahren auch, dass vor 100 Jahren die Rodelbahn Maria-Grün bei der Restauration „Zum Kaltenbrunn“ nun endlich kommissioniert und dabei praktisch erprobt wurde. Die Fahrt kostete 10 Heller. „Damit behebten sich auch alle in Graz kursierenden gegenteiligen Gerüchte.“

Der sozialdemokratische „Arbeiterwille“ versuchte vor 100 Jahren, vermutlich vergeblich, Weihnachten zu ignorieren. Dafür war viel über die Wahlrechtsreform von 1906 des Wiener Abgeordnetenhauses zu lesen.

1956: Als die Älteren noch jung waren

Brauch mit und Brauch ohne Glauben prägten auch schon die Weihnachtszeit der Nachkriegsjahre. So war das „Frisch-und-g'sund-Schlagen“ am Tag der Unschuldigen Kinder (28. Dezember) damals ein auch in Graz noch verbreiteter Brauch. Einen beleuchteten Christbaum gab es am Hauptplatz schon 1945. Die neue Festbeleuchtung in der Hans-Sachs-Gasse war nun der absolute Luxus. Die Weihnachtstage vor 50 Jahren standen noch unter dem Eindruck der Revolution in Ungarn und ihrer Folgen. Indien und Rotchina wurden damals als Anwälte der Ungarn zitiert. Die letzten britisch-französischen Truppen verließen in diesen Tagen die nun wieder ägyptische Zone des Suezkanals. Das Mandelbaumtor des 1956 noch zwischen Israel und Jordanien geteilten Jerusalem wurde sicherheitshalber auch für Diplomaten gesperrt. Die „Kleine Zeitung“ berichtete am 23. 12. vom Massenansturm auf Bahn und Post. „Kitz“(-bühl) wäre ausgebucht. Trotz Kohlenknappheit und der Transporte ungarischer Flüchtlinge würde fast alles funktionieren. Die Aktion Christkindl der Zeitung veröffentlichte detaillierte Wunschlisten ungarischer Flüchtlinge. Auf der Wirtschaftsseite wurde über die Möglichkeit eines Beitritts zur 1953 gegründeten Montanunion, einer Vorform der Europäischen Union, diskutiert. Europas Energiekrise überschattete auch Österreich.

Eine andere Sicht der Zeit brachte die Weihnachtsbeilage. „Stern über der Grenze“ hieß dort die stimmungsvolle Geschichte. Wir erfahren, dass es in Österreich mit Thaur bei Innsbruck ein Krippenschnitzerdorf gibt. Die 49. Fortsetzung des romantischen Abenteuerromans „Zwischenlandung in der Südsee“ steht in der Zeitung neben dem „Porträt des jungen Künstlers“ von Karl Hans Haysen. Das Porträt ist dem 1921 geborenen Dichter Wolfgang Arnold unter dem Titel „Ich reife schwer und erst sehr spät“ gewidmet. Auch Beiträge mit der Überschrift „Hier ist das Heilige Land“ und „Wer einsam durch die Straßen wandert“ schufen Weihnachtsstimmung.

Die „Süd-Ost-Tagespost“ der ÖVP verkündete 1956 den nach einer 25-stündigen Debatte erfolgten erfolgreichen Abschluss des Landesbudgets. Theaterdirektor An-

Christbaum in einer großbürgerlichen Wohnung am Burgring (um 1900).

dersen widmete seinen staatlichen Preis der Wiedereröffnung des damals als baufällig gesperrten Schauspielhauses. In der Weihnachtsbeilage war vom „Bauernhof in den Alpen" von Max Mell zu lesen und auch Paul Anton Keller schrieb einen angemessenen Beitrag.

Ein Blick ins Kinoprogramm der Weihnachtstage 1956: Sonja Ziemann und Rudolf Prack waren im „Kaiserball" im Thalia-Kino zu sehen. Im Annenhof spielte „Tausend Melodien" mit Bibi Johns. Im Orpheum wechselte am 23. Dezember der Spielplan von „Waldwinter" in „Die fröhliche Wallfahrt". Im Orpheum spielte Ruth Leuwerik die Baronin in der „Trapp-Familie". Das auf US-Filme spezialisierte Girardi-Kino zeigte zuerst die „Drei Münzen im Brunnen", dann folgte „Der Schwan" mit Grace Kelly. Und ab 25. gab es im Ton-Kino als „unser einmaliges Weihnachtsprogramm: Klar Schiff zum Gefecht".

In der „Neuen Zeit" der SPÖ ist in der Weihnachtszeit vor 54 Jahren zu lesen, dass es erst 4.000 Fernsehanmeldungen gab. Aber 200.000 wären für eine Kostendeckung notwendig. Rupert Gmoser kommentierte die Politik im Leitartikel. Der Leser erfuhr, dass die Kohlen teurer wurden. Zu Weihnachten erschien die 27. Fortsetzung der „Züricher Verlobung". Die Grazer Kraftfahrzeugstatistik zeigte, dass die Arbeiter eher Motorräder mit oder ohne Beiwagen fuhren, die Angestellten wären eher Rollerfahrer. In der Weihnachtsbeilage wurde über den Ursprung der Religionen berichtet. Peter Roseggers erster Christbaum in der Waldheimat war hier genauso ein Thema wie „Was braucht denn a Schihaserl noch?". Im Sportteil lesen wir beim Jahresrückblick für Fußballfreunde: „Nur 1946 war Österreich so mäßig wie 1956." Von den sieben Spielen der Nationalelf wurde 1956 nur das gegen Luxemburg gewonnen.

Die Ereignisse in Ungarn überschatteten vor 54 Jahren die Weihnachtszeit. 1956 war der Kalte Krieg noch nicht beendet, Österreich hatte zwar keine Besatzung mehr, aber weiterhin wirtschaftliche Mängel, so fehlte es an den damals überaus wichtigen Kohlen. Jeder 5. Grazer war 1956 auf Wohnungssuche. Delogierungen und das Leben in Baracken waren häufig. Schon damals vermengten sich zu Weihnachten Religion und Kommerz. Vieles wiederholt sich in diesen Tagen Jahr für Jahr. Anderes hat in den zwei Generationen der letzten 50 Jahre an Bedeutung verloren oder gewonnen.

Handcolorierte Winterkarte (1899).

Weihnachten in alten Zeitungen

Das Neueste vor Jahrzehnten. Manches blieb aktuell, anderes ist heute nicht mehr vorstellbar.

Vor 57 Jahren: 1953

Die Leser der „Kleinen Zeitung" erfuhren am 24. Dezember auf Seite 1, dass die österreichische Wirtschaft auf Liberalisierung wartet. In Frankreich wurde nun endlich ein Präsident gewählt (Senator René Coty). USA und Sowjetunion verhandelten über ihre Atomstreitmacht. In Graz gab es Aufregung über eine Aktion der britischen Militärpolizei gegen zwei vermeintliche US-Deserteure. Anders als in der Steiermark war es in Vorarlberg verboten, Verkehrspolizisten zu beschenken. Im Girardi-Kino konnte man als Weihnachtsfilm Gina Lollobrigida in „Die Schönen der Nacht" bewundern, im Orpheum lief „Alles für Papa" mit Hannerl Matz und im Annenhof „Ich hab nur Deine Liebe" mit Margit Saad.

Katholischer Jünglingsverein St. Josef.

Einladung

zu der am Mittwoch den 26. Dezember im Vereinslokale Admonterhof, stattfindenden

Weihnachts-Feier

bei welcher das Festspiel

Hirten und Könige

zur Aufführung gelangt. — Anfang 6 Uhr, Ende 8 Uhr abends. Preise der Sitzplätze 80 und 40 Heller. Stehplatz 30 Heller.

Karten sind zu haben im Vereinslokale am Tage der Aufführung von 11 bis 12 Uhr und eine Stunde vor Beginn. Das Festspiel wird am 30. Dezember wiederholt.

Einladung zur Weihnachtsfeier des Katholischen Jünglingsvereins St. Josef (um 1900).

Vor 32 Jahren: 1978

In der „Neuen Zeit" vom 24. 12. 1978 konnte man auf Seite 1 lesen: „Die steirischen Spitäler haben jetzt Großeinsatz: Weihnachtsfest der vollen Fleischtöpfe". In Teheran gab es damals Proteste gegen den Schah von Persien. Der Weihnachtsverkehr durch heimkehrende Gastarbeiter verursachte auf der Pyhrn-Autobahn einen Stau von 30 km. Auf Seite 2 stand, dass das Grazer Budget Bürgermeister Götz in den Malus bringt und dass Jugoslawiens Präsident Tito die oppositionellen Kräfte warnte.

Als die Vergangenheit noch Gegenwart war: 1945 und 1955

Nur mehr weniger als 20% der heutigen Grazer erlebten bewusst das Jahr 1945 und die Zeit kurz danach in der Stadt. Die Jungen von damals sind nun zu Zeitzeugen jener Jahre geworden. Jeder von ihnen hat seine eigenen Erinnerungen. Hier sind einige Beispiele angeführt.

Keine Schlacht um Graz

Graz hatte 1938 den Titel „Stadt der Volkserhebung“ erhalten, da es bereits vor dem Einmarsch deutscher Truppen unter der Herrschaft der Nationalsozialisten stand. 1945 kehrte sich die Situation um, schon bevor die Rote Armee die Stadt besetzte, war die Stadtregierung in Händen sozialdemokratischer, christlichsozialer und kommunistischer Politiker. Dazwischen lagen sieben Jahre des „1000-jährigen Reiches“ mit all den damit verbundenen Geschehnissen. Zurück zum Ende, das ein Anfang war: Am 27. April 1945 fielen beim 57. Luftangriff die letzten Bomben auf Graz. 2000 Tote wurden Opfer des Bombenkriegs. In der Amselgasse mit ihren damals nur 12 Siedlungshäusern gab es 16 Tote. Fünf davon wurden Opfer des politischen Systems, elf fielen als Soldaten. Noch im April 1945 wurden in Wetzelsdorf und Liebenau Juden ermordet. Anfang Mai fanden die letzten Erschießungen in der SS-Kaserne Wetzelsdorf und am Feliferhof statt. Am 2. Mai log die gleichgeschaltete „Kleine Zeitung“: „Unser Führer Adolf Hitler ist bis zum letzten Atemzug kämpfend für Deutschland gefallen“. Die „Tagespost“, damals das offizielle Organ der NSDAP, titelte am 5. Mai: „Reißt alle Kraft zusammen“ und noch am 8. Mai „Kampf

Parade der Britischen Armee am Opernring. Im 20. Jahrhundert marschierten hier sechs verschiedene Armeen.

Tauschzentrale Joanneumring 5 (1947).

im Osten geht weiter". Der Artilleriedonner aus der Südsteiermark war bis Graz zu hören. 55 Panzersperren rund um die Altstadt sollten den Endsieg retten und der Schloßberg im Mittelpunkt einer heroischen Belagerung stehen. Doch plötzlich fehlte es an den bisher so motivierten NSDAP-Funktionären und die Wehrmacht hatte andere Probleme, als sich in Graz einer sinnlosen Schlacht zu stellen. In der Nacht vom 6. auf den 7. Mai 1945 rollten auf dem Rückzug Deutsche Panzer durch die Herrengasse nach Norden. Der Hauptplatz war unter der Kontrolle bereits freier griechischer Fremdarbeiter, und in der Murgasse wurde von der SS auf eine rot-weiß-rote Fahne geschossen. In derselben Nacht verhandelten bereits Parlamentäre beider Seiten über den Einmarsch der Roten Armee. Eine Nacht später war es dann soweit.

Einheiten der Roten Armee marschieren über den Jakominiplatz (1945).

Steiermark 55 Bestellschein für Speisekartoffeln Gültig vom 20.6. — 17.7.49	Kartoffeln 4. Woche 55	Kartoffeln 3. Woche 55	Bestellschein abgegeben bei:
	Kartoffeln 2. Woche 55	Kartoffeln 1. Woche 55	55
Steiermark 54 Bestellschein für Speisekartoffeln Gültig vom 23.5. — 19.6.49	Kartoffeln 4. Woche 54	Kartoffeln 3. Woche 54	Bestellschein abgegeben bei:
	Kartoffeln 2. Woche 54	Kartoffeln 1. Woche 54	54
Steiermark 53 Bestellschein für Speisekartoffeln Gültig vom 25.4. — 22.5.49	Kartoffeln 4. Woche 53	Kartoffeln 3. Woche 53	Bestellschein abgegeben bei:
	Kartoffeln 2. Woche 53	Kartoffeln 1. Woche 53	53

Landesernährungsamt Steiermark

Kartoffel-karte III

für über 3 Jahre alte Personen

Gültig vom 6. 12. 1948 bis 17. 7. 1949

48—55

Name: Gerhard Riedler

Wohnort: Graz III

Straße:

Achtung!
Lose Abschnitte sind ungültig.
Verlorene Lebensmittelkarten werden nicht ersetzt.
Mißbrauch oder Verkauf wird bestraft.
Ohne Nameneintragung ungültig.

Kartoffelkarte III des Landesernährungsamtes Steiermark mit der Gültigkeit vom 6. 12. 1947 bis zum 17. 7. 1948.

Der sorgenvolle Weg zur Normalität

Dass Graz eine „offene Stadt" unter der Verwaltung demokratischer Parteien war, musste auf Wunsch der Roten Armee durch die Beleuchtung der Stadt bewiesen werden. Für eine durch Bomben zerstörte und sich im Chaos des Mai 1945 befindende Stadt war dies keine leichte Aufgabe. Während einige der Verhandler mit den Russen unübersehbar Teile von Wehrmachtsuniformen trugen, erhöhte der sozialdemokratische Polizeipräsident Alois Rosenwirth sein Ansehen gegenüber den Sowjetsoldaten mit seiner altösterreichischen Uniform aus der Dienstzeit im Ersten Weltkrieg. Entlang der Ausfahrtsstraßen nach Norden und Westen lagen Ausrüstungsgegenstände der Deutschen Wehrmacht. Die letztlich doch nicht gesprengten Murbrücken der Stadt zeigten noch Monate später Spuren der ausgehobenen Sprengkammern. Auf dem Wehr der Alten Weinzödlbrücke lag ein totes Pferd. Schuttberge und Bombenruinen waren ein Teil des Alltags. Statt Fensterglas gab es oft nur Papier. Vielfach ersetzten Hühnerleitern die zerstörten Stiegenhäuser. Im Volksgarten blühte der Schwarzhandel. Care-Pakete und Hamstern bereicherten den kargen Speisezettel. In einem Sporgassenhaus lebte angeblich eine milchspendende Kuh. Der Rundfunk

brachte stundenlang die ersten Suchmeldungen des Roten Kreuzes. Endlose Trecks von Umsiedlern und Heimatvertriebenen durchquerten die Stadt. Am Eisernen Tor gab es sowjetische Soldatengräber.
Bald erfreute die Grazer in der Annenstraße im Café Rheingold (Rosegger) das zeitkritische Kabarett „Der Igel". Kurz zuvor lag das Café noch in der Krefelderstraße und Zeitkritik war mit Lebensgefahr verbunden. Während die Gemeindeverwaltung Monate brauchte, um die nationalsozialistischen Straßen- und Bezirksbezeichnungen offiziell durch neue – meist alte – zu ersetzen, war die Volksmeinung viel schneller. Wer wollte nun schon in einer nach Goebbels oder Göring benannten Straße leben. Bezirksnamen wie Graz-West wichen schnell den Traditionsnamen Wetzelsdorf und Eggenberg. Die neu gegründete Volkspartei arbeitete im Klostergebäude der Kreuzschwestern. Ein handgeschriebener roter Zettel an der Türe versprach in Russisch den Schutz der Roten Armee. Diese war meist freundlich, aber auch recht unberechenbar. Den häufigen Plünderungen standen Ansätze politischer Normalität und ständig gewaschene Straßen gegenüber. Die drei Monate später folgenden Briten galten erst als demonstrativ korrekt und distanziert gegenüber den Grazern. Später gab sich das, und zuletzt, sieht man von spektakulären Paraden ab, war die Besatzungsmacht fast unsichtbar.

Erinnern Sie sich noch an das 55er-Jahr?

Anfang 1955 tat sich ein Fenster im Kalten Krieg der Großmächte auf. Im April meldete die Kleine Zeitung: „Kreml Barometer zeigt Gut Wetter an". Den vielen ergebnislosen Verhandlungen folgte das Konzept eines Kurzvertrages und schließ-

In den 50er-Jahren war die Bundespolizei in Graz noch recht militärisch organisiert. Hier marschiert eine Ehrenkompanie auf dem Hauptplatz.

Am 24. 11. 1952 eröffnete im Haus Hamerlinggasse 8 das „Amerikahaus“ als Informationsstelle der USA im Kalten Krieg.

lich Mitte Mai der ersehnte Staatsvertrag. Die Grazer Zeitungen bemühten am 15. Mai Zitate von Hermann Bahr, Franz Grillparzer, Anton Wildgans und Paula von Preradović. Sogar ein Vergleich mit dem Abzug der Franzosen 1809 war zu lesen. Graz schaute nach Wien. Dort war kurz die Weltpolitik zu Gast. Es wurde damals auch in Graz viel über den Abzug der Alliierten und eine nun kommende allgemeine Wehrpflicht diskutiert. Am 15. Mai gab die Kapelle des Landesgendarmeriekommandos im Musikpavillon beim Stadtparkbrunnen ein Konzert und die Kirchenglocken waren als Freiheitsgeläute eine Viertelstunde lang zu hören. Graz war auch außerhalb der Stadtmitte festlich beflaggt, angeblich am rechten Murufer mehr als am linken. Andere Themen jener Monate sind zeitlos: Die Verkehrsbetriebe brauchten Millionen, Österreich feierte Ski-Triumphe, und es gab wieder einmal eine Vertrauenskrise Patienten-Krankenkassen-Ärzte. 1955 war der Hauptbahnhof endlich wieder neu errichtet. Die Baracke für die Busbenutzer vom Fischplatz (offiziell seit 1947 Andreas-Hofer-Platz) verschwand. 2010 gibt es nicht einmal mehr einen solchen Unterstand! Der erfolgreiche Jesuitenprediger Pater Leppich erregte die Gemüter. In den Kinos spielte man: Oberst Redl, Försterchristl, Des Teufels General, Drei Münzen im Brunnen und An der schönen blauen Donau. Die Fußballnachrichten jener Zeit: Vienna schlug Rapid 5:0, der Wiener Sportklub führte in der Staatsliga A und die Nationalmannschaft Österreichs verlor gegen Schottland 1:4. Das im Jänner 1955 fertiggestellte Puch-Hochhaus in Liebenau mit seinen 65 Wohnungen hatte 5,5 Millionen Schilling gekostet. Für einen Lloyd-PKW brauchte man damals 26.800.-öS, für einen Renault 4CV etwas mehr. Am 20. Oktober verließ der letzte britische Soldat die Steiermark.

Damals vor 55 Jahren: 1955

1955 war für Österreich und damit auch für Graz ein Epochenjahr. Wer die Ereignisse dieses Jahres bewusst erlebte, hat Erinnerungen daran. Hoffentlich nicht nur, aber auch an den Sissi-Film Teil I, der damals mit Romy Schneider und Karlheinz Böhm gedreht wurde. Ist 1955 nah oder fern? Das kommt auf die Perspektive an. 1955 wurde beispielsweise der Joanneumsintendant Peter Pakesch erst geboren, Waltraud Klasnic hatte gerade die Volksschule absolviert und 2.923 Grazer und -innen starben in diesem Jahr.

Die staatspolitische Ebene

Staatspolitische Ereignisse bestimmten für Österreich das Jahr 1955. Am 15. Mai wurde der Staatsvertrag in Wien unterzeichnet. Dieser war jedoch nicht sofort rechtsgültig. Noch im Juni wurden in Graz die berühmten mehrsprachigen Identitätsausweise, Grundlage für den Verkehr zwischen den vier Besatzungszonen, ausgestellt. Nun lief die Ratifizierungsfrist für die fünf beteiligten Staaten. Am 27. Juli, ein meist vergessenes Jubiläumsdatum, trat nach der Ratifizierung der Staatsvertrag in Kraft, und es begann die 90-tägige Abzugsfrist für die vier Besatzungsmächte. Diese endete am 25. Oktober. Schon am 30. September meldete ein britischer General dem steirischen Landeshauptmann Josef Krainer offiziell, dass der letzte Soldat seiner Armee die Steiermark verlassen habe. Damit war auch für Graz eine zehnjährige Geschichtsepoche zu Ende gegangen. Auf der Staatsebene erfolgte einen Tag nach dem Ende der offiziellen 90-Tage-Frist der Neutralitätsbeschluss im Parlament. Bundeskanzler Julius Raab betonte dabei, dass dies keine ideologische Neutralität sei. Der 26.10. wird zuerst zum „Tag der Fahne“ und dann 1965 zum Nationalfeiertag erklärt. Am 14. Dezember wurde mit der Aufnahme in die UNO ein internationales Signal

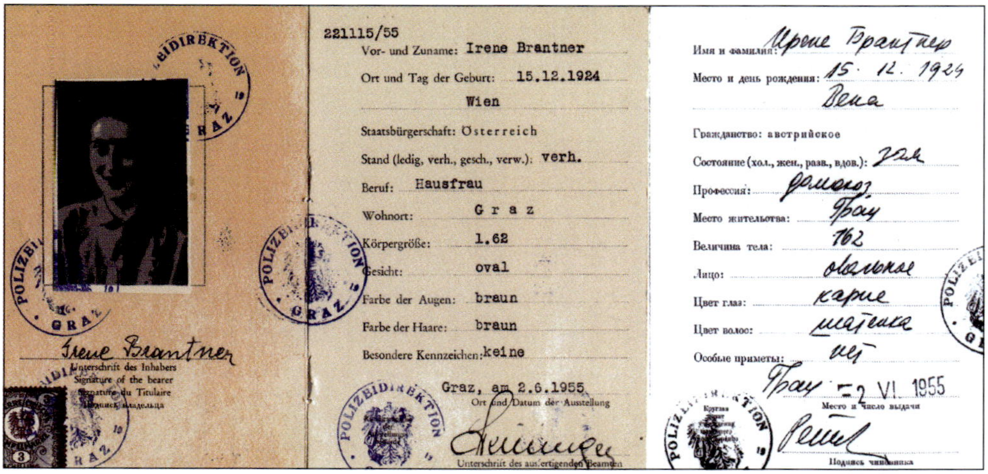
Irene Brantner
Unterschrift des Inhabers
Signature of the bearer
Signature du Titulaire
Подпись владельца

221115/55
Vor- und Zuname: Irene Brantner
Ort und Tag der Geburt: 15.12.1924 Wien
Staatsbürgerschaft: Österreich
Stand (ledig, verh., gesch., verw.): verh.
Beruf: Hausfrau
Wohnort: Graz
Körpergröße: 1.62
Gesicht: oval
Farbe der Augen: braun
Farbe der Haare: braun
Besondere Kennzeichen: keine
Graz, am 2.6.1955
Ort und Datum der Ausstellung
Unterschrift des ausfertigenden Beamten

Имя и фамилия:
Место и день рождения: 15. 12. 1924
Гражданство: австрийское
Состояние (хол., жен., разв., вдов.):
Профессия:
Место жительства:
Величина тела: 162
Лицо:
Цвет глаз:
Цвет волос:
Особые приметы:
2 VI 1955
Место и число выдачи
Подпись чиновника

Trotz des Abschlusses des Staatsvertrags am 15. 5. 1955 wurden, da dieser noch nicht voll rechtsgültig war, die mehrsprachigen Identitätsausweise (Deutsch, Englisch, Französisch, Russisch) noch ausgestellt. Hier ein Grazer I-Ausweis mit insgesamt 11 Rundstempeln vom 2. Juni 1955.

In der Steiermark war damals die Annahme von Weihnachtsgaben durch die Polizei erlaubt. Hier der Verkehrsposten am Griesplatz.

Die Motorisierung nahm stark zu. Der Puch-Roller wurde als „Auto des kleinen Mannes" bezeichnet.

der Anerkennung des neuen freien Österreichs gesetzt.

1955 aus Grazer Perspektive

In Graz gab es 1955 noch eine Reihe von Bombenruinen und auch noch etliche Barackenlager. Aber es war auch viel geschaffen worden. So auch ein weitgehender politischer Friede. Der Last der Nachkriegsjahre stand der Wille zum Wiederaufbau und zur Normalität gegenüber. Charakteristische Bauten jener Zeit waren die Dominikaner-Pfarrkirche in der Münzgrabenstraße (1953), das Puchhochhaus in Liebenau (1955), das Künstlerhaus (1952) und die Bergarbeiterversicherung in der Lessingstraße (1952). Hauptsache war, dass überhaupt gebaut wurde. Da war man bei der Wohnraumbeschaffung mit den aus heutiger Sicht meist lieblosen Wiederauf- und Neubauten nicht besonders wählerisch. Am Stadtrand gab es mehr Neubauten, in der Stadtmitte (Bezirke I–VI) mehr Wiederaufbauten. 83% der Grazer Wohnungen hatten damals kein vollwertiges Bad.

Der Staatsvertrag ermöglichte die Rückkehr der letzten Spätheimkehrer aus der russischen Kriegsgefangenschaft. Mit der neu gewonnenen politischen Freiheit kam es auch zum Aufbau des Bundesheeres, das in einer Frühform (B-Gendarmerie) schon bestand. Die Wehrpflicht wurde eingeführt, und im Herbst 1956 gab es die ersten Einberufungen.

Die Landesregierung führten Landeshauptmann Josef Krainer (I.) und seine Stellvertreter Norbert Horvatek und Tobias Udier. Der Grazer Bürgermeister war damals Eduard Speck, sein Stellvertreter Hans Amschl. Im Grazer Gemeinderat, der 1953 gewählt worden war, gab es 21 Vertreter der SPÖ, 16 der ÖVP, 9 des WdU und 2 der Volksopposition. Die Diözese führte Bischof Schoiswohl, sein Amtsvorgänger und Titularerzbischof von Velebusto Ferdinand Pawlikowski wohnte in der Elisabethstraße 45.

Vier Tageszeitungen

Über diese Ereignisse konnte man je nach Geschmack und Gesinnung in den Grazer Tageszeitungen nachlesen. 1955 gab es die mit der katholischen Kirche verbundene „Kleine Zeitung", die sozialistische „Neue Zeit", die „Tagespost" der ÖVP und die „Wahrheit" der KPÖ. Übertrieben exakt und skurril führte das Grazer Adressbuch als Tageszeitung auch das „Grazer tägliche Fahndungsblatt" der Polizeidirektion Graz an. Das Amerikahaus, ein Informations- und Propagandazentrum, wurde 1952 im Haus Hamerlinggasse 8 eröffnet. Graz besaß damals 25 Kinos, darunter auch heute unbekanntere, wie das Rieskino, das Falkenkino, das Parkkino Kroisbach, das Lichtspieltheater Straßgang und das Lichtspielhaus Gösting. Die Austria Wochenschau und Fox-tönende-Wochenschau berichteten fast aktuell. 1955 wurde das Gebäude des Traditionscafés Thalia für den Neubau eines Großkinos abgebrochen. Die Vereinigten Bühnen mussten auf das aus baulichen Gründen seit 1952 geschlossene Schauspielhaus verzichten. Es gab nur das Opernhaus mit seinen 1.600 Plätzen und im Rittersaal des Landhauses die Kammerspiele, die 330 Besuchern engen Platz boten.

Mit dem Ende der Besatzung endete auch die Aktivität des britischen Militärsenders BFN in Graz. Das Normalprogramm des Rundfunks wurde im Ferry-Schlössl (Zusertalgasse) produziert und von St. Peter aus gesendet. Schon ein Jahr zuvor war die Sendergruppe Alpenland (Steiermark und Kärnten) mit dem Sender Rot-Weiß-Rot zum Österreichischen Rundfunk vereinigt worden. 1955 begannen die Fernsehsendungen vom Schöckl unter dem

Der Wiederaufbau der Industriehalle (1948) in moderner Form war ein wichtiges Signal für die Wirtschaft. Hier marschiert die Katholische Jugend zum Katholikentag auf den Trabrennplatz.

In den 50er-Jahren boten viele Autohändler ihre Wagen im I. Bezirk an. Hier USA-Modelle im Haus Neutorgasse 44.

vorsichtigen Titel Versuchsprogramm. Auch das dritte Radioprogramm, neu und auf UKW, hieß bescheiden nur Versuchsprogramm.

10.000 besuchten 1955 Hauptschulklassen, weniger als 5.000 die Mittelschulen (Allgemeinbildende Gymnasien). Im ersten halbwegs normalen Studienjahr (1946/47) der Universität nach Ende des Weltkrieges und der Herrschaft des Nationalsozialismus hatten über 5.000 Studierende inskribiert, 1955 waren es nur knapp 2.000. An der Technischen Hochschule waren um rund 500 Hörer weniger.

Fast leere Straßen

Während in Wien 1955 die Staatsoper und das Burgtheater wiederhergestellt feierlich eröffnet wurden, war man in Graz bescheidener. Nach 11 Jahren Ruinendasein hatte Graz nun am 3. November einen teilweise wiederaufgebauten Hauptbahnhof. Allerdings erfuhren die Ehrengäste, dass das zweite Gleis zwischen Graz und Spielfeld nun demontiert werde. Bei der Linie 3 der Grazer Verkehrsbetriebe gab es im Dezember 1955 eine Streckenkürzung. Die Straßenbahn fuhr nun nicht mehr bis zur Wendeschleife beim Schloss Gösting, sondern nur mehr bis zur Ibererstraße. Von neuen Gürtelstraßen und Autobahnanschlüssen konnte man höchstens träumen. Die Bergmanngasse endete mit einem Holzzaun auf Höhe der Schröttergasse. Die Heinrichstraße und die äußere Grabenstraße hatten mehrere markante Engstellen. Aber es gab schon über 20.000 Kraftfahrzeuge aller Art, allerdings nur knapp 7.000 Personenwagen, VW und Opel dominierten. Gegenwärtig sind rund 125.000 in Graz zugelassene Personenkraftwagen unterwegs. 1955 fuhr noch die beliebte Ringlinie 2 der Tramway vom Hauptbahnhof über die Glacisstraße zum Hauptbahnhof. Die amtliche Viehzählung identifizierte in Graz 600 Pferde, 5.000 Rinder und fast 9.000 Schweine. Die fast 100.000 Hühner und knapp 20.000 Kaninchen dienten häufig der Eigenversorgung. Die Lebensmittelbewirtschaftung durch Marken war „schon" 1953 eingestellt worden.

Was verbinden SIE mit dem Jahr 1955???

Prosit Europa: Wir sind dabei

(Kleine Zeitung am 1. 1. 1995); Oder: Wie alt ist 15 Jahre EU?

Der Alltag hat das Neue eingeholt. 15 Jahre sind wir Grazer im Sinne der EU europäisch. Ist 1995 schon lange vorbei?

Abstimmung 7:3

45 Jahre ist es her, dass wir der EFTA (Europäische Freihandelsassoziation) beitraten. Wer denkt noch daran? Am 12. Juni 1994 stimmten wir über den EU-Beitritt ab. 70% der in Graz abgegebenen Stimmen sagten damals Ja zur Europäischen Union. Das heißt aber auch, dass damals fast ein Drittel dagegen war. Die Stadtbezirke unterschieden sich bei der EU-Volksabstimmung nicht sehr. In der Inneren Stadt waren es nur 67% Ja-Stimmen, in Liebenau, St. Peter, Waltendorf, Wetzelsdorf und Straßgang über 72%. Wie das Ergebnis wohl heute wäre?

Alte, aber bekannte Namen

Vor 15 Jahren regierte Graz noch Bürgermeister Stingl, Vizebürgermeisterin war damals Ruth Feldgrill-Zankl. In der Steiermark führte die Landesregierung Josef Krainer (II.), sein Stellvertreter war Peter Schachner-Blazizek, Österreichs Regierungschef hieß Franz Vranitzky, Außenminister Alois Mock war ein wichtiger Förderer von Österreichs EU-Wünschen.

Titelseite der Kleine Zeitung am 1. 1. 1995.

EU-Vorsitz Österreich 2006, vor dem Grazer Kongress (Stefaniensaal).

1994 machten Berger und Muster im Sport Schlagzeilen. Viele interessierte im außergewöhnlich heißen Abstimmungssommer jedoch mehr der Mordprozess gegen Jack Unterweger.

Kein Olympia in Graz

1995 erschien noch die „Neue Zeit“, man konnte ins Opernkino gehen und zahlte selbstverständlich mit Schillingen. Rupert Gmoser kommentierte die aktuelle Entwicklung und die Bank für Handel und Industrie schlitterte in den Konkurs. Ressel und Hirschmann bewarben eine „Ritterstadt Graz“, und 2002 sollten in Graz Olympische Spiele stattfinden. Die Rüstungen des Zeughauses gingen im Jänner 1995 zum zweiten Mal auf große Reise, und die olympischen Pläne von Graz landeten in Lausanne nur auf Platz 5.

Traditionen und Illusionen

www.graz.at präsentierte 1995 erstmals kommunale Nachrichten. Im Emissionskataster 95 wurde festgestellt, dass sich die Umweltsituation gegenüber 1988 wesentlich verbessert habe. Das Baurechtsamt der Stadtgemeinde verordnete ein strenges Baumschutzgesetz. Ein Gutachten der Feuerwehr forderte für das Zeughaus eine zweite Stiege und bis dahin eine Begrenzung auf 30 Besucher. Die Kulturhauptstadt war damals in Luxemburg zu Hause und niemand träumte davon, dass Graz einst eine solche Würde tragen dürfe. Auf dem Veranstaltungsprogramm standen 40 Jahre Staatsvertrag sowie 50 Jahre Kriegsende und Zweite Republik.

Weltereignisse und persönliche Erinnerung

Auf der großen Weltbühne standen Clinton und Jelzin. Auf dem Balkan und in Tschetschenien gab es Krieg. Somalia blieb ein Krisenherd und in Ruanda herrschte Bürgerkrieg. Zwischen Jordanien und Israel endete damals der Kriegszustand und mit den Palästinensern wurde erfolgversprechend verhandelt. Ein Fanatiker ermordete Rabin. Die Ölplattform Brent Spar wurde zum Symbol für Umweltprobleme. Wer erinnert sich noch an den Untergang der Fähre Estonia im Oktober 1994? Wir sind alle inzwischen 15 Jahre älter und womöglich weiser geworden. Mancher von uns ist inzwischen in Pension gegangen, andere beendeten ihre Ausbildung. Wie weit zurück liegt für Sie 1995?

Graz an der Mur – vom Fluss zur Kloake und retour

Paris an der Seine, Köln am Rhein, Wien an der Donau. Was wäre Graz ohne seinen Fluss? Vor rund 30 Jahren wollten einige den Fluss noch teilweise überdecken, um so Parkplätze zu gewinnen.

Begriffe wie Murvorstadt, Kai, Floßlendplatz, Buhnengasse und die Bezirksnamen Lend und Gries verdanken der Mur ihre Namen. Sprachhistorische „Fundamentalisten" wie der Germanist Fritz Lochner von Hüttenbach weisen bei der Namenserklärung von „Mur" auf die indogermanische Wurzel mit der Bedeutung für Sumpf hin. Banaler ist der Hinweis auf die Worte Mure und Vermurung. Die Mur führte immer wieder im Jahresablauf entweder zu viel oder zu wenig Wasser. Ein Abfluss aus dem Gebirge eben, mit Schneeschmelze, Starkregen und zwei jahreszeitlich bedingten Niedrigwassern. Zur positiven Einstimmung: Ohne die Mur gäbe es vermutlich kein Graz. Allen Überschwemmungen und Verschmutzungen zum Trotz schmückt nicht nur das „grüne Band der Mur" (siehe den Text der Landeshymne) unsere Stadt. Die Mur und ihre Ableitungen in Form der Mühlgänge waren auch immer die Lebensadern der Stadt. Am fließenden Wasser entwickelte sich das Gewerbe. Der Fluss entsorgte fast alles, was man loswerden wollte. Er half beim Bewässern, Feuerlöschen und beim Wäschewaschen. Manche tranken sogar einst aus ihm, andere fingen Fische und badeten in ihm. Von der unübersehbaren Verschönerung des Stadtpanoramas (Mur, Altstadt, Schloßberg) bis hin zu Kraftwerken ist Graz mit seinem Fluss verbunden.

Von Murnockerln und Hochwasser

Realistisch gesehen ist die Mur ein nordwestlicher Nebenfluss der Drau, der im

Hochwasser 1827: Die Murbrücke und mehrere Häuser in der Murvorstadt sind zerstört (Kuwasseg, Kaiser).

Land Salzburg entspringt und an der kroatisch-ungarischen Grenze in die Drau mündet. Bis auf wenige Ausnahmen (Schloßberg, Kalvarienberg) und dem bergigen Stadtrand steht Graz auf den Schottern und Sanden des Flusses Eine heutzutage kaum mehr vorstellbare Ur-Mur der geologischen Geschichte formte, besonders infolge der Eiszeitschmelze, Terrassen aus. So geht es in der Annenstraße leicht bergauf und nördlich der Brauerei Puntigam gibt es eine markante Geländestufe. Was dem historisch gebildeten Ästheten die „Stadtkrone" rund um Burg und Dom ist, gilt für den Naturwissenschaftler als eine durch den Schloßberg modifizierte Terrasse der Schmelze der Würmeiszeit. Die groben Schotter des einst gewaltigen Flusses, nun anheimelnd „Murnockerln" genannt, gehören auch zum Umfeld eines zeitweise mächtigen Flusses. Durch Jahrhunderte war grober und feiner Murschotter Pflastermaterial in Alt-Graz. Nun noch zu besichtigen u. a. in der Raubergasse und im Hof des Deutschen Ritterordens (Sporgasse 22). Fast ganz Graz ist also nicht nur auf, sondern teilweise auch mit den Schottern und Sanden der Mur gebaut.

Bis 1876 war auch der städtische Bereich von Graz häufig vom Hochwasser bedroht. Holzpiloten schützten die Ufer, beispielsweise dort, wo sich nun der Kaiser-Franz-Josef-Kai befindet. Dann kam in den zentralen Bereichen der Stadt die Kaiverbauung mit massiven Steinmauern. Ein Treidelweg am westlichen Ufer sollte die Option für das Ziehen von Flößen offen halten. Eindrucksvoll ist der Abgang zur Mur nahe dem Haus der Schloßbergbahn. Der Bombenschutt und das Material der Schloßbergstollen verdeckten über Jahre Teile der Kaimauer. Mit der steinernen Uferverbauung erodiert nun der Fluss in die Tiefe. 1938 spritzte das Hochwasser noch auf die Brücken. Da sich der Fluss um mehrere Meter tiefer in sein reguliertes Bett eingegraben hat, ist dies heute unmöglich. Südlich und besonders nördlich der innerstädtischen Kaimauern kann es aber auch noch heute zu Hochwasserschäden kommen.

Mariahilferplatz (rechts das erste Feuerwehrdepot), die Mur hat hier Normalwasserstand – vor der Verbauung des Flusses mit Kaimauern (um 1890).

Die Mühlgänge am rechten und linken Murufer waren regulierbar, der Fluss selbst bis zu den Kraftwerksbauten nicht. Allerdings zeigen die sonst meist harmlosen Grazer Bäche mitunter auch ihre Macht. Besonders der Andritzer Bach, der Thaler Bach und der Mariatrosterbach,

Die Überfuhr (siehe Überfuhrgasse) beim Kalvarienberg in den Nachkriegsjahren.

der schließlich als Grazbach im Augarten in die Mur mündet, hatten immer wieder schadensbringende Höchststände.
Nach dem Hochwasser 1827 war dort, wo später die Keplerbrücke errichtet wurde, eine „fliegende Brücke", eine Art Fähre, über die Mur. An die Überfuhr, an ein Floß, das an einem Seil von Ufer zu Ufer wechselte, erinnert die Überfuhrgasse. Zwischen dem Kalvarienberg und dem gegenüberliegenden Ufer, nahe der ehemaligen Gemeinde Andritz, verkehrte die Überfuhr ab 1864 in verschiedener Ausführung bis nach dem Zweiten Weltkrieg. Hochwassermarken wie am Haus Schrödingergasse 30 erinnern an heute kaum mehr vorstellbare Höchststände der Mur. Die Marke am Hotel Mariahilf (Mariahilferstraße) zeigt den Wasserstand von 1827, als etliche Häuser in der Murvor-

Die gezimmerte Alte Weinzödlbrücke, etwas nördlich der Neuen Weinzödlbrücke gelegen, war zuletzt nur mehr für Fußgänger zu benutzen und wurde um 1950 abgetragen.

Erfolglose Schifffahrt auf der Mur: das Dampfschiff „Styria" (1889).

stadt ein Opfer der Fluten wurden. An der Stadtpfarrkirche in der Herrengasse gab es sogar eine Wassermarkierung aus dem Jahr 1703.

Die Mur teilt Graz in zwei durchaus unterschiedliche Hälften. Versucht man eine sehr vereinfachte Zuordnung, so ist das westliche Graz am rechten Murufer das politisch linke und das östliche Graz am linken Murufer das politisch rechte. „Brücken sperren" war daher bei den innenpolitischen Konflikten kurz vor und lange nach 1900 das gängige Kommando.

Murdampfschifffahrt

Die Idee Dampfschiffe für den innerstädtischen Verkehr einzusetzen, begeisterte in den 80er-Jahren des 19. Jahrhunderts die Grazer. In der Wiener Werft Kroi wurden 1887 durch die „Murdampfschiffsfahrtunternehmung" zwei 15 m lange und drei Meter breite Dampfer bestellt. Ihre Namen sollten „Graz" und „Kübeck", nach dem Statthalter Freiherrn Guido von Kübeck, sein. Der vorsichtige Statthalter lehnte ab, und „sein Schiff" ging in der Folge als „Styria" unter. In Graz waren Stationen zwischen dem Kalvarienberg und der Schlachthausbrücke (nun Berta-von-Suttner-Friedenbrücke) geplant. Stehschiffe sollten das Einsteigen erleichtern. Das erste Schiff kam nach einem Leidensweg von 19 Tagen über die Donau und Drau. Das zweite wurde von Fuhrwerken über den Semmering gezogen, die Tunnels waren für eine solche Größe ungeeignet. Die Freude und die Erwartungen der Grazer über ihre Schiffe waren groß. Am 8. September 1888, also vor fast genau 120 Jahren, begann um 7 h früh der lange erwartete Passagierverkehr. Die nördliche Wendemarke war nunmehr die Militärschwimmschule. Die Fahrt I. Klasse kostete 20 Kreuzer, die für die II. Klasse 10 Kreuzer. Schoßhunde fuhren gratis, für andere Hunde mussten 10 Kreuzer gezahlt werden. Um es kurz zu machen: Nach einigen Missgeschicken kamen die Katastrophen. Die „Styria" sank am 12. Mai 1889 nach einer Kollision mit der Radetzkybrücke. Es gab sechs Tote und die Gemeinde suchte durch viele Jahre für ihre Wrackräumung das Geld bei der Schiffsunternehmung einzutreiben. Erst 1909 gab es einen Teilerfolg. Die „Graz" sank 1890 bei einer Überstellung ohne Verluste an Menschenleben bei der Puntigamer Brücke.

Mur überbrücken

18 Brücken und Stege überqueren nun in Graz die Mur. In der frühesten Stadtgeschichte watete man bei Niedrigwasser durch den Fluss oder benutzte ein Boot. Im 14. Jahrhundert wurde beim Übergang Murgasse–Murvorstadt eine Holzbrücke gebaut, die mehrfach dem Hochwasser folgte, so 1827. Parallel zum Bahnbau wurde 1845 hier eine Kettenbrücke errichtet. 1891 folgte eine prächtige, im historistischen Stil geschmückte Brücke, der viele Grazer nachtrauern. Die gegenwärtige „Hauptbrücke" (seit 1964) ist so originell, wie ihr Name war, bis sie 2009 zur Erzherzog-Johann-Brücke gemacht wurde. Die „neue Brücke" stand einst an jener Stelle, an der sich heute die Radetzkybrücke (erneuert 1995) befindet. Manche Grazer erinnern sich noch an die hölzerne Ältere Weinzödlbrücke samt ihren Wehranlagen. Sie wurde errichtet, um den Flößern die Fahrt durch die Wasserstrudel zu entschärfen. Noch 1974 konnte man als Fußgänger auf der Tegetthoffbrücke durch die Fugen der Bodenbretter in den Fluss sehen. Nun nutzen wir (zu wenig) die neue Murpromenade. Ob das Wortspiel mit dem Graz-(a)M(o)ur heute noch berechtigt ist?

Die Keplerbrücke in Richtung Westen. Die Brücke (1882–1961) war durch die Art ihrer Konstruktion ein technisches Pionierwerk.

Der Pferdehändler Aichberger (Griesplatz 1) bietet um 1910 „Arbeits- und Luxuspferde" an.

Graz: mehr Tiere als Menschen

Einst wieherten die PS und waren Katzen und Hunde eher hauptberuflich als Nutztiere aktiv. Neues von der historischen Fauna der Stadt.

Von zweiköpfigen Adlern und pferdeköpfigen Panthern

Einköpfige königliche und doppelköpfige kaiserliche Adler zeigen an historisch interessanten Gebäuden in Graz ihre Schwingen. Der Wappenpanther aus der christlichen Symbolwelt der Traungauer, den sich das Land Steiermark und die Stadt Graz in fast identischer Form teilen, hat mit der gleichnamigen Raubkatze wenig gemein. Unser Panther hat einen Pferdekopf mit roten Stierhörnern, jeweils vier rote Klauen an den Füßen, eine Löwenmähne und einen geringelten Löwenschwanz. Vom weißen/silbernen Panther auf dem grünen Wappenschild, wie ihn auch samt Herzogshut die Autokennzeichen zeigen, kommen unsere Landesfarben weiß-grün.

Viehwirtschaft in der Stadt

Vergessen wir nobel das Ungeziefer, das die Grazer sicher heimsuchte, seitdem es Grazer gibt. Schon früh waren aber Ratten, Mäuse und sie bekämpfende Katzen ein markanter Teil der Grazer Tierwelt. Durch das Landplagenbild am Dom blieben die Heuschrecken als ungebetene Gäste des Jahres 1480 den Grazern

in Erinnerung. Am Beginn der Grazer Stadtgeschichte standen Ackerbürger mit landwirtschaftlich genutzten Flächen vor der Stadt und Stallungen im frühen Graz. Sehr späte Nachfolger dieser Nahrung bringenden Wirtschaftsform waren beispielsweise die legendäre Kuh, die um 1945 in einem Haus der Sporgasse vegetierte, und jene Schweine, die ein trostloses Leben im Keller des Hotels Steirerhof am Jakominiplatz fristeten. Auch z. B. bei den Kreuzschwestern gab es bis vor einigen Jahrzehnten Viehwirtschaft auf dem Gelände des Sanatoriums. So sehr auch am Stadtrand die Landwirtschaft zurückging, so gab es doch laut Viehzählung vom 10. August 1945 im Hunger leidenden Graz über 1.250 Pferde, mehr als 4.700 Rinder, 2.200 Schafe und Ziegen, 3.000 Schweine und fast 50.000 Hühner. Von den 33.500 Kaninchen lebten damals mehr als 200 im I. Bezirk. Am Rosenberg gab es vor Jahrzehnten einen bescheidenen Tierpark. Im Bereich der Oeverseegasse konnte man vor längerer Zeit exotische Tiere hören und besichtigen. Noch sind die Umzüge von Tierfreunden mit Hund und Katz durch Graz in Erinnerung. In der Ersten Republik bestand beim Wirtschaftshof und der Wasenmeisterei ein Tierfriedhof. Manchem tierischen Freund wurde dort ein Grabdenkmal gewidmet. Freiherr von Welden, Feldzeugmeister und letzter Kommandant der Festung auf dem Schloßberg, wurde in der Literatur des 19. Jahrhunderts als Begründer der Vogelfuttertische am Schloßberg gerühmt. Für einen hohen Militär war dies eine bemerkenswerte Hervorhebung. Der

Das letzte Foto der berittenen Polizei in Graz (Dezember 1950). Es blieb der Rang des Rittmeisters.

Landestierschutzverein wurde schon 1860 gegründet.

Künstlerische Tiere

Als eine durchaus unhistorische Variante des Mythos von den warnenden kapitolinischen Gänsen steht nahe dem Uhrturm das alte Denkmal des steinernen Hundes. Viel jünger ist das Kamel, das seit 1919 das Tor des Hauses Hauptplatz 14 schmückt. Sehr real sind dagegen die Hauptplatztauben. Ehemalige Kürschner hinterließen in der Murgasse 6 und in der Sporgasse 5 berufstypischen Fassadenschmuck, die Pelzträger des Tierreiches zeigen. Naturalistisch gibt sich der ruhende Löwe auf dem Denkmal (1909) für den Schloßberghelden Hackher von 1808 (Entwurf 1909 Otto Jarl, Nachschöpfung 1966 Wilhelm Gösser). Die vier Pferde in der Schlosskirche von St. Martin bezeugen die bildhauerische Qualität von Josef Thaddäus Stammel.

Im Namen des Tieres

Auch Straßennamen aus dem Tierreich sind in Graz beliebt. Hier eine Auswahl: Adlergasse, Amselgasse, Tändelwiese, Entenplatz, Falkenweg, Fasanstraße. Insbesondere Vogelarten werden sichtlich gerne vergeben. Vielen wird noch der Fischplatz (1947 Andreas-Hofer-Platz), wenigen das Fliegenplatzl (1908 Glockenspielplatz) ein Begriff sein. Nahe der Franziskanerkirche liegt der Kapaunplatz. Eine Karstdoline ist sogar nach dem sagenhaften Greif benannt (Greifengrube, Greifenweg). Nördlich des Schloßbergs und nahe dem Schloss Karlau gab es einst landsfürstliche Tiergärten, die eher einem unwaidmännischen Jagdgelände als einem

Der Tierfriedhof in der I. Republik nahe dem Städtischen Fuhrhof im Süden des Bezirks Gries

Tiergarten glichen. Tierische Gasthausnamen haben in Graz eine lange Tradition. So gab es u. a. in den 70er-Jahren des 19. Jahrhunderts: Goldener Adler (Griesplatz), Schwarzer Adler (Griesplatz), Schwarzer Adler (Leonhardstraße), Brauner Hirsch (Münzgrabenstraße), Goldener Hirsch (Schmiedgasse), Königstiger (Mariahilferstraße), Goldenes Lamm (Griesplatz), Brauner Löwe (Idlhofgase), Goldener Löwe (Mariahilferstraße), Ochs (Griesgasse), Weißes Rößl (Lendplatz), Schimmel (Reitschulgasse), Schwan (Annenstraße), Strauß (Vorbeckgasse). Lists nobles Hotel zum Elefanten in der Murvorstadt (Südtirolerplatz) hatte im ihm den Namen nachahmenden innerstädtische Hotel zum kleinen Elefanten wohl keine Konkurrenz.

Die Pferde- und Kutschenstadt

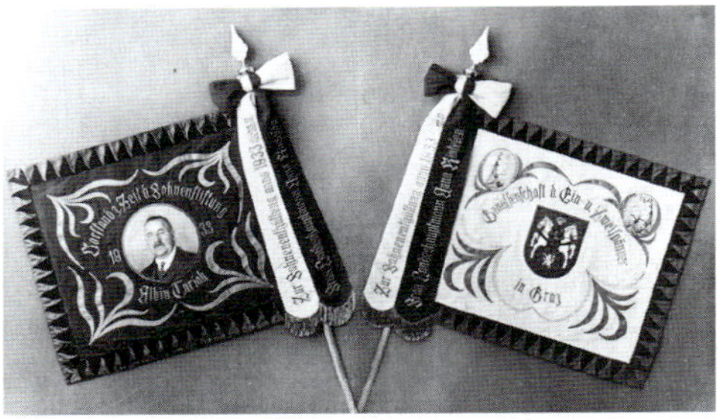

Gut organisiert: die Gesellschaft der Ein- und Zweispänner zu Graz (1933).

Bis um 1900 fast ausschließlich und dann noch durch mehrere Jahrzehnte stark vertreten war das Pferd im wahren Sinne des Wortes Träger des Verkehrs. Das Reittier, das Kutschenpferd, die Pferdetram prägten lange das PS-arme Straßenbild. Auch die geraden und breiten Hauptstraßen der 2. Hälfte des 19. Jahrhunderts, wie die Annenstraße und die Elisabethstraße, waren für den Pferdeverkehr geplant und von diesem auch genutzt worden. Das Militär allgemein, nicht nur die Kavallerie, hatte seine Reitplätze und Reithallen. Die Reiterkaserne in der Leonhardstraße ist den meisten Grazern noch ein Begriff. Die Artilleriereithalle in der Dreihackengasse steht noch, typischerweise nun als Garage. Der Name Reitschulgasse weist auf die nur noch in der Fassade erkennbare Halle in der Mondscheingasse hin. Viele innerstädtische Einfahrten und Höfe waren kutschengerecht gebaut. Die Prellsteine an Hausecken und Toren waren eine Notwendigkeit für Wagenrad und Hauseck. In den Höfen gab es Stallungen, Heulager und Kutscherwohnungen. Nicht nur auf dem Jakominiplatz standen Fiaker. Zu dieser Inszenierung gehörten Riemer, Sattler, Hufschmiede und Wagenbauer. Weitzers Waggonfabrik baute einst bevorzugt Kutschen. Die Verkehrsordnung von 1912 hatte einst das Schlafen der Kutscher und das Verlassen des Wagens während der Fahrt verboten. Noch vor 50 Jahren gab es in Graz 77 Fuhrwerksunternehmer und 14 Pferdehändler.

„Uns habm's behalten": Kutschenfahrt nach der Assentierung fünf Jahre vor Beginn des I. Weltkriegs

Die Kirche von Straßgang in einer romantischen Darstellung des 19. Jahrhunderts.

„Es blüht so grün, wenn Grazens Gärten blühen"

Wälder, Felder, Wiesen, Weiden, Obstgärten, Gärten, Alleen, Parks, Beete, Vorgärten, Heimgärten, Glashäuser, Weingärten, Gewässergrün, Kinderspielplätze, Bezirkssportplätze, Spielplätze, Friedhöfe, Naturschutzgebiete, Brunnen, Teiche, Hundewiesen ...

Gartenstadt Graz?

Ist Graz eine Gartenstadt? Die Frage kann mit einem klaren Jein beantwortet werden. Zwar beträgt der Grünflächenanteil in Graz fast 50%, doch liegen diese Flächen zumeist am Stadtrand. In den Bezirken Lend, Gries und Jakomini ist der Grünflächenanteil nur bei 10%. Der Anteil öffentlicher Park- und Grünflächen ist viel geringer, so sind die Parkanlagen im Bezirk Gries kaum wahrnehmbar. Oft erfreut uns schon ein Spielplatz oder eine Hundewiese.

Die Stadt sorgt für bürgerliches Grün

Öffentliche Grünflächen wurden im alten Graz bis ins 19. Jahrhundert als überflüssig angesehen. Vor der innerstädtischen Enge gab es ohnedies genug Grünland. In der Stadt galt die Regel, dass man entweder einen Garten hatte oder eben nicht. Erst urbanes Wachstum, das Schwinden der privaten Grünflächen und die Sorge um die Gesundheit der Bürger ließ öffentliche Parkanlagen entstehen. Gleichzeitig gaben die neuen, nun öffentlichen Gärten die Gelegenheit zur bürgerlichen Selbstdarstellung in Form von Denkmälern, Brunnen und Pavillons. Stadtpark und Schloßberg waren und sind die bevorzugten Bühnen hierfür. Wo Grünland der städtischen Entwicklung im Weg war, wurde es abgeschafft. So blieb vom ehemals großen Botanischen Garten im Südwesten der Inneren Stadt nur ein kleiner Rest, der nun als Joanneumserweiterung zum „Joanneumsviertel“ (Platzname 2010) umfunktioniert wurde. Grünflächen weckten schon immer urbane Begehrlichkeit. Lange blieb der meist nicht öffentliche Park des Statthalters, der Burggarten, exklusiv. Der Schloßpark Eggenberg der Grafen Herberstein war schon seit dem späten 18. Jahrhundert öffentlich zugänglich.

Gärten gehen und kommen. Wer denkt noch an den alten Botanischen Garten, wenn er auf dem Joanneumring fährt? Der Standort des ehemaligen Kernstockparks wurde zur Quizfrage. Das große Glashaus der Gemeinde in der Herrgottwiesgasse ist Geschichte und der Joanneumsgarten 2010 Bauerwartungsland. Aber es gibt nun eine Murpromenade und einen August-Mattey-Park (Merangasse-Morellenfeldgasse). Ohne privates Grün, sei es im Häusergeviert der Gründerzeitverbauung oder am locker verbauten Stadtrand und in den Villenvierteln, wäre Graz um vieles ärmer. 27 Heimgartenvereine pflegen ihre Grünparzellen. Die Fläche des größten („Schönau“ in der Kasernstraße) entspricht dem gemeindeeigenen Teil des Schloßbergs. Unentbehrlich sind, da öffentlich, die 131 Grünanlagen der Gemeinde. Die kleinste, der Spiel- und Sportplatz am Jägergrund-Unterer Bründlweg ist der Fläche nach genau ein 1.536stel der Größe des Stadtparks.

Der Feliferhoftausch

Bis 1782, damals wurde Graz eine „offene Stadt“, gab es ein verbauungsfreies Vor-

Die heimlichen Gärten von Graz: blühende Wildnis im Hof eines gründerzeitlichen Wohnhäuserblocks (Peinlichgasse, 2010).

feld jenseits der Stadtmauer im Osten von Graz („Glacis“). Außer einigen Alleen, so die Dammallee, blieb der Ostteil des künftigen Stadtparks bis 1869 militärisches Exerziergelände. Dies verhinderte übrigens eine vorschnelle Verbauung des Glacis. Erst als das Militär Ersatzgelände erhielt, konnte ein „englischer Park“, unser Stadtpark, angelegt werden. Nun übte das Militär außerhalb des damaligen Graz, in der Göstinger Au und am Feliferhof in Wetzelsdorf, damals noch ein Teil der Gemeinde Eggenberg. Bürgermeister Moritz v. Frank erwarb sich großen Verdienst um die Entstehung des Stadtparks. Angeregt dazu hat ihn sicher sein Wohnplatz im Palais Kees an der Kreuzung Glacisstraße-Elisabethstraße. Der Stadtverschönerungsverein (1869–1921) trug viel zum Erwerb und zur Gestaltung des Parks bei. Das Forum Stadtpark (1960) am Standort des Stadtparkcafés (ab 1876) war durch Jahre ein Zentrum deutschsprachiger Literatur.

Trostpreis Volksgarten

Die bürgerliche Stadtseite erhielt ihren Stadtpark. Die Murvorstadt bekam zum Ausgleich 1875 (Erweiterung 1897) ihren Volksgarten. Um diese Zeit verschwanden die vielen und oft großen Privatgärten in der Murvorstadt und gründerzeitliche Blockverbauung verdrängte weitgehend die aufgelockerte Vorstadtarchitektur. Das Denkmal für den Volksdichter Karl Morre (1907) war lange das einzige Denkmal am rechten Murufer. Der älteren Generation ist der Volksgarten noch als Ort des Schleichhandels in den ersten Nachkriegsjahren ein Begriff. Am 21. 8. 1945 wurden hier bei einer Razzia 70 Personen verhaftet. Der im Jahr 2000 umgestaltete

Der Stadtpark auf einem Bild aus den 30er-Jahren des Malers Leo Diet.

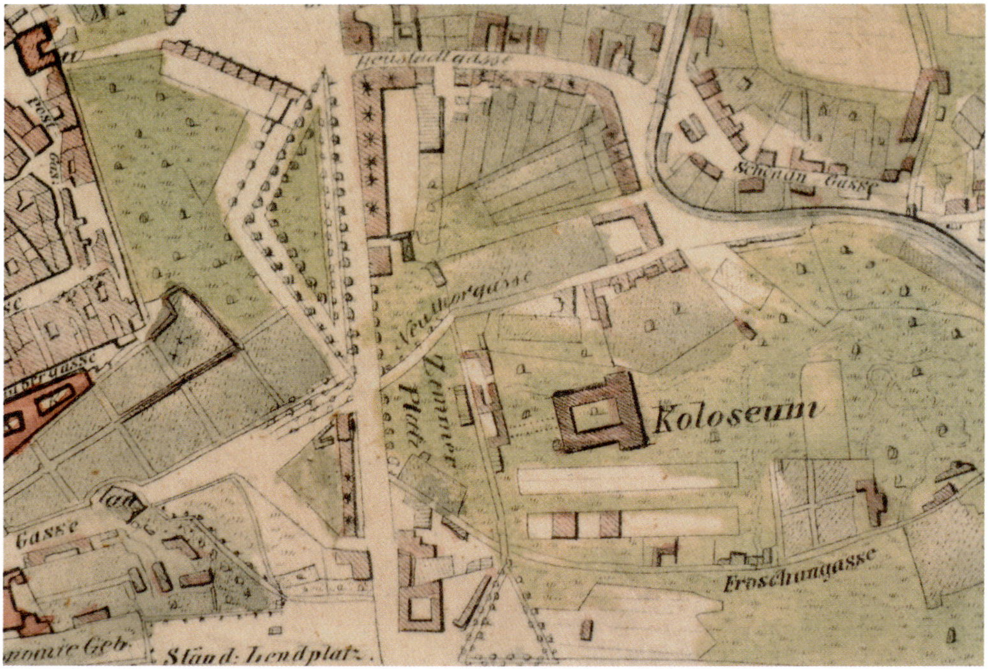

Viel Grün südlich der Stadt um 1840 (senkrecht die spätere Radetzkystraße).

Park soll nun eine Stätte der Begegnung der Generationen und Kulturen sein. Der wohlbekannte Name Volksgarten erhielt erst 2009 den Rang einer offiziellen Bezeichnung.

Die Froschau wird zum Augarten

Nach dem Stadtpark und dem Schloßberg (siehe vorne) ist der Augarten die drittgrößte öffentliche Parkanlage, allerdings ist sie nur halb so groß wie der Stadtpark. Zum Ausgleich für den Verlust des innerstädtischen Botanischen Gartens erwarb 1895 die Gemeindesparkasse Grundstücke im Süden der Stadt. Ein Teil des Parks stammt aus der privaten Ohmeyer'schen Stiftung. So trug der Park auch kurz den Namen Ohmeyerpark. Erst 1927 wurde der Augarten auch vom Süden zugänglich gemacht. Das Bad im Augarten entstand 1914 und wurde 1930 ausgebaut. Fast wäre Arnold Schwarzenegger dort Bademeister geworden. Aber er verfolgte offensichtlich eine andere Karriere. Projekte, den Park zu verbauen, etwa für einen Zirkus, für Hochhäuser, Hotels oder einen Busbahnhof, scheiterten. Zumindest bisher. 1909 war der Augarten das erste Spielfeld der Fußballmannschaft STURM.

Wer mehr über die öffentlichen Grünanlagen, es gibt ja erfreulicherweise auch private, wissen will, kann fragen, lesen oder im Internetangebot der Gemeinde Graz suchen. Zuständig ist die Abteilung für Grünraum und Gewässer der Stadtbaudirektion beziehungsweise der Wirtschaftsbetrieb des Magistrats Graz. Die Dissertation von Daniela Hörzer (Öffentliche Parkanlagen in Graz als Kulturräume, Graz 2007) dokumentiert Geschichte und Gegenwart des kommunalen Grüns in Graz.

Hofberichterstattung

Oft gehört: Vorderhöfe, Hinterhöfe, Außenhöfe, Innenhöfe, Ehrenhöfe, aber auch Bauernhöfe, Hofgasse, Hofräte und Hofhaltung. Dort, wo die Mülltonnen stehen und die Autos rosten. Dort, wo der Flieder und der Tratsch blühen. Ohne Höfe scheint in der Vergangenheit vieles nicht funktioniert zu haben. So ist es wohl auch noch heute.

Die Nobelabteilung Hof

Ein Hof ist im Sinne einer Begriffserklärung ein freier eingefriedeter Platz, meist in Verbindung mit einem Gebäude. Davon abgeleitet gibt es auch Bauernhöfe, Maschinenhöfe, Bauhöfe und Friedhöfe. Durch das Bild des noblen Gefolges auf einem Guts- oder Schlosshof entstanden Worte wie Hofhaltung und Hofburg. Anders als beispielsweise in Wien oder Innsbruck haben wir für die ehemalige herrschaftliche Residenz nicht den Begriff Hofburg. Bei uns heißt sie die Burg, nun der Sitz der Landesregierung. Wohl aber gibt es auch in Graz eine Hofgasse, die dorthin führt, und auch Hofräte. Als ein Gestaltungselement barocker Schlösser gilt der Ehrenhof. Das Schloss Gösting zeigt in Richtung Park ein Beispiel hierfür. An Höfen, deren Größe und Gestaltung konnte man zeigen, welcher Reichtum, aber auch welchen Gestaltungswillen und Geschmack man als Eigentümer hatte.

Vielzweckraum Hof

Mehr als halböffentlicher Raum genutzt, ist der Hof ein unentbehrlicher Bestandteil städtischer Gestaltung, insbesondere in der Vergangenheit. So ein Hof war immer für vieles zu gebrauchen. Vor der

Typische intensive Nutzung der Hofräume in der Griesvorstadt (unten rechts die Griesgasse, oben die Belgiergasse, links seitlich die Feuerbachgasse) (um 1980).

Der Hof als Lebens- und Abstellplatz: Klosterwiesgasse 14.

öffentlichen Wasserversorgung standen dort auch Brunnen mit Handpumpen. Man konnte im Hof Kinder spielen lassen, Waren abstellen, Wäsche aufhängen, Teppiche klopfen oder sich an etwas Grün erfreuen. Die Einfahrt durch das Haus führte bis nach 1900 oft zu einem Hof, der den Wendemöglichkeiten von Kutschen und Fuhrwerken entsprach. Dort gab es häufig auch die Wagenremise, die Stallung, das Heulager und oft auch die Personalwohnungen. Wenn man alt genug ist, kann man sich an Straßenmusikanten und Wanderhandwerker erinnern, die vom Hof aus versuchten zu Spenden und Kunden zu kommen. Selten, aber doch, dient der Hof auch noch heute als Kommunikations- und Erholungsraum.

Am rechten und am linken Murufer

Besonders am rechten Murufer war und ist der Hof ein Raum, der wirtschaftlich genutzt wurde. Dementsprechend war der Wunsch groß, dort an- und zuzubauen. Moderne Kleinbetriebe, Lagerräume und Dispositionsflächen sind heutzutage im Hof genauso zu finden wie alte Holzschuppen und Ruinen ehemaliger handwerklicher Geschäftigkeit. Kaum ein Bodenbelag, der nicht in unseren Höfen zu finden ist: Erde, Steine (u. a. „Murnockerln"), Wiese, Ziegel, Kacheln, Steinplatten, Beton, Asphalt und nun auch Rasengittersteine.

Besonders am linken Murufer ist in den großbürgerlichen Wohnbereichen der späten Gründerzeit der Gegensatz zwischen urbanen Straßenfronten und grünen Innenhöfen zu finden. Von den Stiegenhausfenstern, Wirtschaftsbalkonen und hofseitigen Räumen aus sieht man relativ große Grünflächen. Auch wenn oft Zäune die Wiesen, Beete und kleinen Wälder unterteilen, der Erholungs- und Nutzwert solcher Lösungen ist unbestritten. Es sei denn, die Nutzungsrechte führen zum Streit. Verlockend ist es, den Hof zum Parkplatz für Autos zu machen. Was so den einen freut, ist oft für andere ein Ärgernis. In das Bild authentischer Hof- und Denkmalpflege passt der Abstellplatz für Wagen und für in der Wohnung nicht Gebrauchtes jedenfalls nicht. Gastgärten in Höfen können recht einladend sein, ob sie nur Freude auslösen, ist eine andere Frage.

Welcher ist denn der Schönste in Graz?

Die Grazer Altstadt kann sich einer großen Zahl von Höfen rühmen, die zu den besonderen Attraktionen der Stadt gehören. Welcher ist wohl der schönste? Welcher Ihr Favorit? Liegt er womöglich versteckt, abseits der Altstadt? Meine Kandidaten sind u. a. jener im Landhaus, der in der ehemalige Komturei des Deutschen Ritterordens (Ecke Sporgasse–Hofgasse), der imposante Hof des Jesuitenkollegs (Priesterseminar) sowie die Höfe von Hauptplatz 16 und Karmeliterplatz 6. Wer kann sich dem Reiz des Hofes des Palais Saurau (Sporgasse 25) oder des Krebsenkellerhauses (Sackstraße 12) entziehen? Die Liste kann zum Glück noch fortgesetzt werden. Wer in der Altstadt auf Hof-Entdeckungsreise geht, wird belohnt werden. Auch wenn das nicht immer zur Freude von Bewohnern und besonders von Hausmeistern geschieht. Stadtführungen und hin und wieder Theatervorstellungen und Konzerte zeigen Bekanntes und Unbekanntes. Waren Sie schon in den Höfen des Franziskanerklosters oder des Minoritenklosters? Von etlichen wertvollen und schönen Höfen mussten sich die Grazer schon verabschieden. So gibt es die traditionellen Bauten Hauptplatz 14 oder Bürgergasse 5 nur mehr auf Abbildungen.

Der Wunsch nach Erhaltung und Pflege von Höfen war immer wieder zu hören. So auch gegenwärtig. Nutzen wir die Chancen!

Der Castellhof in der Kolpinggasse 12–14. 2010: wieder ein alter Hof weniger.

Der Vorgängerbau des Roseggerhauses (Annenstraße/Elisabethinergasse, 1914) war das 1848 errichtete Truppentransportsammelhaus. Auffallend war der festungsartige Eckbau, der womöglich der Revolutionsangst jener Zeit entsprach.

Zürich: Bahnhofstraße; Wien: Mariahilferstraße; Graz: Annenstraße

Mitten in der Annenstraß'n
hast dich küssen lass'n
Mutter hat's geseh'n,
und du musst geh'n.
(Kinderauszählvers)

Woran denken Sie, wenn Sie das Wort Annenstraße hören? Wie war das Leben und Wirtschaften dort vor Jahrzehnten? Die berühmteste und mitunter umstrittenste Straße am rechten Murufer der Stadt verlangt unsere Aufmerksamkeit. Verschieben wir die Straßenbeschau zurück in die Mitte des 19. Jahrhunderts.

Anna nicht Annen

Die so populäre Anna Plochl, verh. Gräfin v. Meran und Gemahlin von Erzherzog Johann, war nicht die Taufpatin der Annenstraße, sondern Kaiserin Anna Maria aus dem italienischen Haus Savoyen, Gemahlin von Kaiser Ferdinand I. Sie befuhr im August 1847 als erste prominente Benutzerin die nach ihr benannte Anna(!) straße. 1938 wechselte der Name kurz in Krefelderstraße, dem damals als Schwesterstadt erwählten Krefeld zur Ehre. Nach sieben Jahren gab es wieder den alteingeführten Namen Annenstraße. Das Planungskonzept der Stadterweiterung brachte im 19. Jahrhundert, Jahrzehnte vor der Motorisierung, vier neue breite Ausfahrtsstraßen. Als typische Geometerstraßen hatten sie einen geraden Verlauf und waren auf attraktive Zielpunkte ausgerichtet. Für die Annenstraße hatte sich der Turm der Franziskanerkirche angeboten. Die neue Annenstraße wurde geplant als Verbindung zum Bahnhof (1844) und als Ausfahrtsstraße vom Murplatz (Südtirolerplatz) in den Westen. Zuvor hatte es ältere Linienführungen gegeben, zu welchen die Strauchergasse und die Metahofgasse gehörten. Westlich des Murplatzes führte der alte Weg durch die Barmherzigengasse und die Seitzergasse zum Mühlgang in den Bereich der einst wichtigen Bürgerspitalsstiftung mit ihrer gotisch-barocken Hl.-Geist-Kirche in der Dominikanergasse.

Kunsthistorisch von großem Wert ist der etwas abseits gelegene Weisseneggerhof (Hans-Resel-Gasse 3, Ecke Metahofgasse). Von außen sieht man dem monumentalen Gebäude nicht die wertvollen baulichen Details des Inneren an. Das Haus, lange im Eigentum der Eggenberger und auch Arbeitsplatz von Künstlern, besitzt spätgotische Bauelemente. Bei nichtkirchlichen Gebäuden ist das in Graz sehr selten zu finden. Interessant ist die Fluchtlinie des Hauses Annenstraße 17. Da es vor dem Umbau älter als die Straße war, passt es nicht in die allgemeine Fassadenfront. Der leichte Anstieg der Straße in Richtung Westen führt auf Höhe des Eggenberger Gürtels auf die Terrasse, welche die letzte große Eiszeit (Würm) bzw. der Abfluss ihrer Wassermassen verursachte.

Vorfluter vom Westen in die Stadt

Kurz vor der Kreuzung Annenstraße-Eggenberger Gürtel gab es auf der südlichen Seite den landwirtschaftlichen Musterhof der Landstände, an dessen Gründung Erzherzog Johann Anteil hatte. Dort fand auch 1870 eine recht bescheidene Wirtschaftsausstellung statt, die als erste Mes-

Sozialdemokraten marschierten an einem 1. Mai in den 20er-Jahren mit ihren Fahrrädern in der Annenstraße in Richtung Stadtmitte.

se zitiert wird. Oft ist zu lesen, dies sei in Eggenberg geschehen, so weit wurde dieses Gelände einst von der Stadtmitte entfernt gesehen.
Es ist heute kaum vorstellbar, aber wahr: Die Annenstraße (1846) wurde Jahrzehnte vor der Motorisierung als frühgründerzeitliche Prachtstraße geplant. Fußgänger, Kutschen, Fuhrwerke und auch Reiter waren über Jahre ihre einzigen Benutzer. Manche ältere Häuser haben noch die typische Kutscheneinfahrt mit Prellsteinen und ehemaligen Stallgebäuden im Hof. Am Beginn der Karriere der Annenstraße stand 1844 der erste bescheidene Bahnhof mit der nur bis Mürzzuschlag führenden Eisenbahnstrecke. Zehn Jahre später konnte man schon über den Semmering nach Wien fahren, ab 1857 sogar nach Triest. Für die vielen Pendler, die Tag für Tag durch die Annenstraße in Richtung Innere Stadt unterwegs waren, waren jedoch die lokalen Bahnstrecken, wie jene nach Köflach (1860), von größerer Wichtigkeit. Seit 130 Jahren nutzt der öffentliche Verkehr unsere „Bahnhofstraße", an deren Bedeutung die Keplerstraße nicht herankam. Zuerst war es die Pferdetram (1878), dann ab 1899 die Elektrische. Auch die Linien nach Eggenberg (1900) und Wetzelsdorf (1901) benutzen die Annenstraße. Einst kreuzte an der Volksgartenstraße der berühmte 2er (Ringlinie) den 3er, der bis 1955 nach Gösting fuhr. Noch immer bringt die Fahrt vom Hauptplatz bis zur Station Roseggerhaus einen auf kurzem Weg in eine recht unterschiedliche Graz-Welt.
Der Name Roseggerhaus aus dem Jahr 1914 kann als „Trostpreis" verstanden werden. Denn 1913 wurde zur Empörung vieler Steirer Peter Rosegger der Literaturnobelpreis „verweigert".
Die Annenstraße ist die Grenze zwischen

Auswahl groß, Preise günstig, Präsentation eher lieblos: Das GÖC-Kaufhaus an der Ecke Annenstraße/Volksgartenstraße (60er-Jahre).

den Bezirken Lend und Gries. Wenn es wer genau wissen will: Die Straße liegt noch zur Gänze im Bezirk Lend, nur die südlich Häuserfront gehört zum Nachbarbezirk.
Was wäre die Annenstraße ohne das Annenhofkino? Schräg gegenüber gab es durch Jahrzehnte das Unionkino (ehem. Edisonkino), das zuletzt durch seine Abenteuerfilme populär war.

Ein Spiegel der Stadtentwicklung

Wenn auch nach den Bombenschäden des Zweiten Weltkriegs die schnell hochgezogenen Neubauten und monströse Aufstockungen den gründerzeitlichen Stil der Häuserfronten und damit das Bild der Straße änderten, so hat die Annenstraße noch immer ihr charakteristisches Aussehen und Elemente ihrer ursprünglichen Funktion und Nutzung. Viel hat sich aber auch in den letzten Jahrzehnten verändert.

Fröhliche Runden um 1900 im Gastgarten des Hotels Österreichischer Hof (Ecke Annenstraße/Georgigasse).

Das berühmte Wiener Architektenteam Fellner & Helmer entwarf eine Volksoper für den Platz Ecke Annenstraße/Dominikanergasse.

Ältere Zeitzeugen erinnern sich noch an die Annensäle, eines der vielen baulichen Opfer der Bomben in dieser Straße. Wer besuchte einst das zweigeschoßige noble Café Rosegger im Roseggerhaus? 1938 wurde es in Café Rheingold umbenannt. 1945 gab es hier das legendäre Kabarett Igel als erstes Lebenszeichen nun erlaubten kritischen Humors. Fritz Muliar erzählt gerne von zwei jungen Besuchern: Karlheinz Böhm und Josef Krainer. Später konnte man im Roseggerhaus Autos der Marke Opel bewundern. Gegenüber gab es das Kaufhaus GÖC (Großeinkauf österreichischer Konsume). Bekannt waren einst hier auch das Kleiderhaus Modell und der Zuckerlkönig mit seinem tragischen Schicksal (Mord). 1938 „arisierte“ nationalsozialistische Willkür in der Annenstraße 17 Geschäfte, die zuvor jüdische Eigentümer hatten. Eine andere Form von Multikulturalität prägt die Annenstraße heute.

Die traditionellen Einkaufsachsen des Grazer Straßennetzes, so z. B. auch die Leonhardstraße oder die Münzgrabenstraße, leiden unter dem geänderten Konsumverhalten der Grazer. Die Annenstraße ist im Vergleich dazu belebt, auch wenn dies nicht immer mit dem ambitionierten Entwicklungskonzept ihrer Wirtschaftstreibenden und der Stadtplanung übereinstimmt. Gegenwärtig gibt es wieder neue Strategien, die Annenstraße zu dem zu machen, was sie einst war. Ob Sie es glauben oder nicht: Auch Straßen sind wie Lebewesen mit Traditionen und Schicksalen verbunden.

Nahe der Kreuzung Annenstraße/Eggenberger Gürtel in den 60er-Jahren.

Das Eiserne Haus vor dem Umbau zu einem Teil des Kunsthauses (1999).

Das Eiserne Haus

Das Eiserne Haus (Südtirolerplatz 2), 1848 an Stelle von fünf durch das Hochwasser von 1827 beschädigten Häusern errichtet, ist durch seine Bauweise ein technisch-historisches Denkmal. Der Pionierbau in Eisenskelettbauweise wurde vom Baumeister und Architekten Josef Benedict Withalm (1771–1864) entworfen. Ihm gehörte auch anfangs der damals mondäne Bau. Die Ausführung des beispielhaften Ingenieurprojekts hatten Georg Hauberrisser d. Ä und Andreas Stadler übernommen.

Die Bauelemente aus Gusseisen prägen das Obergeschoß und sind nun nach der aufwendigen Renovierung (bis zu 18 Übermalungen waren zu entfernen) wieder deutlich erkennbar. Hier befand sich ein Caféhaus („Meran"). Im Erdgeschoß und im Zwischengeschoß gab es ein Warenhaus und im Keller eine Art Bar, beschrieben als „Elysium nach Wiener Art". Das Grundkonzept und vermutlich auch die Ausführung dieses technischen Pionierwerks stammen aus dem damals im Eisenbau führenden England. In einer verdeckten Nische der Südfassade fand man im Jahr 2000 die Statue der antiken Muse Polyhymnia, die hier sichtlich als Hausgottheit und Schutzfigur auserwählt worden war.

Das Eiserne Haus erlebte – oder besser: überlebte – viele Funktionen und Veränderungen. So musste 1862 das Flachdach einem Walmdach weichen. Die Westfassade ging 1932 verloren. Bomben richteten einen größeren Schaden an. Vielen Grazern wird noch das Kaufhaus Lechner im Eisernen Haus ein Begriff sein. Der Funktionslosigkeit der letzten Jahre folgten nun die Wiederherstellung und die Integration in das Projekt Kunsthaus. Über 150 Jahre trennen die beiden Bauteile des Kunsthauses. Nutzung und die Idee, Neues zu entwickeln, verbinden sie.

Graz Hauptbahnhof: Alles aussteigen!

Am Anfang stand 1804 die erfolgreiche Idee, eine Dampfmaschine auf Rädern („Wanderdampfmaschine") zu entwickeln und diese auf Schienen zu stellen. Daraus entwickelte sich als Eisenbahn ein Weltverkehrssystem. Einst und jetzt beeinflusst die Bahn Graz.

Die Erzherzog-Johann-Bahn

Der Einfluss von Erzherzog Johann bewirkte die Trassenführung der Bahnlinie von Wien zur Adria über Graz. Diese Eisenbahn hatte übrigens eine weitere wirtschaftliche und militärische Perspektive. Als 1857 Wien durch die über den Semmering und Graz mit Triest führende Eisenbahn verbunden wurde, waren die Lombardei (bis 1859) und Venetien (bis 1866) noch österreichisch.

Am 21. Oktober 1844 begann für „Gratz" das Eisenbahnzeitalter und damit hatte auch das Industriezeitalter für uns begonnen. Noch war es die Stunde der Visionäre und Pioniere. Nach drei Stunden Fahrt traf der erste Zug aus Mürzzuschlag im recht bescheidenen Bahnhof fern der Stadtmitte ein. Noch war die Realität hinter den vielen Bahnprojekten meist die traditionelle Pferdekutsche. In Graz verdrängte erst 1899 die Elektrische die Pferdetram. Grazreisende blieben entweder gleich im Hotel Daniel (1887) oder ließen sich von einer Sammelkutsche (Omnibus = jeder kann mitfahren) „in die Stadt" fahren. Erst die Koordination der Fahrpläne verlangte z. B. nach einer Mitteleuropäischen Zeit. Bis 1890 gab es in Österreich-Ungarn noch keinen nach Zeitzonen vereinheitlichten Fahrplan. Bis dahin musste meist im Sinne der örtli-

Der ehemalige Südbahnhof und spätere Hauptbahnhof (1877–1944).

chen Lokalzeit gerechnet werden, sodass beispielsweise Graz vier Minuten vor der Klagenfurter Zeit lag.

Das Bahnhofsviertel

Für die Bezirke im Westen von Graz gab es mit dem Bahnanschluss bald neue Standortbedingungen. Neue gerade Straßen führten vom Bahnhof in die Stadt (Annenstraße, Keplerstraße) und eine Kettenbrücke verband nun die beiden Stadtteile. Die Bahn führte nun Eisen und Kohle zum Wirtschaftsstandort Graz. Für die Befeuerung der Lokomotiven der Südbahn setzte sich erst ab 1865 die Kohlenfeuerung anstelle des Holzes durch. Nahe dem Bahnhof entstanden bedeutende Betriebe (Schienenwalzwerk, Metallbau Waagner-Biro und die Waggonfabrik Weitzer) und westlich davon ein einst großes Kasernenviertel. Großbetriebe, so die Brauereien in Puntigam und Eggenberg (Reininghaus), der Schlachthof und das Gaswerk in Rudersdorf erhielten einen Bahnanschluss. Auch der Konsum der Grazer und der Handel entwickelten sich parallel zum Erfolg der Eisenbahn. Die neue Annenstraße wurde zu einem Zentrum des Einzelhandels. Parallel zu dieser Entwicklung entstanden in Bahnhofsnähe die Wohnhäuser für Arbeiter. Die Einwohnerzahl der Bezirke Lend und Gries stiegen von 21.000 (1850) auf 70.000 (1910). Wo ein Bahnhof ist, durften Zoll, Post und Lagerhäuser nicht fehlen. Die riesigen Kavernen unter dem Haus Keplerstraße 114 c waren einst das bahnnahe Bierlager Grazer Brauereien. Mit der Eisenbahn wuchsen auch die täglichen Pendlerströme. Der städtische Arbeitsplatz und die Einkaufs- und Behördenstadt Graz brauchen den Nahverkehr per Bahn. Für viele, nicht nur für Bundesbahner, sind der Zug und der Bahnhof auch

Der erste Bahnhof in Graz 1844 (Sepp Tezak, 2002).

Zum Bahnhof gehörten schon 1913 eine Restauration und ein Hotel (Daniel).

heute ein integrierter Teil ihrer täglichen Lebenswelt. Die neuen S-Bahn-Fahrpläne weisen in die Zukunft.

Die Südbahn

Am 27. Juli 1857 verkehrte der erste Personenzug von Wien über den Semmering und Graz nach Triest. Mit etwas Neid müssen wir seit Jahren zur Kenntnis nehmen, dass wir nun abseits der Südbahn nach Kärntner Definition leben. Der Verlust eines zweiten Gleises in Richtung Süden kontrastiert zur Hoffnung auf eine noch ferne Koralpenbahn. Der Hauptbahnhof

Romantische Darstellung des Südbahnhofes (Raoul Frank, um 1900).

ist ein Ort steter Umbauten und vieler Projekte. Auch im Bereich Ostbahnhof soll sich einiges verändern.
Das (Südbahnhof-)Bahnhofsgebäude von 1878, einst ein Prunkstück der k. k. priv. Südbahngesellschaft in einer Art Renaissancestil errichtet (Architekt: Wilhelm v. Flattich), fand ein gewaltsames Ende. Jahrelang wurde über einen Neubau des Hauptbahnhofes gesprochen. Nach den Bombenangriffen der Jahre 1944 und 1945 blieb nur mehr eine Ruine davon übrig. Die Nähe zur Eisenbahn brachte dem Zentralfriedhof mehr Bomben als dem Bezirk Geidorf. Erst 1955 gab es einen Neubau (Architekt: Wilhelm Aduatz), der recht schlicht ausfiel. Die älteren Generationen haben noch das Bild der Dienstmänner mit ihren Kofferkarren, die Würstlverkäufer und auch die meist unverständlichen Lautsprecheransagen in Erinnerung. Die vielen Tauben fühlten sich als Zugvögel. Der Geruch und Ruß der verbrannten Kohle, das Schnaufen und Pfeifen der Lokomotiven waren Alltag und noch nicht Nostalgie. Das Ankommen und Wegfahren in überfüllten Zügen schuf Erinnerungen. Oft wurde der Bahnhof zum Schicksalsplatz. Damals gab es auch in der Waggonqualität noch eine Dreiklassengesellschaft. Ab 1966 konnte die Bahn von Graz nach Norden und ab 1972 auch nach Süden elektrisch fahren. Zuvor konkurrenzierten schon die Dieselloks den Dampfbetrieb. Zugnamen wurden zum Qualitätsbegriff („Blauer Blitz“, „Roter Blitz“). 30.000 Fahrgäste frequentieren gegenwärtig täglich den Hauptbahnhof. Bis 2020 sollen es im erneuerten Bahnhof 40.000 sein.
Die Diskussion, ob der Platz vor dem Hauptbahnhof Bahnhofplatz oder exakter Bahnhofvorplatz heißen sollte, wurde 1972 durch die Verleihung der Bezeichnung Europaplatz beendet. Beim Stichwort Europa fällt einem ein, dass man bis zum Ende des Ersten Weltkriegs grenzenlos in einem einzigen Staat unterwegs sein konnte, der nun auf 12 Staaten aufgeteilt ist. Dies ist hervorzuheben, wenn auch die Visum- und Grenzprobleme jetzt wieder weitgehend Geschichte sind.

Die Ruine des bombenzerstörten Hauptbahnhofes (um 1945).

Die „Kleine Halle" war in den Umbauzeiten nach 1945 mehrfach die Transitbühne für Zugreisende.

Für die Grazer des 19. Jahrhunderts war es klar, dass der heutige Hauptbahnhof der Südbahnhof (siehe Südbahngesellschaft) und der heutige Ostbahnhof der Westbahnhof (siehe königliche ungarische Westbahn) war. Es gab aber auch für den Ostbahnhof die Bezeichnungen Raaberbahnhof und Staatsbahnhof. Letzteres als Unterscheidung zur privaten Südbahngesellschaft. Denn 1858 musste der Staat die Bahnstrecke verkaufen.

Unser Ostbahnhof (1873) ist nun ein denkmalgeschütztes Objekt der Industriearchäologie (Industriekultur). Wie ein überdimensionales Modell aus historischer Zeit und ein wenig vergessen trotzte der Bau den Abbruchplänen. Auch der Köflacher Bahnhof, 1860 ursprünglich errichtet für den Kohlentransport, zeigt samt seinen hier beheimateten Museumslokomotiven ein eher beschauliches Leben. Die Bahnstationen Straßgang und Puntigam liegen abseits der Pendler- und Touristenströme. Erst seit kurzer Zeit gibt es die (noch) nicht sehr genutzte Bahnstation Don Bosco. 1965 wurde die 1884 errichtete kleine Station Gösting der Bundesbahn geschlossen. Bei dieser Gelegenheit muss auch darauf hingewiesen werden, dass die Eisenbahn in Graz nicht nur den Verkehr fördert, sondern auch hin und wieder behindert.

Außer den bekannten Bahnstrecken gibt es in Graz noch etliche Kilometer Werkbahngleise (Schleppbahnen). Nicht nur jene private und museale Anlage im Schloßberg, sondern in Verbindung mit großen Betrieben, so dem Magnawerk in Thondorf.

VON GRAZ NACH:
1844 Mürzzuschlag
1846 Marburg
1854 Wien
1857 Triest
1860 Köflach
1868 Leoben
1872 Vordernberg
1873 Wies
1873 Ungarn
1891 Eisenerz
1919 Übelbach

Štajerski Gradec?

Löst eine slowenische Bezeichnung für Graz Emotionen aus oder sind diese Zeiten vorbei? Jedenfalls ist der Name von Graz eine Ableitung aus einer alpenslawisch-karantanischen Bezeichnung für kleine Burg. Aber auch andere topografische Bezeichnungen im Raum Graz haben slawische Wurzeln und stammen aus dem 6. bis 9. Jahrhundert, so beispielsweise Gösting, Straßgang, Weinitzen, Ragnitz, Andritz, Schöckl (siehe W. Brunner in der 2003 erschienenen vierbändigen Geschichte der Stadt Graz). Seither sind viele Jahrhunderte vergangen. Jahrhunderte voll Gemeinsamkeit und Trennendem. So hatte die slowenische Schriftsprache eine ihrer ei-

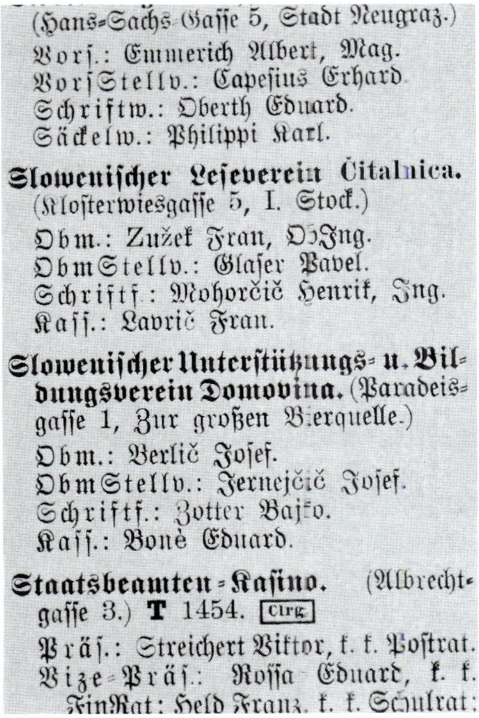

(Hans-Sachs-Gasse 5, Stadt Neugraz.)
Vorſ.: Emmerich Albert, Mag.
VorſStellv.: Capeſius Erhard.
Schriftw.: Oberth Eduard.
Säckelw.: Philippi Karl.

Slowenischer Leſeverein Čitalnica. (Kloſterwiesgaſſe 5, I. Stock.)
Obm.: Zužek Fran, Ob-Ing.
ObmStellv.: Glaſer Pavel.
Schriftf.: Mohorčič Henrik, Ing.
Kaſſ.: Lavrič Fran.

Slowenischer Unterſtützungs- u. Bildungsverein Domovina. (Paradeisgaſſe 1, Zur großen Bierquelle.)
Obm.: Berlič Joſef.
ObmStellv.: Jernejčič Joſef.
Schriftf.: Zotter Bajko.
Kaſſ.: Bonè Eduard.

Staatsbeamten-Kaſino. (Albrechtgaſſe 3.) **T** 1454. Clrg
Präſ.: Streichert Viktor, k. k. Poſtrat.
Vize-Präſ.: Roſſa Eduard, k. k. FinRat: Held Franz, k. k. Schulrat;

Zwei der slowenischen Vereine in Graz (um 1900).

Slowenische Grabinschrift auf dem St.-Leonhard-Friedhof.

nigenden Wurzeln in den Grazer Gelehrtenzimmern, Druckereien und Verwaltungszentren. Ein Zeitsprung von über 1000 Jahren steirischer Geschichte führt uns von Gradec zum Ende jener Epoche (1918), in der Graz auch die Hauptstadt für über 400.000 Slowenisch Sprechende war. Auffallend ist, dass es 1910 in Graz, obwohl rund 1/3 der Steirer damals Slowenisch sprachen, keine größere organisierte und in sich geschlossene slowenische Minderheit gab (Volkszählung 1910: 0,7% slowenische Umgangssprache; inoffizielle Schätzungen über die Muttersprache: bis zu 16%). Damals existierte für die Murvorstadt, dem traditionellen Wohngebiet der Zuwanderer, auch die nie ganz ernst gemeinte Bezeichnung „Windisches Viertel".

In der alten steirischen Hauptstadt musste Slowenisch einst zumindest so häufig wie heute zu hören gewesen sein. Das Rad der Zeit hat sich nun ab 1. Mai 2004 durch den EU-Beitritt Sloweniens wieder ein Stück weiter gedreht, das Gemeinsame sollte nun wieder das Trennende überwiegen.

Was uns erspart blieb – Ungebautes aus Alt-Graz

Realisten sagen, dass Bauten kommen und gehen. Einige kamen nicht einmal. Manche Bauprojekte wurden zum Glück für Graz nicht realisiert.

Es gab auch in der ferneren Geschichte von Graz Bau- und Abbruchpläne, die keine Realisierung fanden. So stand in ihrer langen Geschichte die Leechkirche zweimal auf der Abbruchliste. Doch der Respekt vor dem frühgotischen Baujuwel war stärker als die Angst, dass sich dort Feinde bei einer Belagerung von Graz einnisten könnten. Hier sollen nun Beispiele von unrealsierter Fehlplanung der jüngeren Stadtgeschichte berichtet werden.

1909 wurde diese Aussichtswarte für das Schloßberg-Plateau geplant.

Attacken des Historismus

Das späte 19. Jahrhundert schwelgte in der Freude an historistischen Baulösungen. Die Beispiele der Architekturgeschichte sollten kopiert, bestenfalls neu interpretiert werden. Besonders die Nachahmung der Gotik hatte es dem damaligen Zeitgeist angetan. Varianten dieses Konzepts waren beispielsweise das Rathaus (1893) und die Herz-Jesu-Kirche (1891). 1867 gab es den Entwurf (H. Petschnig) eines neogotischen Turms für die Stadtpfarrkirche. Das Vorbild dafür sollte der Turm der Wallfahrtskirche von Maria Straßengel sein. Dass dafür der barocke Prachtturm geopfert hätte werden müssen, schien damals vertretbar. Heute sehen wir das anders und sind froh über das Nichtzustandekommen des Denkmalfrevels. Auch der 1877 angekündigte Abbruch des Paulustors fand nicht statt.

Anschlag auf den Schloßberg

Die Romantik des Historismus gab den Stil vor, wirtschaftliche Interessen forderten die Realisierung: 1891 entwarf der Architekt M. Seidl eine komplette Neubebauung des Schloßbergplateaus. Türme, mehrstöckige Gebäude, Galerien, Balkone, Glasdächer sollten dem Berg eine neue Krone im zeitgeistigen Baustil aufsetzen. J. Kleinoscheg, der umtriebige Wirtschaftsmanager, hatte schon mit seinem Hilmteichprojekt (Warte 1888) Erfolg gehabt. Nun bemühte er sich um einen überbauten Schloßberg. Unterstützt wurde er durch P. Rosegger, der in seiner Zeitschrift „Heimgarten" für den „Schloß-

1930 hatte der Gemeinderat die Errichtung dieses Hochhauses (Entwurf Haueisen) zur endgültigen Trennung von Jakominiplatz und Bismarckplatz (Am Eisernen Tor) beschlossen.

berg neu" warb. Doch die Mehrheit der Grazer konnte sich mit dem Projekt nicht anfreunden. Nur die Schloßbergbahn (1894), ein Teil des Neubauentwurfs, wurde realisiert. 1950 präsentierte der Brauherr H. Reininghaus vergeblich den Plan, ein mehrgeschoßiges Hotel auf der Stallbastei des Schloßbergs zu bauen.

Geldmangel als urbane Chance

Sowohl die üppig geschmückte Franz-Karl-Brücke (1891) als auch die ihr 1965 nachfolgende Hauptbrücke (2009: Erzherzog-Johann-Brücke) gab mit ihrer Breite dem Projekt Vorschub, die Murgasse durch den Abbruch einer Häuserseite zu verbreitern. Im Verbauungsplan 1928 (Prof. K. Hoffmann) wurde dies auch ausdrücklich gefordert. Durch Jahrzehnte gab es in Graz zwei widersprüchliche Konzepte für den Raum Eisernes Tor und Jakominiplatz. Die einen wollten die beiden Plätze miteinander verbinden, die anderen die beiden Plätze durch einen markanten Großbau endgültig trennen. 1930 schien die zweite Gruppe definitiv gesiegt zu haben. Ein vielgeschoßiges Hochhaus im Stile der Zeit sollte die alten Stadtgrabenhäuser ersetzen. Der Gemeinderat erteilte seine Zustimmung, doch dann fehlte es am Geld für die Realisierung. Das lehrt, dass Geldmangel auch durchaus von Vorteil sein kann.

NS-Planung

Der Irrglauben, dass Graz mit dem Anschluss an Hitlers Deutsches Reich einer großartigen Entwicklung entgegengehe, ließ den Planern der Jahre 1938 bis 1942 freie Hand für ein neues Graz. Was durch den Architekten F. Haas schon zu groß für die Stadt geplant worden war, hatte durch den Stadtplaner P. Koller (VW-Stadt Wolfsburg Planer) noch eine gewichtige Steigerung erfahren. Stadtautobahnen hätten Graz durchschnitten. Im Süden wären riesige Siedlungen in Art der Neubauten jener Zeit in der Triesterstraße entstanden. Statt des Messegeländes hätte ein monumentales Gauzentrum ein neues politisches Zentrum entstehen lassen. Viele Straßen wären durch Abbruch einer der beiden Häuserfronten in ihrer Breite verdoppelt worden, so z. B. die Kloster-

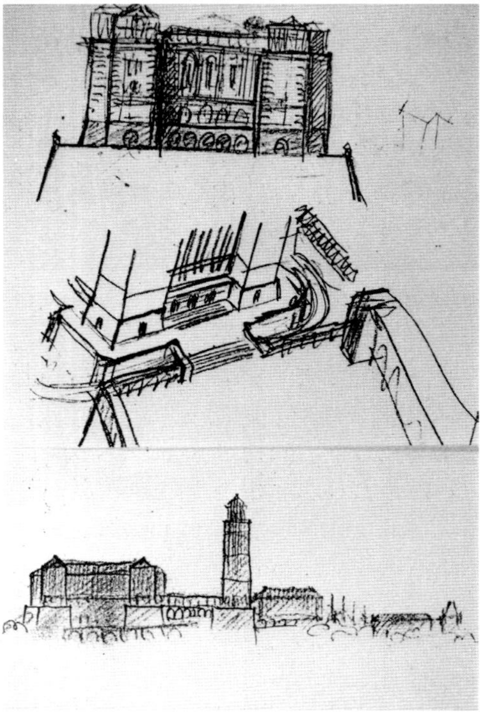

Ein riesiger „Führersaal" sollte nach einem Entwurf des Stadtplaners Peter Koller den Schloßberg bekrönen (1942).

wiesgasse, die Heinrichstraße, die Zinzendorfgasse und die Leonhardstraße. Neben den geplanten Neubauten eines Führersaales und eines Südostturms auf dem Schloßberg hätte der Uhrturm sich nur noch als Kleinbau ausgenommen. Sogar über einen Abbruch des Uhrturms wurde nachgedacht. Hitler soll ihn als ein für Graz zu unbedeutendes Symbol bezeichnet haben.

„Architektur auf Zeit" hätte in den ersten Monaten des Jahres 1945 fast zu einer dramatischen Veränderung der Stadtmitte geführt. Ein Ring von Panzersperren rund um die Altstadt sollte Graz zur Festung machen. Nach einer Schlacht um Graz hätte die Stadt ihr ohnedies durch die Bomben beeinträchtigtes Aussehen grundlegend verändert. Als dann die Rote Armee sich Graz näherte, fehlte es an Verteidigern der Stadt. Die Einsicht, dass eine Schlacht um Graz völlig sinnlos gewesen wäre, hatte gesiegt.

Im Mai 1947, als Teile der Stadt noch Bombenruinen waren, präsentierten drei Stadtplaner den Generalbebauungsplan „Marienstadt". Dieser sollte die Zukunft des Bezirks Lend zwischen der Keplerstraße und dem Kalvariengürtel weisen. Weit mehr als die Hälfte der Gebäude in diesem Bereich sollte abgerissen und durch Neubauten ersetzt werden. Wenn man die bescheidene Qualität der Neubauten in den ersten Nachkriegsjahren kennt und von den wirklichen Problemen dieser Zeit weiß, so ist das Scheitern des Plans „Marienstadt" zu begrüßen.

Autogerechtes Graz

Vor über 30 Jahren tauchte das Projekt einer teilweisen Überdeckung der Mur im innerstädtischen Bereich auf. Die starke Motorisierung jener Zeit verlangte ein Mehr an zentralen Parkplätzen. Rampen am Murufer hätten Abhilfe schaffen sollen. Die Mehrheit der Grazer, aber auch Politiker und Planer waren dagegen. Noch etwas früher gab es den Plan, statt des Palais Khuenburg (Sackstraße 18, Stadtmuseum) eine Hochgarage zu erbauen. Das barocke Meerscheinschlössl (Mozartgasse) sollte einem Hochhaus weichen. Im Landhaushof wollte man eine Tiefgarage errichten. Sogar eine Probebohrung wurde dort schon gemacht. Dann siegte 1972 die Vernunft. Die Diskussion brachte sogar der Stadt und ihren Bewohnern einen Gewinn. Es entstand die Initiative „Rettet die Grazer Altstadt".

Autobahn soll Graz teilen

Das Projekt einer dem Verlauf der Mur folgenden Autobahn geht bis in die 40er-Jahre zurück. Ungeklärt blieb allerdings bis in die 70er-Jahre, wie die Autobahn im Raum Graz verlaufen sollte. Als Lösung hatte sich auch ein Verlauf durch die Gemeinde Thal angeboten. Aber auch deren Bewohner wollten keine Autobahn. Am kürzesten und im Geist planerischer Macht sinnvoll war die Führung der Autobahn quer durch den Westen von Graz. Besonders im Bezirk Eggenberg gab es massiven Unwillen über die geplante Teilung des Bezirks durch eine Autobahn. Die Kommunalpolitik übersah zu lange die damals aufblühende Macht der Bürgerinitiativen. Das Ergebnis ist bekannt. Die Pyhrnautobahn A 9 führt nun seit 1987 durch den Plabutschtunnel. Zur selben Zeit engagierten sich viele Bürgerinitiativen meist gegen und selten für Bauprojekte. Als Beispiel soll hier jene Initiative genannt werden, die den Ruckerlberg schützte. Ein heute vergessenes Bürgerforum versuchte damals, nicht immer erfolgreich, die Bürgerinitiativen zu koordinieren.

Kaum waren die murseitigen Häuser des Kälbernen Viertels (nördliche Neutorgasse) entsorgt, kam das Projekt, den Raum vor der Franziskanerkirche durch einen modernen Glasbau zu füllen. Das war verwundernswert, da beim Abbruch der Häuser vor der Kirche mit dem Gewinn des freien Blicks auf die Kirche argumentiert wurde. So recht konnte man sich höheren Orts doch nicht mit der Verbauung des Kapistran-Pieller-Platzes (Name 1988) anfreunden. So blieben der bescheidene Platz und der offene Blick auf die Kirche erhalten.

Und nun ein hintergründiger Schlusssatz: Vieles an Fehlplanung blieb uns übrigens nicht erspart. Aber darüber der Bericht ein andermal.

Das Kurhaus (Kursalon) – Projekt des Stadtverschönerungsvereins im Jahr 1913. Der Standort wäre am Südöstlichen Teil des Carl-Ludwig-Rings (Opernring) gewesen.

Mehr als ein gründerzeitlicher Monumentalbau: unser Rathaus

Das Äußere signalisiert Wichtigkeit, das Innere ist vom kommunalen Alltag von Politik und Verwaltung für Graz geprägt. Die Geschichte des Rathauses spiegelt die Geschichte der Stadt.

Die Baugeschichte des Rathauses lässt sich leicht zusammenfassen. Ein Renaissancebau wurde um 1550 errichtet und genügte der Stadt bis 1803 (Plastiken am Burggraben). Von 1807 bis 1887, also recht kurzlebig, bildete ein klassizistisches Rathaus den baulichen Rahmen der Gemeindeverwaltung. 1893 war jener monumentale Neubau fertiggestellt, der in der etwas vereinfachten Form von 1922 (Reste auf dem Dachboden!) und 1927 unser Rathaus ist. Osteriders (Secco-)Malerei zeigt nach der Eingangstüre des heutigen Rathauses die drei aufeinanderfolgenden Grazer Rathäuser.

Rathaus nicht ausbruchsicher

Bis Mitte der 30er-Jahre des 19. Jahrhunderts war das Rathaus, das damals neue wie auch sein Vorgängerbau, ein Gefängnis. Recht unterschiedlich waren die Zahl der hier Inhaftierten und ihre Vergehen. Recht erbärmlich war ihre Unterbringung. Zum teilweise skurrilen Bild des städtischen Gefängnisses gehörten u. a. die Bettelkörbe, die schlecht versorgte Gefangene an Seilen bis zur Straße niederließen. Oft wurde auch trotz aller Strenge der Verwahrung ausgebrochen.

Das Rathaus des frühen 19. Jahrhunderts mit Reitern des 1831 neu aufgestellten Bügerkorps, (Wolf, 1833).

Halle beim Antritt des Hauptstiegenhauses des Rathauses.

So verschwanden 1684 13 kriegsgefangene Franzosen und 1628 ein verhafteter Priester gleich zweimal. Übrigens wohnten im Rathaus auch „Freiwillige", so oft der Bürgermeister. Da ein gutes Rathaus auch teuer ist, war es immer auch mit wirtschaftlichen Aktivitäten Außenstehender räumlich verbunden.

Konkurrenz zum Landhaus

Das neue Rathaus, das im späthistoristischen-altdeutschen Stil (Planung: Wielemans, Reuter) mit seinen vier Straßenfronten sehr zeitgeistig gestaltet wurde, dokumentierte den Bedeutungsanstieg der Stadt und ihrer Bewohner. Insbesondere sollte auch der deutsch-liberale Geist des neuen und einflussreichen Bürgertums dargestellt werden. Dem Landhaus der Landstände und des im Vergleich zum kaiserlichen Statthalter eher machtlosen Landeshauptmanns wurde nun demonstrativ ein Prunkbau des Bürgertums zur Seite gestellt.

Das neue Rathaus war aber auch der Standort der Gemeindesparkasse und zeigte mit seinen Geschäften im Erdgeschoß vom Wirtschaftssinn der Stadtpolitik.

Die um 1900 noch recht kompakte und überschaubare Gemeindeverwaltung besaß im neuen Rathaus auch heute nicht mehr vorhandene Einrichtungen. So die Städtische Dienstboten-Krankenkassa oder die Amtsabteilung 2 für Militärangelegenheiten, Conscription, Pass- und Dienstbotenwesen.

Das ursprüngliche Konzept, einen kompletten Rathausblock mit vier geschlossenen Straßenfronten zu errichten, ging nicht auf. Der Bürgerstolz, der Grundlage des Neubaus war, gebot aber auch drei Hausherren in der Herrengasse, nicht zu verkaufen. So dauerte die schrittweise Erwerbung von zwei Altstadthäusern (Herrengasse 4, 6) bis in die Gegenwart. Das dritte (Nr. 8) blieb privat.

Rathaus mit Last und Lust

1962 und 1963 hatte der Gemeinderat den völligen Umbau mit einer sehr vereinfachten Außengestaltung (Entwurf W. Jonser, 1939) beschlossen. Prof. Lorenz von der TH (nun Technische Universität) setzte sich für die Erhaltung der Gründerzeitfassade ein. Auch die Mehrheit der Grazer stimmte in einer Volksbefragung 1966 für die Erhaltung des Äußeren unseres Rat-

Das festlich geschmückte Rathaus des 19. Jahrhunderts anlässlich eines Besuches des Kronprinzen Rudolf und seiner Gemahlin Stephanie im Jahre 1887.

hauses. Wir hatten es sichtlich trotz aller Wenn und Aber lieb gewonnen.
Wer Graz um 1635 (nach Merian und von Scholz, 1890) sehen will, der muss das Stiegenhaus im Südflügel des Rathauses ersteigen. Das nun verharmloste Bild „Graz zur Zeit der Türkenkriege“ (Originaltext: Graz, Stadt der Volkserhebung, Bollwerk gegen den Südosten, 1941) befand sich bis vor Kurzem im Hauptstiegenhaus. Das Wappen der Steiermark und jenes von (Nieder-)Österreich, als Symbol für die Länderverbindung (nicht Vereinigung!) von 1192 befindet sich in der Eingangshalle in der Schmiedgasse. Nicht immer ist kommunaler Humor gewollt. Vor einigen Jahren wurde im Rahmen des „Tages der offenen Türe“ eine „Selbstrettung vom Rathausdach“ angekündigt.

Von der Ehrennische zum Straßenschutt

Der Historische Verein für Steiermark wählte für das neue Rathaus verdienstvolle Prominente aus der Landesgeschichte. Ihre 14 überlebensgroßen Plastiken wurden zum Schmuck der Rathausfassade, am Frontvorbau (Portikus) symbolisierten vier Standbilder die Grundfesten städtischer Identität: Gewerbe – männlich, Wissenschaft – weiblich, Kunst – weiblich und Handel – männlich. Zwei Krieger am Portal in der Schmiedgasse sollten auch diese Seite der Stadthistorie dokumentieren. Die Figuren überlebten Jahrzehnte stürmischer Stadtgeschichte. Doch 1957 waren sie der Kommunalpolitik ein Ärgernis. Sie wurden zersägt und – wie schicksalshaft! – zu Frostkoffern im kommunalen Straßenbau verarbeitet. Nur die vier Figuren in der Schmiedgasse blieben erhalten. Seit wenigen Jahren stehen dank großzügiger Spenden die vier Standbilder (Gewerbe, Wissenschaft, Kunst und Handel) wieder über dem Rathausportal. Zwölf leere Nischen dokumentieren seit 53 Jahren den „Grazer Denkmalsturm“.

Die innere Geschichte

Das Rathaus hat auch eine innere Geschichte, nicht nur seine äußere Architektur und deren Wandel. Im frühen Graz war der Rechtsraum der Stadtverwaltung recht begrenzt. Zu viel war dem unmittelbaren Einfluss der Stadt entzogen. Landesfürst und Landstände im Allgemeinen sowie Adel und Kirche im Speziellen waren dem städtischen Einfluss übergeordnet. So reichte seit der Mitte des 16. Jahrhunderts ein relativ kleines Rathaus. Dem frühen 19. Jahrhundert war dies ein zu geringer Administrationsrahmen. Das klassizistische Rathaus (1807) gab der an Rechten und Einwohnern gewachsenen Stadt schon mehr Raum für die Verwaltung. Am Ende des 19. Jahrhunderts stellte das nun selbstbewusste Bürgertum einen neuen Anspruch an sein Verwaltungszentrum. Das Amtshaus (1904) ergänzte den gestiegenen Bürobedarf.

Vor leider meist wenigen Zuhörern behandelt der Gemeinderat in seinem stilvollen Saal die ihm zufallenden Aufgaben der Politik und Verwaltung. Die Stadtgemeinde ist hier nun auch während der Arbeiten im Landhaus 2010 ehrenvoller Gastgeber des Landtags. Was im und vor dem Rathaus, insbesondere in den 30er- und 40er-Jahren des 20. Jahrhunderts, geschah, ist jedoch nicht immer einer ehrenvollen Erwähnung würdig. 1910 waren nur 7,5% der Bevölkerung wahlberechtigt. Die Idee einer städtischen Demokratie ist nicht einmal 100 Jahre alt und erlitt überdies einige schwerwiegende Unterbrechungen.

Es kann und soll nicht unerwähnt bleiben, dass das Rathaus der Arbeitsplatz von Beamten und Parteien ist, die sich um unsere Stadt bemühen. Der politische Disput ist ein Teil unseres Demokratieverständnisses und die Verwaltung folgt den für die Bewohner der Stadt vorgegebenen Regeln. Beides wollen wir nicht missen.

Das Rathaus um 1900 mit den Standbildern in den Nischen und vor der Fassadenvereinfachung von 1922.

Brand des Landständischen Theaters 1823, also dem Vorgängerbau des Schauspielhauses in der Hofgasse (Johann Madl).

Zu viel Feuer, zu viel Wasser: Wer hilft? Die Feuerwehr

Ohne Wasser und Feuer gibt es kein Leben, wenn beides außer Kontrolle gerät, dann sind Feuerwehr, Bürgersinn und Versicherung gefordert.

Kaum gibt es Graz, brennt es schon

Am Beginn der Stadtgeschichte steht die Nachricht von 30 verbrannten Frauen im Jahre 1115. Aber das ist vermutlich eine Falschmeldung. 1275 sollen bei einem Feuer in Graz 200 Personen verbrannt sein. 1537 brannte die damals noch recht bescheidene Murvorstadt gleich zweimal ab. 1555 kam es wieder zu einer verheerenden Feuersbrunst. Es folgten noch viele Leben und Häuser zerstörende Brände. Mit Bauvorschriften und Feuerverordnungen versuchte man Abhilfe zu schaffen. Holzhäuser, Schindeldächer und eingelagertes Material wie Holz, Stroh und Heu waren brandgefährlich. Offenes Feuer der Heizungen und der Handwerker, aber auch die Lichtquelle Feuer verlangten Regeln und Kontrollen. Aber viele waren nachlässig, oft halfen auch die vorgeschriebenen Wasserbottiche und Kübel nichts. Die große Feuerspritze des 18. Jahrhunderts hatte zwar die halbe Höhe des Burgdaches erreicht, aber das war eben nur ein halber Sieg. Auch funktionierte sie beim Burgbrand von 1707 erst zu spät. Die Stadtbewohner hatten die Pflicht zu löschen und auch bei Bränden für Ordnung zu sorgen. Nachtwächter (Feuerrufer) mussten vom 16. bis zum 18. Jahrhundert auf die Sicherheit achten. Überall sollte es Leitern, Feuerhaken, Kübel und Bottiche geben. Glocken im Uhrturm und auch die „Lisl" gaben Feueralarm. Durch Fahnen und Böller gab man über den Brand Information. Ganz anders, wohl aber auch gefährlich und Schaden verursachend waren die Überschwemmungen bei Hochständen der Mur. Mitunter stand die Murvorstadt, manchmal sogar die Stadt selbst unter Wasser.

Ein Feuermelder um 1900 (Feuerwehrmuseum am Lendplatz). Im I. Bezirk gab es damals 11 Feuermeldestationen, einige davon in Telefonzellen und in öffentlichen Gebäuden.

Kanonen, Körbe und rote Laternen

Im frühen 19. Jahrhundert organisierte man den Brandschutz neu. Brandhilfsscharen waren für die Stadtviertel zuständig. Depots mit Löschgeräten wurden angelegt. Insgesamt war auch immer der Katastrophenschutz durch das Militär wichtig. Ständische Kanoniere und Rauchfangkehrer hatten wichtige Aufgaben. Als es 1852 zur Einstellung der Alarm-Kanonenschüsse auf dem Schloß-

Der 1. Zug der Grazer Berufsfeuerwehr (um 1900).

Der 2. Löschzug der Freiwilligen-(Turner-)Feuerwehr fährt von ihrem Stützpunkt am Dietrichsteinplatz aus (um 1910).

berg kam, war eine Neuorganisation notwendig. Auf Rat des Universitätsturnlehrers August Augustin wurde nach dem Vorbild der Stadt Ulm ein städtisches Pompier-Korps gebildet. Es war dies die zweite Berufsfeuerwehr Österreichs. Das städtische Ökonomiegebäude am Mariahilferplatz war ihr Stützpunkt. Mit Glockenschlägen und durch ein großes Sprachrohr vom Schloßberg verständigte man sich über die Mur hinweg. Wer würde heute noch beim städtischen Lärm ein Sprachrohr auf diese Distanz hören? 1857 bis 1892 gab es wieder Kanonenschüsse als Alarmhinweise. Für die Kanonenschüsse musste gezahlt werden. Beispielsweise zeigten fünf Kanonenschüsse und drei schwarze Körbe, bei Nacht drei rote Laternen, einen Brand in der Stadtmitte an. Dazu gab es noch z. B. vier Feuerglockenschläge zusätzlich für den Brandort Schloßberg. In der Folge verfeinerte sich die Nachrichtentechnik.

1877 wurde die Feuerwache in die Wolfsche Realität auf den Lendplatz verlegt. Lange gab es dort auch Dienstwohnungen für bei der Feuerwehr Beschäftigte. Die Mannschaft wurde von ursprünglich 24 im Jahre 1899 auf 72 Mann erhöht. Pferdebetriebene Löschfahrzeuge waren immer in Bereitschaft. Das heißt, dass ständig Tiere eingespannt waren. Der Fortschritt zeigte sich in Verwendung von durch Gas betriebene Spritzen, von neuen Schlauchkupplungen und von der Informationsweitergabe durch Telegrafen. Dazu gehörte aber auch ein besseres Dienstrecht für die Mannschaft und die vier Feuerwehroffiziere. Die Hochwasser von 1896 und 1913 forderten die Grazer und ihre Feuerwehr. Mit den heutigen Grenzen hat Graz nicht nur die Mur, sondern auch 41 Bäche, die auch für negative Überraschungen gut sind. Der Erste Weltkrieg brachte Personalprobleme. Es halfen Landsturmmänner und Freiwillige der beiden Hochschulen („Akademische Riege"). 1919 konnte das erste Feuerwehrauto, eine Eigenkonstruktion, ausrücken. Erst 1923 endete die Schloßberg-Feuerwache. Die nächste Krise kam 1938 und in der Folge mit dem Zweiten Weltkrieg. Die Feuerwehrvereine und die städtische Feuerwehr wurden als Feuer(schutz)polizei der Exekutive unterstellt und hatten mit den Kriegsfolgen, insbesondere Bombenschäden, schwere Belastungen. Schon immer, und so auch heute, war die Feuerwehr das „Mädchen für alles". So auch Helfer als Tierrettung und bei Unfällen. Nur rund die Hälfte der Einsätze hat mit Feuerschutz zu tun. Die Grazer Berufsfeuerwehr verlässt im Einsatz mitunter Graz. So ist sie auch für die Gemeinde Thal zuständig.

Ergänzung und Konkurrenz

Landständische und militärische Einrichtungen und Mannschaften waren immer auch einsatzbereit. Die Armee, das Bundesheer, aber auch die Wehrmacht und Einheiten der alliierten Besatzungsmächte rückten bei Bedarf aus. Die Freiwilligen Feuerwehren (FF) der 1938 eingemeindeten Stadtrandgemeinden waren zuvor über Jahrzehnte einsatzbereit. Die FF Eggenberg wurde beispielsweise 1874 gegründet und hatte damals 49 Mitglieder. Bis 2008 gab es in Eggenberg eine Hauptwache Süd in der Alten Poststraße 412. Das Rüsthaus Kroisbach der FF Fölling-Mariatrost ist nun eine Wache der Berufsfeuerwehr. Helme der 1938/1939 aufgelassenen Gemeindewehren, so jener von Gösting und Liebenau, sind nun begehrte Sammelobjekte. Andere freiwillige Löschtrupps wurden in den großen Betrieben organisiert. Besonders einfallsreich war die Brauerei Puntigam, die ihre Feuerwehr auch gleich als Orchester zur Gästebetreuung einsetzte. Betriebswehren gibt es noch immer, es sind zurzeit 22. Beispielsweise haben das Opernhaus, die AVL, die Karlau, Spar und die Landesnervenklinik ihre eigene Feuerwehr.
Ein besonderes Kapitel der Grazer Feuerwehrgeschichte ist die „Freiwillige Feuerwehr und Rettungsabteilung" des Allge-

Fritz Kleinoschegs 1. Autolöschzug zur Erinnerung an das 40-jährige Gründungsfest der Freiwilligen Feuerwehr Gösting (1913).

Feuerwehreinsatz in der Radetzkystraße 2009.

meinen Turnvereins, gegründet 1862. Der Wettbewerb, manchmal war es ein Wettlauf, zwischen den Turnern und der städtischen Wehr förderte den Feuerschutz in der Stadt. Dass im Bedarf gemeinsam gelöscht wurde, war natürlich eine Selbstverständlichkeit. Das Rüsthaus der „Grazer Freiwilligen Feuerwehr" war im Erdgeschoß des Zeughauses, ab 1889 am Dietrichsteinplatz, heute die Hauptwache Ost der Feuerwehr. Für den Rettungsdienst der Freiwilligen gab es schon 1913 das erste Automobil. Für 1926 meldete die ehemalige Turnerwehr 220 Feuerausfahrten und 5.000 Rettungsalarme. Die Spendenaufrufe der Freiwilligen waren immer erfolgreich. Die Idee einer zusätzlichen Freiwilligen Feuerwehr für Graz wurde jüngst wieder realisiert.

Vom hl. Florian und dem Notruf 122

47 Darstellungen des hl. Florian zählten in Graz jüngst historisch Interessierte. Kennen Sie welche? Etwa die Sandsteinfigur an der Ecke Herrengasse-Jungferngasse, ein Hinweis auf die 1828 von Erzherzog Johann gegründete Brandschaden-Versicherungs-Anstalt (Grazer Wechselseitige). Ein Glasfenster aus dem 14. Jahrhundert zeigt in der Leechkirche den Heiligen. In Straßgang sind eine Kirche, ein 520 m hoher Berg und eine Straße dem Heiligen für Feuerschutz gewidmet. Auch wer die romantischen schmalen „Reichen", wie es beispielsweise die Pomeranzengasse ist, nutzt, sollte an ihre Bedeutung als Feuerschutz denken.

Wer mehr über die Feuerwehr wissen will, der kann in der Festschrift 150 Jahre Grazer Berufsfeuerwehr (Graz 2003) nachlesen. Auch ein Besuch der ständigen Ausstellung in Groß-St. Florian ist für Interessierte ein lohnender Weg. Schließlich gibt es auch in der Zentralfeuerwache am Lendplatz 15–17 eine einschlägige historische Wand- und Gangausstellung. Und nicht vergessen: 122 verbindet Sie im Notfall mit der Feuerwehr!

Mit der Tram durch Graz …

Hunderttausende Schüler, Berufstätige, Pensionisten und viele andere haben seit über 100 Jahren in Graz mit dem Öffentlichen Verkehr ihre Erfahrungen gemacht. Die ersten Kilometer hölzerner Tramwayschienen waren 1878 schnell verlegt. Sie wurden einfach auf der Straße montiert. Oberleitungen waren nicht nötig. Ein Pferd sorgte für die recht langsame Fahrt. Der Wagenführer war also damals ein Kutscher. So eigenartig die Pferdetram heute anmutet, war sie doch recht erfolgreich. Im letzten Betriebsjahr vor der Umstellung auf den elektrischen Antrieb beförderte die 1-PS-Tram 2,8 Millionen Personen.

Gemeinsam mit der Elektrischen

Als 1899 die Tramwagen ohne Pferde rollten, erschreckte dies weniger die Pferde als die Kutscher, die nun um ihre Fahrgäste fürchteten. Vielen jungen Grazern ist der Begriff „Elektrische“ heute unbekannt. Dass heute die Straßenbahn elektrisch betrieben wird, erscheint selbstverständlich. Auch das englische Wort „Tramway“, richtiger wäre wohl „tramcar“, ist in der Gegenwart schon recht selten zu hören, auch in seiner Verkürzung „Tram“. Aber nicht zufällig hat Graz seit 1971 ein Tramway-Museum. Ein rühriger Verein betreut das Museum und die Geschichte des Grazer Nahverkehrs. Werbestrategen und der Volksmund haben die „Bim“ und die „Öffi“ erfunden. Es war im April 2007 für Graz eine Auszeichnung, dass die internationale Arbeitsgemeinschaft Historischer Nahverkehr ihre 19. Jahrestagung in Graz abhielt. Wenige Wochen vorher erlebte Graz mit der Streckenverlängerung des 4er nach Süden einen Beweis dafür, dass der urbane Schienenverkehr weiterhin aktuell ist.

Von der GTG über die GVG zu den GVB

Bis 1911 waren die Wagen mit römischen Zahlen und einer jeweils charak-

1888 wurde die Pferdetramway von der Industriehalle zum heutigen Ostbahnhof (damals Staatsbahnhof) erweitert.

Als 1899 die Elektrische die Pferdetram ersetzte, gab es Freude, aber auch Überraschung („keine Pferde!“) und sogar Misstrauen; eine gute Gelegenheit für Karikaturisten.

teristischen Farbscheibe gekennzeichnet. Letzteres sollte Analphabeten helfen. So führte die Linie VII mit einer weiß-gelben Scheibe vom Kurhaus Eggenberg zum Eggenberger Gürtel, die Linie VIII (weiß-grün) vom Lendplatz nach Gösting. Die Tramwaylinien über die alte Stadtgrenze hinweg haben die Entwicklung von Graz beschleunigt. Ab 1900 gab es eine Endstation im Ortsteil Puntigam der Gemeinde Feldkirchen. Bald konnte man nach Gösting (1901), Andritz (1903) und nach St. Peter (1906) fahren. Schon ab 1898 gab es eine Linie (offiziell eine elektrische Kleinbahn) nach Mariatrost, damals noch in der Gemeinde Fölling gelegen. Für die Bildungsbürger in den neuen Villenvierteln entlang der Strecke zur Wallfahrtskirche fuhr ein Theaterwagen, der späte Heimkehrer nach Hause brachte. Von 1898 bis 1941 hatte die an der Kreuzung Glacistraße/Zinzendorfgasse beginnende Linie nach Mariatrost eine eigene Betriebsorganisation. Damals gab es zum Unterschied von heute eine Straßenbahnstation bei der Universität. Das auch auf Grund seiner Farbe als „Rote Tramway“ berühmte Unternehmen ist nun ein Teil der Verkehrsgeschichte. Otto v. Hofmann-Wellenhof schrieb, dass die Wagen wie rote Käfer durch die grüne Vorstadt fuhren.

Erzähl mir was von der Tram

Es gab aber auch bis zur Stadterweiterung von 1938 die Mautstationen, an denen kassiert wurde. Typisch für die Bewertung der Maut war, dass es, als einmal die Tram irrtümlich den Schranken durchbrach, Applaus gab.

Während des Zweiten Weltkriegs verursachten die Bomben etliche Streckenunterbrechungen, und die Straßenbahnfenster waren, damit kein Licht nach außen drang, mit Farbe verdunkelt.

Heute kaum mehr vorstellbar sind die Menschentrauben, die mitunter bei den einst türlosen Waggons am Trittbrett hingen. Die fehlenden Türen eröffneten auch die Chance, in langsamen Phasen der Fahrt vor und nach dem Halten auf- und abzuspringen. Das ging meist gut aus, aber nicht immer. Schwarzfahrern stand jedenfalls so eine riskante Fluchtmöglichkeit offen. Wer auf der zugigen Plattform vorne oder hinten im Waggon stand, war ohnedies relativ sicher vor Kontrollen. Die langen Lederriemen, die dem Schaffner das Läuten einer mechanischen Glocke ermöglichten, gaben Bummelwitzigen die Möglichkeit, auch einmal unerlaubt die Glocke zu bedienen. Der Metallhebel zum händischen Stellen der Schienenwechsel, etwa am Jakominiplatz beim Textilkaufhaus Scheiner, konnte unter Duldung des Wagenführers auch einmal von einem ambitionierten Jugendlichen bedient werden.

Wer jemals in den alten Grazer Straßenbahnen unterwegs war, der hat noch die typischen Geräusche beim Anfahren und Stehenbleiben im Ohr. Wenn sich am Triebwagen ein oder gar zwei Anhängerwagen befanden, war auch die mangelnde mechanische Koordination beim Geschwindigkeitswechsel durch Rucken und Stoßen deutlich spürbar.

Die zweideutige Wortschöpfung „Abgefahrene Fahrscheine" zierte eine Zeit lang die kleinen Papierkörbe beim Ausstieg. Als die ersten modernen Wagen ohne Kondukteure (welch ein schönes Wort!) unterwegs waren, gab die Aufschrift „Schaffnerlos" Anlass zu Scherzen. War das nicht für Spötter ein anklagender Hinweis auf das Los von Schaffnern? Zuvor war der Kontakt zwischen Schaffnern und Passagieren ein direkter. Beide waren aber auch einander emotional ausgeliefert. Die umfangreiche Betriebsordnung unter dem je nach Fahrtrichtung verlegbaren leicht erhöhten Schaffnersitz gab meistens dem Personal Recht. Anders als heute waren Wind und Wetter für Fahrgäste und noch mehr für das Personal ein launischer Reisebegleiter.

Ältere Grazer können noch von der Linie 3 erzählen, die einst durch die Wienerstraße bis zum Schloss Gösting fuhr. Dem 2er, der bis 1962 vom Hauptbahnhof über den Jakominiplatz, die Glacisstraße und die Keplerstraße wieder zum Hauptbahnhof fuhr, trauern noch immer viele nach. Der Schriftsteller Rudolf Stibil beschrieb die unterschiedliche Art von Fahrgästen, die am Lendplatz mit dem 2er und dem 3er unterwegs waren. Vorstädter und die Bewohner bürgerlicher Wohnviertel hat-

Eine colorierte schwarz-weiß Aufnahme der elektrischen Kleinbahn Zinzendorfgasse/ Mariatrost. Hier die Zinzendorfgasse stadtauswärts.

Der 3er fährt mit zwei Beiwagen durch die Rösselmühlgasse in Richtung Gösting (1954). Seit 1957 gibt es auf dieser Strecke keinen 3er mehr.

ten ihre charakteristischen Tramlinien. Der 7er duftete unverkennbar nach den früher üblichen Desinfektionsmitteln des Landeskrankenhauses. Mit dem 5er (zuvor war es lange Zeit der 6er) kam oft mit bierseligen Gästen vom Brauhaus Puntigam Gasthausduft in die Innenstadt. Bis 1971 führte seine Strecke über den Griesplatz und die Radetzkybrücke zum Jakominiplatz.

Gegenwärtig befördern die GVB (Grazer Verkehrsbetriebe) die Hälfte der Fahrgäste in ihren Tramways. In Graz verkehren 66 Straßenbahnen auf 8 Linien. 160 Stationen werden dabei angesteuert.

1878–1899 Pferdetramway
1898 Elektrische Kleinbahn nach Mariatrost
1899 Elektrifizierung des Grazer Tramnetzes
1900 Endstation Puntigam
1900 Endstation Eggenberg
1901 Endstation Gösting
1901 Endstation Wetzelsdorf
1903 Endstation Andritz-Ort
1906 Endstation St. Peter
1925 Endstation Liebenau
1955–1957 Teileinstellungen des 3er (Gösting), zuletzt Griesplatz-Lendplatz-Kalvariengürtel
1963–1971 Teileinstellungen des 2er (Ringlinie)
1969 Streckenkürzung des 6er (Schulzentrum St. Peter)
1971 Einstellung der Strecke vom Jakominiplatz über den Griesplatz zum Karlauergürtel
1990 Verlängerung des 1er zum UKH
1996 Gleisumbau Jakominiplatz, Wendeschleife Radetzkyspitz
2007 Verlängerung des 4er nach Süden
2007 Verlängerung bei der Endstation Puntigam (5er)
2007 Verlängerung des 6er in St. Peter

Literatur:

Kubinzky Karl Albrecht, Wöber Herbert (Red.): 100 Jahre elektrische Straßenbahn in Graz, Graz 1999.

Scholz Antony, Watzinger Rudolf (Hg.): 130 Jahre Straßenbahn in Graz, Graz 2008.

Sternhard Hans: Straßenbahn in Graz, Wien 1979.

Tramway Journal, herausgegeben vom Tramway-Museum Graz.

Wöber Herbert: Die Grazer Pferdetramway 1878–1899, Wien 1978.

Wöber Herbert: Vom Bau der „Roten" Tramway, Wien 1979[2].

Gemma wieder Messe schau'n! So war's gestern auf dem Messegelände

Alle schreiben von der Messe NEU, hier lesen Sie von der Messe ALT! Nicht umsonst dichtete schon 1923 ein Reimeschmied auf einer Ansichtskarte: Wer's hat und sich was leisten kann – Schaut gern sich die Grazer Messe an!

Vom Markttag zur internationalen Messe

Weit war der Weg von der liturgischen hl. Messe zu den mit den Terminen von Kirchenfesten verbundenen Märkten zu den Wirtschaftsmessen. Eigentlich hatte die Geschichte der Grazer Messen schon mit den traditionellen Markttagen der Stadtgeschichte angefangen. Zuerst waren es nur zwei Termine, dann vier. Es waren dies der Mittfastenmarkt, der Portiunkulamarkt, der Aegydimarkt und der Andrämarkt. Diese Tage sind somit sozioökonomisch abgesunken und nicht zufällig die Termine für die Grazer Fetzenmärkte der Gegenwart.

1870 gab es in Graz die erste halbwegs moderne Messe als Wirtschaftsausstellung. Am Gelände des ehemaligen landwirtschaftlichen Versuchshofes am südwestlichen Ende der Annenstraße zeigten angeblich über 1.600 Betriebe unter dem Titel „Erste Landesausstellung" ihre Produkte. Wie in jenen Jahrzehnten üblich, wurde für die Wirtschaftsschau eine aufwendige Holzhalle errichtet. Zahlreiche Besucher, einer davon war Kaiser Franz Josef I., bewiesen den Erfolg der Initiative. Die nächste Messe fand 1880 schon auf den Althaller-Gründen im Bezirk Jakomini statt. Sie war mit über 250.000 Besu-

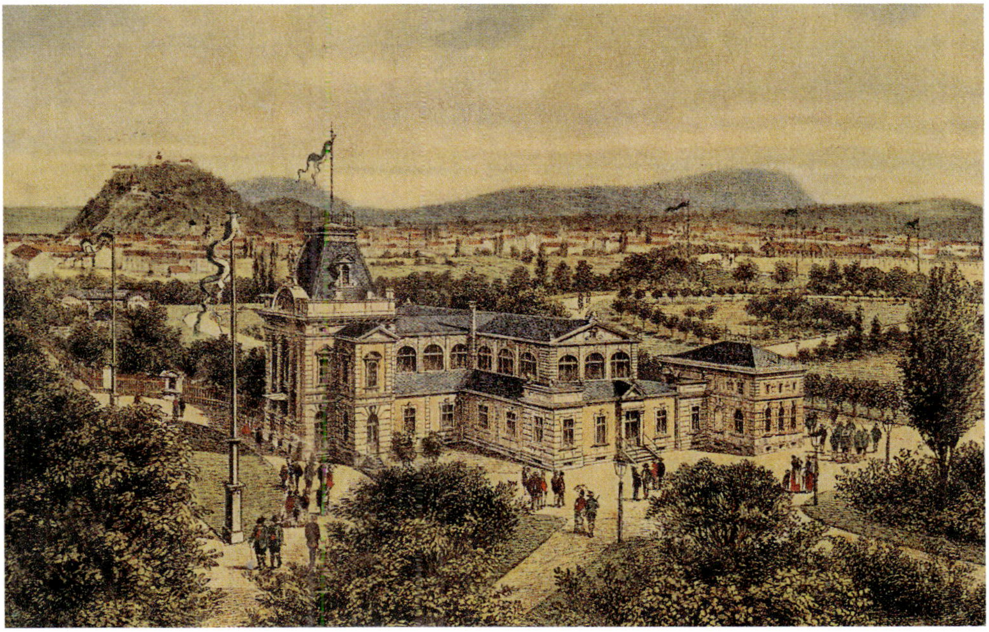

Die Industriehalle (1880).

chern ebenfalls sehr erfolgreich. Die erste etlicher Industriehallen, ein Prachtbau mit historistischer Gestaltung (Baumeister: Andreas Franz) stand damals noch recht einsam im neuen Teil der Jakominigasse (1935: Conrad-von-Hötzendorf-Straße). 1901 erwarb die Stadtgemeinde die Industriehalle vom errichtenden Verein. 1880 stellten die Messeorganisatoren die Grazer Tramway(-Gesellschaft) vor die Entscheidung, entweder ihre Pferdebahn vom Jakominiplatz bis zur Messe zu verlängern oder sie würde dies selbst organisieren. Termingerecht wurde darauf das Tramwaynetz nach Süden erweitert.

Scherz, Ironie und tiefere Bedeutung, Messewerbung in den 20er-Jahren.

Wirtschaft im Zeitspiegel

Erst 1906 folgte die nächste Messe, diesmal als Erste einer langen Reihe jährlicher Herbstmessen. Der kaiserliche Statthalter Graf Clary und Aldringen und Bürgermeister Dr. Graf kamen zur Eröffnung der 1. offiziellen Herbstmesse, die wiederum rund eine viertel Million Besucher zählte. Der erst 1906 gegründete Trägerverein „Grazer Herbstmesse" hatte das „Who-is-Who" der steirischen Wirtschaft als Mitglieder. Die erste Nachkriegsmesse wurde 1921 eröffnet. In den folgenden Jahren kehrten nun ausländisch gewordene Aussteller und Käufer aus den neuen Nachbarstaaten zur Messe zurück. Für die Herbstmesse 1925 warben Plakate in etlichen Fremdsprachen. Die zweite Unterbrechung als Kriegsfolge endete 1948 mit einer Schau, die Ruinen zu verdecken suchte und unter britischer Patronanz stand. Der Winterbau des Zirkus Medrano diente als Möbelhalle. Manche Grazer trugen damals Gegenstände ins Versatzamt in der Bürgergasse, um dabei zu sein. 1949 gab es die erste Frühjahrsmesse und ab 1953 warb man als „Südost-Messe". Die Messeorganisation überraschte immer wieder mit neuen Organisationsideen und Umbauten.

Bomben statt Gauzentrum

Das Messegelände hat sich mit der Zeit stark verändert. Anfangs gab es noch zwischen Industriehalle und Trabrennplatz die Bicyclerennbahn für Radfahrer. Der Trabrennplatz diente nicht nur dem Pferdesport, sondern wurde vielseitig verwendet. Bevor er zum Freigelände der Messe wurde, gab es hier u. a. Motorsport, Paraden, Sportfeste und ein Luftschiff der Rennerbuben. Die Klosterwiesgasse sollte einst nach Süden verlängert werden. Der Wiesenwirt an der Ecke zur Fröhlichgasse musste der Messeerweiterung weichen. Die Internationale Halle an seiner Stelle ist nun auch schon wieder Geschichte. Die alte Industriehalle, übrigens damals ein Militärdepot, wurde 1944 durch Bomben zur Ruine. Die nationalsozialistische Stadtplanung sah statt der Messe ein monumentales Gauzentrum vor. Eine große Holzhalle (einst Halle 11) blieb aus jener Zeit, nun ist sie nur mehr Teil eines Neubaus. Die Industriehalle, es war die dritte, ist nun der riesigen Stadthalle gewichen. Die Erinnerung an viele Ausstellungen, Versammlungen und Bälle blieb. Etliche Ausstellungshallen kamen und gingen im Laufe der Jahre. Die Messe blieb trotz aller Gerüchte und Lockrufe auf ihrem Gelände.

Attraktion Vergnügungspark

Eigentlich hat er mit der Wirtschaftsmesse nichts zu tun. Trotzdem ist er für viele der Mittelpunkt: der Vergnügungspark. Ob westlich der Conrad-von-Hötzendorf-Straße, ob auf dem Trabrennplatz oder beim Althallerschlössl, ob nostalgisch antiquiert oder hoch technisiert, immer war der Vergnügungspark ein Spiegelbild seiner Zeit und deren Generationen. Schon die geheimnisvollen Namen versprachen Unterhaltung: Karussell, Autodrom, Hypodrom, Geisterbahn, Riesenrad, Todeskugel, Liliputaner, Affenmenschen, Tierschau. Bescheidene Ansprüche konnte früher eine Sexschau befriedigen. Wer mehr wollte, der wurde früher als „Messeonkel" bezeichnet und ausgenutzt. Überparfümierte Papierblumen waren der Lohn für erfolgreiche

Harmlose Freuden im Vergnügungspark der Nachkriegsjahre.

Andrang zur Messe (1911).

Luftdruckgewehrschützen. Das hoffentlich kalkulierbare Risiko als Mutbeweis lockte einst und tut es auch noch heute. Von der linkisch wirkenden Rutschbahn der Anfangszeit bis zum Höher-schneller-stärker-Gerät der Gegenwart führte gar kein so weiter Weg.

Mahlzeit und Prost

Eigentlich hat auch das konzentrierte Essen und Trinken mit einer Leistungsschau der Wirtschaft wenig zu tun. Trotzdem sind der Biergarten, die Feinkosthalle, die Weinstände und die messetypischen Süßigkeiten ein unverzichtbarer Bestandteil aller Messen. Ein Hauch von Oktoberfest schwebt bis in die Nacht hinein über Teilen des Messegeländes. So wie der Vergnügungspark war der Alkoholkonsum auf der Messe oft eine Bühne jenseits des Jugendschutzes und damit für viele besonders attraktiv.

Die Sonderschau

Früh erkannte man, dass neben den Standards der Wirtschaft auch besondere Schwerpunkte dem Messemarketing dienten. Zuerst zeigte die Landwirtschaft, auch mit lebenden Objekten, ihre Leistungen. Dann konnte man das Handwerk beobachten. Die Sondermessen der letzten Jahre für z. B. Senioren, Häuslbauer und Urlaubsplanung gehören nun zum Messeangebot. Auch das Bundesheer zeigte schon auf der Messe seine Leistungen. Dies auch, wenn es einmal als „Herr“ statt „Heer“ angekündigt wurde. Die Bezirksausstellung „Jakomini“ des Stadtmuseums fand 1991 in der Industriehalle Tausende Besucher. Jugendliche Prospektsammler wurden im Laufe der Jahre zu ernst zu nehmenden Konsumenten. Manche Aussteller haben die Messe schon längst wieder verlassen. Andere sind an ihre Stelle getreten. Und es wird weiter hier Messen geben.

Als die Oldtimer noch neu waren

Auch vor 100 Jahren war der Verkehr in Graz geregelt. Damals hatten die steirischen Kraftfahrzeuge den Buchstaben H auf ihrem Kennzeichen, in Graz gab es ab den 30er-Jahren auch kurz den Buchstaben K. Bis zum 1. Juli 1938 galt in der Steiermark, anders als in Kärnten, links fahren, links ausweichen und rechts vorfahren.

1913 waren in den damals sechs Stadtbezirken 168 Automobile und 122 Motorräder zugelassen. Die Straßen der Stadtmitte waren damals, und sind es auch noch heute, für Fußgänger, Kutschen und Pferde gebaut worden. So auch z. B. die Annenstraße und die Elisabethstraße. Erst seit 1899 gab es die ersten Elektrischen (Straßenbahnen) in Graz.

Trotz aller Einschränkungen hatten es um 1912 die Autofahrer in Graz besser als beispielsweise im ganzen Kanton Graubünden. Dort waren damals Kraftfahrzeuge überhaupt noch verboten.

Die Geschichte der Grazer Fahrzeugproduktion ist besonders mit Johann Puch (1862–1914) verbunden. Es begann in Graz 1889 mit den Puchfahrrädern der Marke Styria, es folgten Motorräder und schließlich Autos. Zwischendurch gab es kurz eine Kooperation mit einem Fahrradwerk aus Deutschland und den Nachbau firmenfremder Technik. Produktionsstätten waren nach jener in der Arche-Noah-Gasse und der Strauchergasse die ehemalige Köstenbaummühle nahe dem Griesplatz und das traditionelle Puchwerk im Süden des Bezirks Gries. Das Puch-Museum in der Puchstraße 85 zeigt Fahrzeuge aus der Produktion, aber auch Wagen, die aus dem Werk kamen, das nur mehr dem Namen Puch nach mit dem Industriepionier verbunden ist. Bekannt und beliebt war der aus dem Werk Thondorf der Steyr-Daimler-Puch AG stammende Puch 500 (Nachbau des FIAT 500), der von 1957–1973 produziert

Der noble Wagen der Firma Steyr mit dem Grazer Kennzeichen K (30er-Jahre) tankt an der Kreuzung Kalvariengürtel/Wiener Straße. Im Hintergrund die Schuhfabrik Humanic.

wurde. Fahrräder der Type Waffenrad und besonders die Alpenwagen der Marke Puch sind heute ebenso Sammelstücke wie alte Motorräder und Roller (ab 1952) mit dem charakteristischen weiß-grünen viergeteilten Schild als Markenzeichen.
Ein Ausbilder von Johann Puch, Benedikt Albl, war weniger erfolgreich. Auch er baute Fahrräder der Marke Graziosa und Autos. Seine Wagen wurden in der Schönaugasse gebaut und Phönix genannt. 1914 erzeugte die Firma Dietrich & Urban in Graz einige Wagen der Marke DU. Das Alpenländische Karosseriewerk in der Triesterstraße produzierte in der Ersten Republik für Wagen der Marke Austro-Daimler.
Auch Kutscher hatten ihre gesetzlichen Regeln. So war das Verlassen des Fuhrwerks durch den Kutscher während der Fahrt, ebenso wie sein Schlafen, verboten. Der 1895 in das Landesgesetz 52 (1870) eingefügte § 17 a legte fest, dass Straßen nur von Radfahrern benutzt werden dürfen, welche „in der Handhabung ihres Fahrrades vollkommen sicher und geübt sind und insbesondere dasselbe auch zu jeder Zeit zum Stillstand zu bringen in der Lage sind". Radfahrvereine und Fahrradschulen bemühten sich um die Velozipeden. Manche dieser Vereine garantierten ihren Mitgliedern die Exklusivität der Oberschicht. Andere Radvereine stellten so sehr eine Einrichtung der Arbeiterschaft dar, dass sie als ihre Kavallerie verspottet wurden. Lokale Fahrradwerke, wie jene von Puch, Aibl, Cless & Plessing und Franz, versorgten die Grazer mit Rädern. Ab 1937 gab es auch die Junior-Fahrräder mit dem Betriebsstandort Puntigam. Tramway und Fahrrad konkurrenzierten sich in der Gunst vieler Grazer.

Hier wird um 1905 ein Wagen der Familie Manowarda nach einem Blechschaden bei der Firma Alfred Plommer (Steinfeldgasse 11) repariert.

Gemeinsam durch Graz – was war einst der ÖPNV?

Der ÖPNV (offiziell für: Öffentlicher-Personen-Nah-Verkehr) hat in Graz eine Zukunft. Er hat aber auch eine Vergangenheit. Hier ist ein Blick zurück.

PS waren noch Pferdestärken

Im alten Graz war meist zu Fuß gehen angesagt. Die Distanzen waren geringer als heute. Wer es sich leisten konnte, der fuhr mit einer Kutsche, manch einer mit einem Fuhrwerk, selten ritt man hoch zu Ross. Der Großvater des öffentlichen Verkehrs war die Postkutsche. Das den Jakominiplatz beherrschende Haus Nr. 16 (Neuhof-Gebäude, Alte Post, ehemalige BH Graz-Umgebung) war im 19. Jahrhundert Standplatz für den Fernverkehr mit Kutschen. Ab Mitte des 19. Jahrhunderts (1844: Eisenbahn Mürzzuschlag–Graz) verlagerte sich der Fernverkehr auf dampfbetriebene Züge. Vom Bahnhof nahe der Alten Poststraße und der Gemeinde Eggenberg musste man nun über die neue Annenstraße ins städtische Zentrum kommen. Wer nicht zu Fuß gehen wollte, hatte die Wahl zwischen dem Zweispänner (Fiaker) und dem Einspänner (Comfortabler). Aus den Lohnkutscher-Bestimmungen 1902: „Als Fahrgast ist jede reinlich gekleidete Person zuzulassen. Der Transport von Leichen ist unbedingt verboten." Der Fahrgast konnte zwischen Zeit- und Tourenfahrten wählen. Die sechs innerstädtischen Bezirke wurden fast ausschließlich im Kutschenzeitalter gebaut. Noch 1937 gab es in Graz (Bezirke I–VI) 66 Kutschenunternehmen, jenseits der Stadtgrenze waren es 45. Ihre Erben sind die Taxiunternehmer.

Am 26. August 1964 kam es auf der Kreuzung Kai-Brücke/Südtirolerplatz zu einem Zusammenstoß zwischen der Straßenbahn und einem Tankwagen. Hier die unmittelbaren Folgen an zwei Häusern. Es kam aber auch zur Änderung der Hauptverkehrsführung und zum Ausbau der westlichen Gürtelstraßen.

Die Linie 5 befuhr von 1925 bis 1927 die Strecke Eggenberg–Liebenau. Der Triebwagen 25 wurde am 10. 7. 1899 in Betrieb genommen.

Schon Jahrzehnte vor der Erfindung des Autobusses, von Nostalgikern auch Omnibus genannt, gab es in Graz eine Omnibus-Fahrordnung. Darunter war im 19. Jahrhundert eine Kutsche zu verstehen, in der einander fremde Personen das gleiche Ziel anfuhren oder zumindest die gleiche Strecke fahren wollten. Wer z. B. in der Türkei ein Sammeltaxi (Dolmusch) benutzte, wird dieses System kennen. 1880 konnte man vom und zum Südbahnhof (Hauptbahnhof) um 10 Kreuzer fahren. Auch Mariatrost, Andritz und das Schöckelgebiet waren Ziele solcher Gemeinschafskutschen.

Schaffner und Kutscher

Die Pferdebahn (Hipposidirbahn) übernahm ab den 70er-Jahren des 19. Jahrhunderts international den lokalen Personenverkehr. In Graz wurde schon ab 1856 darüber diskutiert und ab 1865 darüber verhandelt. Das „Pferdebahn-Comité" des Gemeinderats wurde schließlich mit Bernhard Kollmann (1834 Temesvar – 1885 Graz) handelseins. Am 8. Juni 1878 wurde die erste Tram (Bahnhof–Jakominiplatz) in Graz kutschiert. Im letzten vollen Betriebsjahr (1898) beförderte die GTG (Grazer-Tramway-Gesellschaft) auf ihrem ausgebauten Netz (22,5 km) stolze 2,8 Mill. Passagiere, insgesamt waren es in den 21 Betriebsjahren rund 35 Millionen. 1899 wurde sehr zügig die Pferdetram zur Elektrischen umgebaut. Ein Hinweis auf das Tramway-Museum in Mariatrost darf hier nicht fehlen. Für Sprachforscher: Der Tram ist ein Holzbalken, eine Schwelle und the way ist im Englischen der Weg, die Strecke.

Konkurrenz der Linien

Die Konkurrenz war jedoch mit dem neuen elektrischen Antrieb schneller. Schon 1898 eröffnete die Kleinbahn Zinzendorfgasse–Mariatrost ihren Betrieb. Zuvor wollte man dort eine Dampftramlinie bauen und es gab Pläne, die „Rote Tram" quer durch die Oststeiermark zu verlängern. Die Konkurrenten GTG und Mariatroster-Bahn (Stadtbaumeister Andreas Franz) überboten sich mit Ausbauplänen. So standen auch innerstädtische Konkurrenzlinien zur Diskussion. Von der Ringlinie 2 konnte man bei der Station Zinzendorfgasse in

Die O-Buslinie B (Oberleitungsautobus) vom Griesplatz nach Straßgang 1957–1967. Hier bei der Wendeschleife am Griesplatz (um 1965).

Richtung Universität, Hilmteich und Mariatrost umsteigen. Eine zweite Umstiegsmöglichkeit (Linie 1) gab es beim Hilmteich. Schon 1905 übernahm die GTG den Betrieb der Konkurrenzlinie. 1939–1941 erfolgte die Angleichung der Spurweite (1000 mm auf 1435 mm) und das Aus der Strecke Glacis–Hilmteich. Die Rote Tram wurde zu einer Mariatrost-Legende, die Strecke nach Mariatrost gilt noch heute in Graz als die schönste. Das Grazer Schienennetz wuchs bis in die 20er-Jahre des 20. Jahrhunderts, schrumpfte in den 50er- und 60er-Jahren und wächst nun seit einigen Jahren wieder.

Wichtig für die Entwicklung am Stadtrand und für die Integration der Stadtrandgemeinden waren die Tramlinien über jene Stadtgrenze, die bis 1938 gültig war. 1900: Puntigam, Eggenberg; 1901: Gösting, Wetzelsdorf; 1903: Andritz; 1906: St. Peter; 1925: Liebenau. Erst am 1. Jänner 1949 gingen nach dem Vertrag von 1895 die Grazer Verkehrsbetriebe (GVG, dann GVB) ins Eigentum der Stadtgemeinde über. Seit 1960 ist die GVB ein Teil der Grazer Stadtwerke AG (Graz AG). Der Unfall Tankwagen gegen Tram nahe der Hauptbrücke am 26. 8. 1964 beeinflusste die Verkehrsentwicklung von Graz. Die Gürtelstraße (Westteil) wurde ausgebaut. Erst seit den 20er-Jahren des 20. Jahrhunderts ergänzten Autobusse die Straßenbahnlinien. Was als typische Ausflugslinien begann, entwickelte sich zu einem Liniennetz. 1928 wurden sechs Austro-Fiat Busse angemietet. 1975 benutzten über 21,000.000 Fahrgäste die Grazer Autobuslinien. Von 1941 bis 1967 gab es in Graz auch einen O(Oberleitungs)-Bus. Seine Strecke führte vom Griesplatz nach Straßgang und von Liebenau nach Dörfla.

Vom Projekt, den Schloßberg im historistischen Stil völlig neu zu überbauen, wurde nur die 1894 eröffnete Bergbahn realisiert. Der Lift Schloßbergplatz–Uhrturm ergänzt und konkurriert seit 2000 die Aufstiegshilfe Bahn. Für den städtischen Verkehr spielten die Eisenbahn und deren Schienen eine geringe Rolle. Womöglich wird sich das ändern. Die Stationen Raaba, Ostbahnhof, Straßgang und Don Bosco laden dazu ein. Einst konnte man von der Station Gösting zum Hauptbahnhof fahren.

„Styria" und „Graz" versanken

Sehr originell, aber wenig erfolgreich war die Idee, Graz auf der Mur für den Personenverkehr zu erschließen. 1888 sollten zwei Murdampfer („Kübeck", dann „Styria", und die „Graz") mit 70 cm Tiefgang und 40-PS-Maschinen jeweils 40 Passagiere in zwei Klassen transportieren. Es endete, wie es angefangen hatte: mit Problemen. Beide Schiffe versanken, die „Styria" rammte am Pfingstsonntag 1889 die Radetzkybrücke, sechs Passagiere verloren ihr Leben. Die gepfändete „Graz" versank bei der Puntigamer Bücke. 1924 wollten Handwerker mit einem selbst gebauten 20-Passagier-Boot namens „Anna" die Mur befahren. Ausgerechnet bei der Probefahrt für die Konzession lief die „Anna" auf Grund. Die Kommission verabschiedete sich ohne Konzessionserteilung. Zuletzt war 1982 (Zahnradschiff und Murtaxis) und 1985 von einer Personenschifffahrt auf der Mur die Rede. Wer weiß, was nach einem Grazkraftwerk auf der dann gestauten Mur fährt?

Flugplatz St. Peter

Skurriler Fernverkehr: Eine vermutlich sehr kurzfristige und heute kaum mehr vorstellbare Ergänzung des Verkehrsangebots soll noch erwähnt werden. In der Ersten Republik gab es Pläne, einen Flugplatz nahe der Stadt zu errichten. St. Peter, die Göstinger Au und Hart (Gemeinde Straßgang) standen zur Auswahl. Aber auch der ausdauernste Projektbetreiber, Bürgermeister Haugeneder von St. Peter, war nicht erfolgreich. Zum Ausgleich erreichte er die Errichtung des Senders in seiner Gemeinde.

Rund 20 Prozent aller Wegstrecken im Grazer Binnenverkehr wurden in den letzten Jahren mit öffentlichen Verkehrsmitteln zurückgelegt. Die Tendenz ist steigend. Also: Gute Fahrt!

Das Experiment Murschifffahrt endete 1889 mit einer Katastrophe, die „Styria" zerschellte an der Radetzkybrücke.

Müllgrube am Schillerplatz (um 1880).

Alles, was man los werden will … Graz und die Abfälle

Früher war alles anders – oder doch nicht?
Mist, Müll und Abfälle gab es immer, doch es gab weniger Grazer und auch weniger Müll. Man ging auch anders damit um. Wollen Sie wissen wie?

Luxus ohne Komfort und Hygiene

Mit dem Gestank der Abfälle und Senkgruben in der Zeit vor Kanalisation, Wassertoiletten und Müllabfuhr scheint man einst keine allzu großen Probleme gehabt zu haben. Die hygienischen Standards waren recht bescheiden. Auch dort, wo Lebensqualität und Kultur zu Hause waren, fehlte es an den heute üblichen Einrichtungen des hygienischen Komforts. In den Palais der Stadt gab es zwar soziale, politische und wirtschaftliche Macht, aber keine halbwegs tauglichen Toiletten, Bäder und Küchen. Modischer Kleidung, Hauskonzerten und Dichterlesungen standen mangelhafte Beleuchtung und Heizung gegenüber.

Problemlöser: Hausbrand und Mur

Bis tief ins 19. Jahrhundert gab es nur wenige Abfälle. Aber auch noch vor etlichen Jahrzehnten wurde vieles bis zum letzten Rest aufgebraucht. So trennte man sich nur sehr ungern vom einzigen Paar tragbarer Schuhe. In der Marktgemeinde Eggenberg sorgten vor 75 Jahren noch 35 Schuster für Reparaturen. Schulkinder waren damals oft noch bloßfüßig unterwegs. Verpackungsluxus und -sicherheit waren unbekannt. Für das, was man früher nicht mehr brauchen konnte, gab es – außer dem Altwarenhandel – eine Reihe von Möglichkeiten, es loszuwerden. Im Winter hatte fast jeder seine eigene „Müllverbrennungsanlage". Es rauchte zwar kräftig, aber dafür gab es Wärme. Im Sommer war es schon schwieriger. Da gab es andere Möglichkeiten: Weit vor der Schwemmkanalisation sorgten die Mur und die Mühlgänge für Entsorgung. Auch das Sonnwendfeuer war (?) eines der Mittel zur Abfallverwertung. Sehr praktisch als Deponie waren

Kunterbunt im Buntglas-Container am Kaiser-Franz-Josef-Kai (2007).

Sand- und Schottergruben und zuvor auch der Stadtgraben, nun eine Fundgrube für die Neuzeitarchäologie des Alltags. Der Schillerplatz war, bevor er zum Zentrum eines großbürgerlichen Wohnviertels wurde, eine Sandgrube und Mülllagerstätte. Dramatischere Zusammenhänge drängen sich auf, wenn man heute fragt, wo denn die Abfälle z. B. der einst großen Farbenfabrik Zankl, der vielen Färbereien und Putzereien hingekommen sind. Die Entwicklungschemie der Fotografen wurde früher einfach weggeschüttet. Auch die Krankenhäuser hatten früher einen recht unbedarften Umgang mit ihren Giftabfällen. Wohin der Sondermüll der Eggenberger Glasfabrik (in Gösting!) hinkam, ist mittlerweile bekannt.

Von Schweinen und neuen Kanälen

Speisereste konnten zur Tierfütterung verwendet werden. Mitunter gab es mit-

Die städtische Kanalbrigade in den 20er-Jahren.

Was man loswerden wollte: erfolglose Sprengung eines TU-Gebäudes in der Steyrergasse (1985).

ten in der Stadt Schweine als animalische Entsorger. Im Jahre 1955 waren es knapp 8.800. Bauern holten in Fässern auf Fuhrwerken ab, was nicht mehr als Lebensmittel verwendbar war. Ähnlich ging es mit den Fäkalien: Was nicht in Senkgruben mittelfristig verschwand, wurde in Fässern gesammelt und mit Fuhrwerken abtransportiert. Ab 1867 wurde dieser „Fasslwirtschaft" der Vorzug gegeben. In den Fasskammern wurde nicht Wein, sondern Fäkalien gesammelt. Bürgermeister Franck (1867–1870) erwähnte in diesem Jahr voll kommunalpolitischem Stolz die vorbildlichen Abortfassapparate. Es ist typisch, dass zuerst die Podewilsche-Fäkalextrakt-Fabrik in der Angergasse für die Übernahme des künftigen Komposts zahlte, um in der Folge für die Abnahme bezahlt zu bekommen. Nach der Fäkalienabfuhr durch Private übernahm um 1900 die Stadtverwaltung schrittweise den Transport zur neuen Sturzbrücke an der Mur nahe der Lager- und Laubgasse. Erst die Schwemmkanalisation der Ersten Republik brachte eine grundlegende Änderung. Ende der 20er-Jahre fiel die Zahl der Arbeiter bei der Fäkalienentsorgung von 360 auf 90 Mann, die der dafür eingesetzten Pferde von 130 auf 40.

Fragestellungen und Lösungsansätze

Die Angst vor Seuchen brachte Graz schon 1585 folgende Verordnung: Mist, totes Vieh, Kehricht, Bettstroh vor und in den Häusern ist jeden Mittwoch und

Nur bedingt mobil: Fahrradleiche (2010).

Samstag wegzuschaffen. Das Ausgießen von Harn, Krautwasser und Wasser von gesalzenen Fischen war überhaupt verboten. Zuerst dürfte wohl jeder vor der eigenen Türe mehr oder weniger gekehrt haben. Dass das nicht immer funktionierte, beweist ein Erlass des Magistrats aus dem Jahr 1797. Die schmalen Zwischenräume der Häuser („Reichen") sollten zumindest alle zwei Wochen gespült und gekehrt werden. Das Nebeneinander von Abfall und Brunnen war höchst gefährlich. Besonders was von Lederern und Fleischern entsorgt wurde, war ein Ärgernis.

Von Kehrichtgruben und Coloniakübeln

Der Magistrat gab Gebote zur Reinigung nach dem Verursacherprinzip heraus, er beauftragte Unternehmer mit der Sauberhaltung der Stadt, und schließlich übernahm er selbst die Müllabfuhr und das Straßenkehren. Der Straßenkehrer mit seinem Reisbesen wurde zum Symbol urbaner Reinlichkeit. Die Beschaffenheit der „Kehrichtgruben" in den Gärten und Höfen der städtischen Häuser war noch 1881 Inhalt kommunaler Vorschriften. 1909 übernahm die Stadtgemeinde die Kehrichtabfuhr in Eigenregie. Groß war damals die Zahl der Abtransport- und Kübelsysteme, die sich konkurrenzierend der Stadt anboten. Damals gab es beispielsweise die Entsorgungssysteme Horsfall und Belani. Studienreisen nach Hamburg und Fiume (Rijeka) sollten Erfahrungen bringen. Verbrennungsanlagen und neue Abfuhrsysteme mit Sammelgefäßen wurden getestet. Die Einführung der Coloniakübel, benannt nach ihrer ersten erfolgreichen Einführung in Köln, war um 1930 ein weiterer Fortschritt. Über Einrichtungen und Service der städtischen und nun wieder einiger privater Entsorger führt der Weg vom Gestern zum Morgen.

Aktion sauberes Graz

Oft wird der Fortschritt in Frage gestellt. In manchen Bereichen ist er unübersehbar. Die alten Zustände im Bereich der kommunalen Hygiene und des städtischen Services sind ein Beispiel hierfür. Ursprünglich war das wohl so: Jeder oder auch niemand war für die öffentliche Reinheit zuständig. So ähnlich ist es ja auch noch heute. Dann übernahm die Gemeinschaft die Aufgabe der Reinigung, zumindest teilweise. Grundstückseigentümer sind für den Gehsteig (Trottoir) vor ihrem Haus verantwortlich. Hauseigene Brunnen und Senkgruben dominierten auch in Graz über Jahrhunderte. Bis vor rund 120 Jahren gab es in Graz fast nur Schotter- und Lehmstraßen. Wichtigere Straßen und Plätze waren mit Kies gefestigt. Gneisplatten an den Hausrändern, die Frühform unserer Gehsteige, waren ein Zeichen von urbaner Qualität und dementsprechend selten. In der Raubergasse vor dem Alten Joanneum sind solche heute denkmalwürdigen Beispiele dokumentiert. Wer kennt heute noch jene mit Öl behandelten Holzwürfel, die für besondere Fahrbahnen und Gehsteige verwendet wurden? Makadamisierte Fahrbahndecken, bruchsteingrundierte Straßen mit eingewalzter Schotterdecke waren um 1900 der bessere Standard für Hauptstraßen. 1908 gab es in Graz die ersten Beispiele für Stampf- und Gussasphalt.

Abgesehen von den wenigen frühen Beispielen von Wasserleitungen und Kanälen

Das kommunale Reinigungsteam im Stadtpark nahe der Oper (1911).

Gestern (1957, Hauptplatz) wie heute: Straßenkehrer im Einsatz.

Fahne der Bediensteten des städtischen Fuhrhofbetriebes (1924).

funktionierte auch bis ins frühe 20. Jahrhundert die Be- und Entwässerung der Stadt, das waren damals die Bezirke I bis VI, nur höchst mangelhaft. Der spätere Bürgermeister Franck lobte 1867 noch die Grazer Abortfassapparate als vorbildlich. Erst die Errichtung der Schwemmkanalisation ab 1925 bereitete der Fasslwirtschaft ein Ende. Die erste elektrische Straßenbeleuchtung ist kaum mehr als 100 Jahre alt und ihre Verbreitung noch um einiges jünger.

Immer wieder tauchen auch noch heute unter der Asphaltdecke die Granitwürfel eines alten Pflasters auf. Ältere Grazer können sich noch an die staubigen Lehm- und Schotterdecken der Ausfahrtsstraßen erinnern. Das Gaslicht in der Schubertstraße, im Stadtpark und am Gaslaternenweg wirkt heute schon nostalgisch.

„Graz, das liegt am Hilmerteich …

… und rundherum liegt Österreich.“ Solche Verse kann nur die poetisch unverdorbene Volksseele schmieden. Allen bekannt und doch etwas vergessen: der Hilmteich und der Leechwald.

Am Beginn steht das mittelhochdeutsche Wort hülbe (wird zum hilm) für Morast. Die Bezeichnung Hilm gilt hier nicht nur für den Teich, sondern auch für die Gegend. Also gab es am südlichen Ausläufer des Leechwaldhügels nahe dem Verlauf des Kroisbaches das, was das Österreichische Wörterbuch Gatsch nennt. Dazu passt auch, dass spätestens seit dem frühen 19. Jahrhundert hier aus dem Lehmboden Ziegel gewonnen wurden. So entstand der erste Hilmteich. Als der Breunerteich (an der Ecke Hauslabgasse/Elisabethstraße) 1841 für Bauland trockengelegt wurde, gewann der Ziegelteich in der Gegend Hilm an Interesse. 1848 wird von einer Gastwirtschaft berichtet. Bald konnte man dort auch Boot fahren. Eine Hilmteichaktiengesellschaft (welch ein Wort!) erwarb 1857 die Realität und erstellte ein Ausbaukonzept. Im folgenden Jahr wurde der Teich um ein Drittel vergrößert.

1858 erfolgte der Ausbau der Gaststätte zu jenem Bau, der, in nun erweiterter Form und etwas weniger romantisch gestaltet, noch heute besteht. Oft wechselte seither der Pächter der 1868 durch die Gemeinde erworbenen Realität. Ein gastliches Schweizerhaus, nun um- und ausgebaut und größtenteils eine Tanzschule, und die Hilmwarte (1888), nun eine Forschungseinrichtung, ergänzten die Wirtschaft zu einem Freizeitgelände am Rande des Leechwaldes.

Der Hilmteich um 1860, später coloriert.

Haubenhofers Etablissement am Hilmteich (1912).

Boote, Fische, Eis

Bootfahren gehörte und gehört teilweise noch immer zu den beliebten Freizeitattraktionen. Der Thalersee bietet sich noch immer dafür an. Ruderboote gab es im Straßganger Bad. Auch der Teichwirt in der äußeren Plüddemanngasse oder der Teich beim Gasthof „Zum schwarzen Hund“ am Ende des Stiftingtales gaben einst dazu Gelegenheit. Die Teiche dienten auch der Fischzucht und dem Eislaufen.

So ist es auch noch heute mit dem Hilmteich. Bis in die 60er-Jahre (1964 Kunsteisbahn Liebenau) des 20. Jahrhunderts trainierten hier auch Eissportvereine und Staatsmeister. Wer in vergangenen Jahrzehnten auf dem Hilmteich ruderte, der hat noch die sachlichen und vom Lautsprecher verzerrten Tondurchsagen zur Bootsrückkehr im Ohr. Junge Paare und rüstige Senioren nutzten gerne die alten Ruderboote. Die Illusion des Losgelöstseins vom Festland Graz in idyllischer und ungewohnter Umgebung brachte etwas Glück und Abenteuer in den städtischen Alltag.

Zum/Vom Hilmteich

Der Weg zum Hilmteich führte meist über die Zinzendorfgasse und die nachts mit Gaslaternen nur mäßig erhellte Schubertstraße, die nicht zufällig den Zweitnamen Seufzerallee führte. Man konnte aber auch an der Ecke Zinzendorfgasse-Glacisstraße die elektrische Mariatroster Kleinbahn, die „Rote Tram“, besteigen und so von 1898 bis 1939 zum Hilmteich kommen. Zehn Jahre älter ist die zuerst noch pferdebetriebene Verlängerung der Strecke nach St. Leonhard zum Hilmteich. Beim Hilmteich trafen also anfangs zwei Linien unterschiedlicher Betreiber zusammen. Ein Wartehaus traditioneller Bauweise bezeugt hier noch heute die Straßenbahngeschichte. Es ist das letzte seiner Art auf freier Strecke.

Bis 1938 lag der Hilmteich an der Stadtgrenze. Der Leechwald samt Schweizerhaus und Hilmwarte gehörte zur Gemeinde Fölling (1930 Namenswechsel zu Maria Trost). Nahe dem Teich gab es ein Linienamt (Hilmteichstraße 97) zur Besteuerung von über die Stadtgrenze transportierten Waren. Einst und jetzt führt der Weg durch den Leechwald nach Mariatrost (einst Maria Trost). Berühmt und hin und wieder auch berüchtigt waren die Mondscheinspaziergänge von dort zum Hilmteich. Der Name Leech (siehe Leechfeld, Leechwald) weist auf altes Siedlungsgebiet hin. Das mittelhochdeutsche lè bedeutet Hügel (-grab), siehe den Leechkirchenhügel und die Hügelgräber im Leechwald.

Einst war die Hilmwarte

1888 wurde ein 30 m hoher Aussichtsturm auf dem Rücken des Leechwalds fertiggestellt. Die Initiative ging vom umtriebigen Johann Kleinoscheg aus, und auch die Steiermärkische Sparkasse war am Bau beteiligt. Stolz wurde die neue Warte mit dem Campanile (Markusturm, 99 m) in Venedig verglichen. Der „Grazer Tourist" (1913) berichtete, dass die vielen Stufen nicht ermüden und es daher der Sitzbänke mit einem großen Spiegel, „um die Toilette zu ordnen", nach je 18 Stufen nicht bedurft hätte. Fremdenbuch, färbige Gläser, ein Hohlspiegel, Korrespondenzkarten, eine Äolsharfe (Windharfe), Fernrohre und Binocles (Brille, Kneifer) sowie Plaids (Kotzen, Decke) gehörten zum Service. Der Turmbau ist mit zwei prominenten Grazern ihrer Zeit verbunden: Johann Kleinoscheg und Peter Rosegger.

Der Hilmteich als Eislaufplatz (Foto: Hauber, um 1950).

Was 1924 im Hilmteich erfolgreich war und im Fluss bei der Konzessionsfahrt scheiterte: das Mur-Motorboot Anna.

So gab es Champagner der Gebrüder Kleinoscheg aus Gösting und Flugblätter mit Roseggergedichten. Es ist auch von einer „freundlichen Turmfee“ zu lesen. Ein Schelm, wer an etwas Böses denkt. Was ist nun von der einst so hochgelobten Aussicht auf das Geidorfviertel geblieben?

Vergangenheit mit Zukunft

Auch wenn hier über „Historisches aus Graz“ zu lesen ist, soll nicht verschwiegen werden, dass es beim Hilmteich auch eine aktive Gegenwart gibt. Das ehemalige Hilmteichschlössl ist nach etlichen wirtschaftlichen Zwischenstationen erweitert und wird nun unter dem alten Namen des Mariatroster Berges gärtnerisch und gastronomisch betrieben. Beim Teich (2,5 ha!) befinden sich Start und Ziel einer 21 km langen schweißtreibenden Laufstrecke, die bis nach Schillingsdorf führt. Östlich des Hilmteichs können in einem gipfelnahen Kletterpark Schwindelfreie ihr Können testen. Der Hinweis „Ohne Eintrittskarte und Sicherheitsmaterialien lebensgefährlich“ hat zumindest für seinen zweiten Teil anerkennenswerte Gültigkeit. Erdgebundenere lernen am Menschenrechtsweg dessen Artikel kennen oder zumindest mit einigem Glück die „Einheimischen Singvögel“ (siehe die Lehrtafel hierfür). Zeittypisch wurde aus dem Kaiser-Franz-Josef-Häuschen die kommunale Waldschule. Im Sinne des Waldschulpfades Leechwald (grün-weiße Markierung = Farben der Stadt Steyr statt weiß grüner für Steiermark?) werden seltene Bäume vorgestellt. Wer erkennt schon ohne Hinweis einen Riesenlebensbaum (Thuja plicata)? Über die Anlage für „Kleine Wildtiere in Not“ führt ein Weg zum nun funktionslosen „Thurmwarthaus“ und zur leuchtturmartigen Hilmwarte auf 440 m Seehöhe. Der Fernsichtsuchende wartet allerdings vergebens auf Einlass. Seit Jahren arbeitet hier die Wetterstation der Forschungsgesellschaft Joanneum Research. Aber in guter Luft im Mischwald zu spazieren oder gar zu laufen, ist doch auch etwas Schönes. Am Hilmerteich gibt es viel Natur und noch immer Kähne und nun auch Hängematten.

Beim Wirt als Gast: Prost, Mahlzeit und Gastlichkeit

Woran denken Sie bei diesem Titel? An das Hotel Steirerhof (zuvor Stadt Triest), an das Café Herrenhof (zuvor Thonethof) oder womöglich an die Triumphbar in der Rösselmühlgasse? Wer hat noch in der Karop (Schumanngasse) ein Billigmenü gegessen oder war Gast beim Baumgartner (Bahnhofsrestauration) oder beim Wagner (Gösser, Neutorgasse)?
Es gab sie einst und es gibt sie heute: Stätten der Gastlichkeit in Graz. Groß ist ihre Zahl und recht unterschiedlich das Angebot. Die einschlägige Systematik der alten Grazer Adressbücher unterscheidet zwischen Hotels, Gasthöfen und Einkehrgasthäusern, Kaffeehäusern, Kaffeeschenken, Barlokalen, Gastwirtschaften, Speisehallen und Wein-, Bier- und Obstweinschenkern. Mit Traiteure waren um 1900 spezielle Speisewirtschaften gemeint, wie etwa Privatküchen. Penibel wurde einst von der Finanz zwischen Branntwein-Hauptschenker und Branntwein-Kleinverschleißer unterschieden. Von ersterer Art gab es um 1900 in Graz (Bezirke I–VI) fast 50 Betriebe. Bei so viel Trinkfreude erntete der Anti-Alkohol-Kongress in Graz 1901 nur viel Spott.

Nachfrage und Angebot

Die Festtafel am 1. August 1894 im Redoutensaal (Schauspielhaus) brachte zur klassischen Musik erlesene Speisen (Kapaune, Krebsschwänze, Forellen, Schildkröten, Madeirasauce u. ä.) und dazu passende Weine. In der Volksküche (Prankergasse) ging es 1931 bescheidener zu. Es gab dort Suppe mit Brot um 10 Groschen und

Bouvier Weinstube, Jungferngasse 3 (um 1925).

Spott auf den Anti-Alkohol-Congress in Graz (1901).

ein Einmachgericht mit Brot um 30 Groschen. 1945 wirbt die Bäckerei Kniely in Straßgang mit dem Vers: „Willst Du einmal mit dem O-Bus nach Straßgang fahren, sollst Du vorher schon Deine Brotmarken sparen." Im Café Keplerhof (Keplerstraße) konnte man damals unkontrolliert Karten spielen, im Café Volksgarten Tauschgeschäfte absolvieren und in der Weindiele „Zur roten Laterne" (Tummelplatz) und im Luley (Sackstraße) gab es Musik, Tanz und manchmal auch mehr. Verschiedene Kartenspiele und Billardtische gehörten zur Grundausstattung der meisten traditionellen Caféhäuser, so des Cafés Österreichischer Hof (Annenstraße, Ecke Georgengasse) oder des Union (Leonhardstraße, Ecke Lichtenfelsgasse). Über das Café Nordstern (Sackstraße, Ecke Sporgasse) gibt es sogar eine historische Diplomarbeit (Silvia Gaugl, 1994). Um auch Szenelokale der 80er-Jahre des 20. Jahrhunderts zu erwähnen, seien hier einige angeführt: Mr. Bojangles (Gleisdorfergasse), Palette (Opernring) und SKA (Grabenstraße).

Bier und Wein um 1900

Bierhallen spielten in Graz eine große Rolle, geblieben ist nur jene in Puntigam. Die dortige Brauerei, einst die Aktienbrauerei und noch früher jene des Franz Schreiner, besaß auch große Lokale in der Münzgrabenstraße 17 und am Bahnhofgürtel 89. Von 1867 bis 1898 gab es auch als Vorgängerbau des Orpheums eine Puntigamer Bierhalle. Die Brauerei Reininghaus war außer mit ihrem Betrieb am Steinfeld ebenso in der Münzgrabenstraße (Nr. 8–10) vertreten. Die Annensäle (Annenstraße, Ecke Bahnhofplatz) und die Juliensäle (Eggenbergerstraße) waren auch Großveranstaltungen gewachsen. Bescheiden im Vergleich dazu war die Brauerei Japl samt ihrer Gastronomie in der Sterngasse.

Räumlich kleiner waren die vielen Weinlokale, aber zahlreich die Weinhändler. Eigenbau-Weinschenker und Weingroßhändler waren dutzendweise in Graz vertreten. Eine besondere Stellung nahm der k. u. k. Hoflieferant Kleinoscheg mit seinem Geschäft in der Herrengasse 18 und den großen Kellereien in Gösting ein. Seine eigenen Weingärten befanden sich bei Radkersburg und beim untersteirischen Luttenberg.

Bier – politisch sortiert

In politisch angespannten Zeiten waren die Stätten der Gastlichkeit nach ihrer weltanschaulichen Ausrichtung sortiert. Die Bierhallen und Gasthöfe der Murvorstadt spielten eine wichtige Rolle bei der Entstehung einer organisierten Arbeiterbewegung. Im Gasthof „Königstiger" (zwischen Stockergasse und Lendkai) fanden Versammlungen der vor 130 Jahren noch illegalen Sozialdemokraten statt. Der programmatische Gasthausname „Zur Morgenröte" (Sigmundstadl 1) war ein anderer Treffpunkt politisch organisierter Arbeiter. Die großdeutsch orientierten Studenten trafen sich beispielsweise beim Sternwirt oder in der Pastete (beide Sporgasse). Studentische Korporationen recht unterschiedlicher Ideologie besaßen oft auch ihre eigenen Lokalititäten („Buden"). War man einst kaisertreu orientiert, konnte man im Café Kaiserhof (Bismarckplatz = Am Eisernen Tor) oder im Café Habsburg (Schönaugürtel) Gleichgesinnte treffen. Die Mehrheit der großen Hotels warb in den 30er-Jahren des 20. Jahrhunderts im „Deutsch-Arischen Adressbuch", nicht jedoch z. B. das Hotel Elefant am Südtirolerplatz (einst Murplatz). Szenelokale für politische, soziale, nationale oder sexuelle Minderheiten gibt es auch im heutigen Graz. Wer sie sucht, wird sie finden.

Der Name als Programm?

Zwischen Tradition und Fantasie schwankten die Namen der Gaststätten. Da gab es früher reichlich Tiernamen (Löwe, Hirsch, Rabe, Adler, Ochs, Lerche, Bär, Hase) oder Imponierbezeichnungen (Kaiserhof, Kaiserkrone, König von Ungarn, Ungarische Krone, Fürst Schwarzenberg). Andere Namen gaben Scherzbolde, wie Zur lateinischen Jungfrau (Körblergasse), Zum Jenseits (Wetzelsdorf) oder Zur Hochalpe am Schloßberg. Arche Noah, Neue Welt oder Waldteufel waren Gasthausnamen, die zu einem Straßennamen wurden. Mancher Traditionsname wandelte sich zur Hotel-

Der Schanzlwirt mit dem Schanzl-Saal (rechts) am Leonhardplatz. Ausgezeichnet durch seine Küche und seine Lage beim LKH (1941).

qualität der Gegenwart. Aus dem Hotel zum Goldenen Engel wurde das Wiesler, aus der Goldenen Birne das Parkhotel und aus dem Hotel Florian das Weitzer.

Das Kommen und Gehen

Bekanntlich ist das Gasthaus oder das Café oft eine wohlgewünschte Erweiterung der Wohnung. Hier trifft man Freunde, Kollegen oder gönnte sich nur einen guten Kaffee und eine aktuelle Zeitung. Kein Gast muss hier servieren oder gar abwaschen. Wenn das Service nicht funktioniert oder gastronomische Wünsche nicht erfüllt werden, liegt die Schuld nicht beim Besucher. Durch die Bezahlung der Zeche ist man von jeder Verantwortung befreit. Umso heimatloser ist der Gast, dessen Stammlokal die Führung wechselt, sperrt oder gar abgerissen wird. Der eine trauert um die Milchmariandl (Richard-Wagner-Gasse), der andere um die Gastronomie im sogenannten Kommodhaus (Einspinnergasse). Mancher mag dem animierfreudigen Café International (Griesplatz) nachtrauern, Göstinger der „Blauen Flasche“. Aus dem Göstinger Brauhaus wurde 1946 eine Kirche, und wo einst das für das lokale Bürgertum wichtige Café Thalia stand, folgte dem Kino eine bunte Folge neuer Geschäftlichkeit. Aber keine Angst, es kommen immer wieder neue Gaststätten. Manchmal entstehen sogar einschlägige Viertel, wie das rund um die Färbergasse. Vor wenigen Jahrzehnten gab es in Graz auch noch keinen „Chinesen“ (ab 1977) oder „Italiener“.

Wer mehr über die Gaststätten von Graz wissen will, muss sie selbst erforschen. Historisch Interessierten kann ein billigerer Weg gewiesen werden. 1985 widmete das Grazer Stadtmuseum dem Thema „Grazer Gastlichkeit“ einen schon längst vergriffenen Band seiner Publikationsreihe.

1989: Abschied vom Steirerhof am Jakominiplatz, einst das Flaggschiff der Hotels und Restaurants in Graz.

Zu wenig Hunger auf den Stadtrand?
Oder:
Wir und unser mäßig genutzter Grüngürtel

Ja, es gibt sie noch, die Wanderungen zu den Gasthäusern am Stadtrand. Aber diese Ausflugsziele haben sich meist stark verändert und ihre Zahl ist auffallend zurückgegangen.

Das hängt natürlich mit uns Grazern zusammen, da wir nicht mehr so häufig Ausflüge und Spaziergänge an den Stadtrand machen. Das Motto für viele ist nun: Warum in der Nähe schweifen, das Ferne liegt so nah. Selbst an unverregneten Wandertagen suchen Schulklassen meist lieber die Weite als die Nähe der Hohen Rannach. Aus vielen Vorstadtgasthäusern mit ihren einst höchst bescheidenen Ausstattungen wurden Wohnhäuser. Betuliche Familienausflüge auf die Platte oder auf den Reinerkogel gehören nicht mehr so recht zum guten Ton. Auf der Platte gibt es nicht mehr die einst gewohnte Form der Gastronomie. Die Stefaniewarte ist nun seit Langem wieder zu besteigen. Sie wurde 1880 erbaut und nach der Gemahlin des Kronprinzen Rudolf benannt.

Ein Generalstabsoffizier schrieb den Wanderführer

Zum nobilitierten Ruckerlberg passt sein Ruf um 1870 recht schlecht. In den damals selbstständigen Gemeinden Ruckerlberg und Waltendorf (noch ohne die Erweiterung durch einen Teil der Gemeinde Hart) existierten 20 Gaststätten. Damals gab es den nicht nur schmeichelhaften Vergleich

Gasthaus zum kalten Brunn (Kaltenbrunn), Mariagrün (um 1912).

Durch Jahrzehnte waren Café und Restaurant „Rosenhain“ mit ihrem Blick auf Graz ein Treffpunkt der Grazer Gesellschaft. Manche Studenten verbrachten fast ganze Semester hier (Paulitsch, 1938).

mit dem Wiener Grinzing. Ab 1896 erschien in mehreren Auflagen der Wanderführer „Grazer Tourist“ (Carl Gründorf von Zebegeny). „Mit besonderer Würdigung der reizenden Umgebung von Graz“ im erläuternden Untertitel. Graz, damals nur die Bezirke I–VI, war in den letzten Jahrzehnten des 19. Jahrhunderts an Bewohnern stark gewachsen. Arbeiter und Bürger suchten die verlorene Natur gerne in Dutzenden von Gasthäusern dies- und jenseits der alten Stadtgrenze. Die Tramway brachte die Ausflügler nach Gösting (1901), St. Peter (1906), Andritz (1903) oder Mariatrost (1898). Wer die Ruine Gösting besuchen wollte, konnte ab 1884 auch mit dem Personenzug in sieben Minuten vom Südbahnhof (Hauptbahnhof) zur Haltestelle Gösting fahren. Weniger Beflissene wanderten nur zur Restauration „Tivoli“ des Alois Costella nahe dem Schloss Gösting oder gar nur bis zum Göstinger Braugarten, aus dessen Brauhaus die Pfarrkirche St. Anna wurde. Die Brauerei in Puntigam, damals noch in der Gemeinde Feldkirchen, sorgte 1898 für einen auch touristisch genutzten Bahnanschluss und im Jahr 1900 für die Verlängerung der Tramway bis zur Braugaststätte. Wer keine Gelsen fürchtete, konnte von dort in die damals unverbauten Murauen wandern.

Vollmondidylle und Bootsfahrten

Bis vor einigen Jahrzehnten gehörte es für das Grazer Bürgertum, besonders für die jüngeren Jahrgänge, zur Gewohnheit, hin und wieder bei Vollmond von Mariatrost zum Hilmteich entlang des Fußweges zu wandern. Fitte marschierten im Rettenbachtal, dessen engster Teil als Klamm bezeichnet wird. Aber auch schon ein kommoder Fußmarsch zum romantischen Kircherl Mariagrün hatte Ausflugscharakter. In Wirklichkeit war oft der Gasthof Kaltenbrunn das Ziel. Selbst ein als Wallfahrt getarnter Auflug nach Maria

Ausflug der Familie Aurel v. Wittemberski (1903).

Das Etablissement Weitzer bei der Endstation Mariatrost (um 1900).

Trost (alte Schreibweise!) stand meist in enger Beziehung zur dortigen Gastronomie. Bis zu ihrer Vermauerung im Jahre 1895 gab es dort mit der Gruft der Paulinermöche mit ihren mumifizierten Leichen noch eine schaurige Attraktion.

Wenig Sport und etwas Romantik bescherte das Bootfahren, nicht nur am Hilmteich und im Straßganger Bad, sondern auch auf den kleinen Teichen, etwa beim Teichwirt an der Kreuzung Plüddemanngasse/Petersgasse oder beim Gasthof zum schwarzen Hund am Beginn des Stiftingtales. Hier gab es eine aus heutiger Sicht recht einfache Rutschbahn, die einst eine besondere Attraktion war. Unsere Nachbargemeinde Thal, 1938 war ihre Eingemeindung geplant, dann ihre Teilung durch die Autobahntrasse, hat mit dem Thaler-See, richtiger wäre Thaler-Teich, auch noch heute für die Grazer Ausflugsqualität. Mit früher, als es dort noch eine frequentierte Badeanstalt und im Winter gerne besuchte Skihänge gab, ist das allerdings nicht zu vergleichen.

Frischluft und Gasthausduft

Das Café-Restaurant Rosenhain ist nicht mehr das, was es einst war. Damals, als Studenten ganze Semester dort vertrödelten und Gäste von auswärts dorthin zum nächtlichen Grazschauen geführt wurden. Fährt man weiter über die Quellengasse zum Gasthof Rose, so findet man dort keine kommerzielle Gastlichkeit mehr. Auch der nahe Kirschenhof (Panoramagasse) hat schon lange seine Funktion geändert. Sich die Riesstraße als Ausflugsziel vorzustellen, verlangt heute schon viel Fantasie. Vor zwei Generationen war dies anders. Die Straße mit ihrer einst so erschreckenden Steigung am Beginn war gut mit Gasthäusern versorgt. Vom Rieswirt an der Kreuzung zum Ragnitztal ging es zum 1. Fuchswirt, dem Ladenwirt, dem 2. Fuchswirt, zum Sternwirt und zum 3. Fuchswirt. Wer wissen will, was es mit dem Namen Fuchs auf sich hat, bekommt unterschiedliche Antworten. Die einen wollten dort Füchse gesehen haben, andere erinnerten sich an die fuchsfarbenen Pferde. Es gab aber eine Gastwirtsfamilie Fuchs, die hier namensgebend war.

Auf Graz herunterschauen

Auch die mäßig hohe Bergkette, die das Grazer Feld nach Westen abschließt, ist heute touristisch nicht mehr so gefragt. Der mit dem Kalk der Berge in Verbindung stehende Wassermangel verhinderte eine ähnliche Verbauung, wie sie im Osten der Stadt zunächst bäuerlich geprägt entstand. Die bewaldeten großen Jagdreviere der Grafen Attems im Norden (Gösting) und Herberstein im Raum Eggenberg trugen ebenfalls zur Entstehung des westlichen Grüngürtels von Graz bei. Erinnern Sie sich noch an den Sessellift (1954–1970) auf den Plabutsch? Der Berg mit 763 m die höchste Erhebung in Graz war ab 1830 bevorzugtes Ziel von Wanderungen. Damals erstieg Kaiser Franz I. mit seinem ortskundigen Bruder Erzherzog Johann und seiner Tochter Maria Luise und deren Sohn, dem Herzog von Reichstadt (Napoleon II.), den Berg. Seither gibt es für den Gipfel den Namen Fürstenstand. Auch dort hat die Gastronomie schon erfolgreichere Tage erlebt. Dies gilt im höheren Maß für die Hubertushöhe auf halber Höhe. Die Einsiedelei (siehe: Weg zur Einsiedelei) westlich des Schlosses Eggenberg war vor Jahrzehnten ein gern besuchter schattiger Ort, dessen Besonderheit eine Tropfsteinhöhle war. Entdeckungsreisen am Stadtrand bringen nicht nur nostalgische Erinnerungen. Nutzen wir, was uns die Natur, die Gastronomie und auch unsere planenden Stadtväter anbieten.

Der Sessellift (1954–1970) auf den Plabutsch mit der Bergstation Fürstenstand (Foto Hauber).

Gemeinden wurden Stadtbezirke

Wussten Sie, dass die Grazer Bezirke VII–XVI erst 1946 entstanden (XVII: Puntigam erst 1988)? 17 Ortsgemeinden wurden 1938 ganz oder teilweise an Graz „angeschlossen". Damit ging einerseits ein lang gehegter Wunsch der Stadtverwaltung in Erfüllung, andererseits war diese Eingemeindung für Bewohner und künftige Nutzung auch problematisch. Folgende Gemeinden waren durch die de iure mit 1. 10. 1938 wirksame Verordnung des Landeshauptmanns (identisch mit dem Gauleiter der NSDAP) über die „Erweiterung des Gebietes der Stadt Graz" betroffen: Andritz, Eggenberg, Engelsdorf, Gösting, Liebenau, Murfeld, St. Peter bei Graz, Straßgang, Waltendorf und Wetzelsdorf mit ihrem gesamten Gebiet. Feldkirchen, Hart bei St. Peter, Kainbach, Mariatrost, Messendorf, St. Veit ob Graz und Weinitzen mit Teilen ihres Gebiets. Vier der betroffenen Gemeinden waren Marktgemeinden: Eggenberg, Gösting, Mariatrost, Waltendorf-Ruckerlberg.

1891 wurde erstmals der Ruf nach einem „Groß-Graz" hörbar. Dieser erste Wunsch nach Gebietserweiterung war relativ bescheiden und sollte in erster Linie für kommunale Finanzen wichtige Betriebe knapp außerhalb der Stadtgrenze nach Graz holen. Die Bewohner der angesprochenen Stadtrandgemeinden wollten aber mehrheitlich nichts davon wissen. Aber auch nicht alle Grazer waren von dieser Erweiterungsidee begeistert. So hatten die Eggenberger Angst vor der Grazer Kriminalität, die Grazer wiederum fürchteten jene in Eggenberg. Unterschiedliche politische Bekenntnisse und Sozialstrukturen trennten Graz von seinem Umland.

Die Diskussion um Groß-Graz dauerte 47 Jahre. Am Ende reichte trotz einiger Proteste 1938 der Wille der politisch Mächtigen, um die Fläche der Stadt auf

Hausnummer, als die Georgigasse noch im I. Bezirk (Algersdorf) der Marktgemeinde Eggenberg lag.

das Sechsfache zu vergrößern und auch die Einwohnerzahl von Graz um ein Drittel zu erhöhen. Im Juni 1938 hofften die Vertreter der Stadt Graz noch auf ein viel größeres Graz mit u. a. dem gesamten Gemeindegebiet von Thal, Seiersberg, Pirka, Feldkirchen, Thondorf, Grambach, Raaba, Hart, Kainbach und Stattegg. Das gewünschte Groß-Graz hätte an Kumberg und Radegund gegrenzt.

1942 kamen mit dem Nordteil der Ortsgemeinde Thondorf (KG Neudorf zur Gänze, KG Thondorf teilweise) nochmals 118 ha Umlandfläche zur Stadt. Ursache dieser neuerlichen Erweiterung war der Bau eines großen Rüstungswerkes in Thondorf, das man in Graz wünschte.

1938 verschwanden die traditionellen Ge-

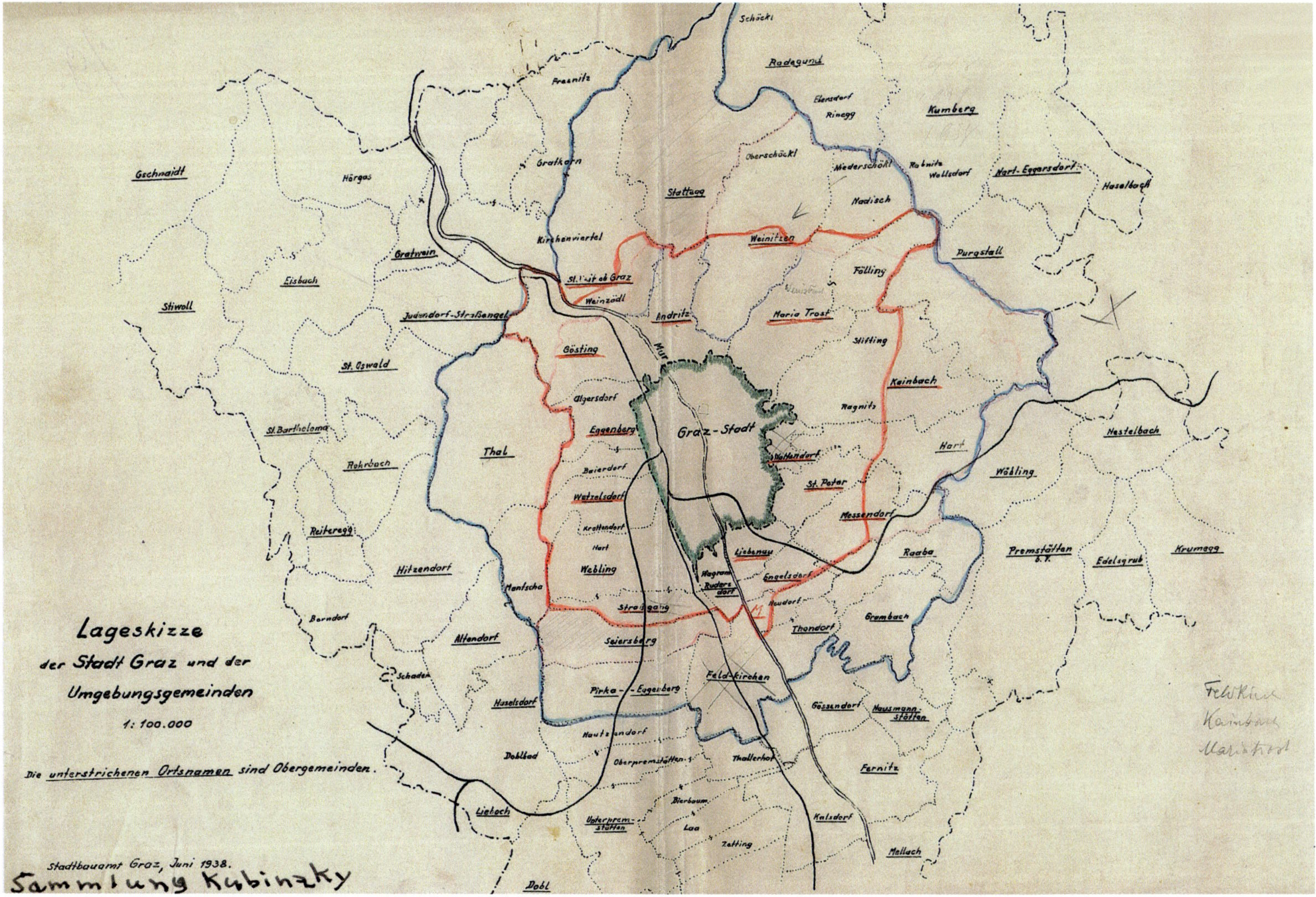

Noch im Juni 1938 gab es unterschiedliche Vorstellungen über die Grazer Stadterweiterung. So standen u. a. Thal, Stattegg, Grambach, Seiersberg, Pirka und Feldkirchen auf der Wunschliste (grün umrandet: Graz vor der Erweiterung; rot: ungefähr die Erweiterung vom September 1938; blau: nicht erreichte Wunschgrenze).

meindenamen am ehemaligen Stadtrand, so gab es z. B. kein Eggenberg und Wetzelsdorf mehr, sondern durch eine neue Bezirkseinteilung nur einen Bezirk West. Der größte Teil der inneren sechs Bezirke wurde damals zum Bezirk Graz-Mitte gemacht. Aber selbst die Teilorganisationen der NSDAP hielten an den Traditionsnamen der ehemaligen Gemeinden fest. Durch die Eingemeindung und durch das politische System jener Zeit gab es schwerwiegende Veränderungen. Beispielsweise ging das lokale Vereinsnetz weitgehend verloren, Eliten verloren ihre Position, neue traten an ihre Stelle. Auch der Weltkrieg wirkte an dieser Entwicklung mit. Beispielsweise eine sozialdemokratisch orientierte Gemeinde am Stadtrand veränderte ihre politische Führung 1934, 1938 und 1945. Die kommunalen Strukturen im Bereich der Gesellschaft, der Wirtschaft, der Kultur und Politik hatten ab 1945 ein weitgehend anderes Aussehen als wenige Jahre zuvor. Nun dominierte die Stadt Graz in ihrer Gesamtheit und mit ihren Schwerpunkten aus der Perspektive der Stadtmitte. Das konnten weder Gemeinderäte aus den Stadtrandbezirken noch Bezirksvorsteher besonders beeinflussen. Vor- und Nachteile der Zugehörigkeit zur Landeshauptstadt lassen sich nur schwer gegeneinander abwiegen. Dass Graz insgesamt durch die Erweiterung gewonnen hat, steht fest. Auch die leisen Ansätze einer neuer Erweiterungsdiskussion in den letzten Jahren bestätigen dies.

Erst am 27. 6. 1946 schaffte der Gemeinderat auch offiziell die acht nach Himmelsrichtungen benannten Bezirke des „1000-jährigen Reiches" wieder ab. Die Bevölkerung war mit den Rückbenennungen schneller als die Stadtpolitik. Die ehemaligen Gemeinden entstanden zwar nicht mehr, wohl aber gab es nun für die Mehrheit ihre Namen als Bezeichnung für die nun neu geschaffenen 16 Bezirke. Die inneren sechs Bezirke erstanden mit ihren traditionellen Namen und Grenzen. Am Stadtrand verschwanden einige Gemeindenamen, ihr ehemaliges Gebiet wurde einem neuen Bezirk mit anderem Namen zugewiesen. So gab es beispielsweise Engelsdorf, Neudorf, Thondorf und Murfeld nur mehr als in der Bevölkerung weitgehend unbekannte Katastralgemeinde im Bezirk Liebenau.

Puntigam entstand als 17. Bezirk erst 1988, nachdem es 1938 von Feldkirchen zu Graz kam und von 1946 bis 1988 ein Teil des Bezirks Straßgang war. Mit der Verwaltungsreform von 1946 war wenigstens ein Teil der alten Identität wiederhergestellt. Graz konnte seine Erweiterung aus der Zeit der Zugehörigkeit zum Deutschen Reich zum Unterschied von Wien behalten. Wien musste 1954 80 ehemalige Gemeinden mit rund 800 km² der Stadterweiterung unter der Herrschaft des Nationalsozialismus wieder an das Land Niederösterreich zurückgeben. Aus dem bald nicht mehr benutzten Begriff Groß-Graz wurde ein großes Graz. Wie gut die Stadt Graz mit ihrer Erweiterung von 1938 und 1942 umgegangen ist, müssen die Einwohner von 82% der gegenwärtigen Stadtfläche (Erweiterungsteil) entscheiden. Hier lebt heute die Hälfte der Stadtbevölkerung und der Prozentsatz wird noch steigen.

Das Dorf Straßgang bei Graz (1916).

Neues Altes aus dem Westen von Graz …

Zugegeben, so neu ist das hier Geschriebene auch nicht. Aber wetten, alle Details hätten Sie nicht gewusst. Der Stadtrand steht im Schatten der Stadtmitte. Dies trifft auch für die Stadtgeschichte zu. Aber natürlich haben auch die Bezirke am Stadtrand ihre eigene Geschichte.

Straßgang abgebrannt!

Freitag 30. Mai 1856 gegen 4 Uhr nachmittags begann im Dorf Straßgang beim Hof vulgo Seni durch Unachtsamkeit ein Brand, der schwerwiegende Folgen hatte. Fast das ganze Dorf brannte ab. 14 Höfe und viele Wirtschaftsgebäude samt Vieh und Hausrat wurden ein Raub der Flammen. Da die Bauern auf dem Feld arbeiteten, kamen die ersten Löschversuche zu spät. Bis in die Abendstunden brannte der Ort. Die Mannschaft des 6. Artillerieregiments und die k. k. Gendarmerie eilten zu Hilfe. Die Rupertikirche, in der heute Aribonengasse genannten Straße gelegen, nahm schweren Schaden. Eine Glocke schmolz, eine stürzte herab, das Altarbild wurde durch einen Soldaten gerettet. Fast wäre der Schaden noch größer geworden. Hätte der Lehrer des Ortes die hölzerne Dachrinne des Stiegenwirtes am Fuß des Kirchberges, die schon brannte, nicht heruntergerissen, wären womöglich auch der Pfarrhof und die Kirche ein Raub der Flammen geworden. Prominente wie der Statthalter Graf Strasoldo kamen nach Straßgang und versprachen Hilfe. Spenden sammelten u. a. die beiden Grazer Tageszeitungen (Tagespost, Grazer Zeitung). Im Merangarten auf der Neutorbastei und im National-Bräuhaus (Münzgrabenstraße) fanden Gartenfeste zugunsten der Brandopfer statt. In der Folge wurde Straßgang wieder aufgebaut.

Die „Zukunftsgassen" im Süden (Schloss rechts oben) der Marktgemeinde Eggenberg (E. Engelhart, 1925).

Bis in die Mitte des vorigen Jahrhunderts erkannte man am einheitlichen Stil der Höfe die standardisierten Pläne des Wiederaufbaus.

1914–1938: Gemeinde Wetzelsdorf

Wer der Herr mit dem Rufnamen Wezil (1144 Wrcelsdorf, 1185 Wecilsdorf) war, wissen wir nicht. Möglicherweise gab er als Kolonistenführer der Siedlung Wetzelsdorf seinen Namen. Ab der Entstehung der Gemeinden als politisch definierte Verwaltungseinheit in der Mitte des 19. Jahrhunderts war Wetzelsdorf eine Katastralgemeinde der Gemeinde Eggenberg (1906 stolze Marktgemeinde). Während sich im Nordteil der Gemeinde Eggenberg mit den Ortschaften Eggenberg, Baierdorf, Algersdorf und Neualgersdorf große Betriebe (u. a. Brauerei, Ziegeleien) entwickelten, blieb im Südteil (Wetzelsdorf, Krottendorf, Einöd) der Anteil an Arbeitern und Betrieben bis nach 1900 gering. Einflussreiche Grundeigentümer, wieder der Landproduktenhändler und spätere Bürgermeister Posch, der Sanatoriumseigentümer Dr. v. Scarpatetti und die Gutsbesitzer- und Gastwirtedynastie Kriegl bemühten sich um die kommunalpolitische Trennung vom immer mehr industrialisierten Norden. Ihr Einfluss erreichte 1914 das, was politisch sonst allgemein nicht erwünscht war: die Teilung einer Gemeinde. Die Gemeinde Wetzelsdorf bestand nur 24 Jahre. 1938 wurde sie zusammen mit Eggenberg und Teilen der Bezirke Lend und Gries als „Graz-West" zu einem Teil von Groß-Graz gemacht. 1945 (de jure 1946) lebte der Traditionsname Wetzelsdorf als Verwaltungseinheit und XV. Stadtbezirk wieder auf. Was war nun die Argumentation, die 1914 Wetzelsdorf „selbstständig" gemacht hatte? Zumindest in der offiziellen Darstellung wollten die Wetzelsdorfer auf Landwirtschaft und Fremdenverkehr setzen. In diesem Sinne arbeitete der Wetzelsdorfer Verschönerungsverein und warb eine Ansichtskartenserie „Beliebte Sommerfrische". Dass die Entwicklung von Wetzelsdorf in eine andere Richtung ging, weiß jeder, der heute Wetzelsdorf kennt. 1900 gab es hier 960 Einwohner, 2008 waren es 15.000.

Marktgemeinde Eggenberg

Der Name Eggenberg weist auf das nun (2010) durch den Titel Weltkulturerbe geehrte und geschützte Schloss Eggenberg und seine fürstliche Familie hin. Das grundherrliche Schlossdorf der Eggenberger und dann der Herbersteiner wandelte sich Mitte des 19. Jahrhunderts in eine Gemeinde als Verwaltungseinheit und in der Folge zu einer durch Wirtschaft und insbesondere durch Industrie gekennzeichneten Marktgemeinde. Die Arbeitsplätze und Steuereinnahmen Eggenbergs brachten die Begehrlichkeit der Stadt Graz. So kam es 1891 zur ersten von etlichen Eingemeindungsdiskussionen. Anfangs wollte man nur einen schmalen Streifen im Osten Eggenbergs (Brauerei Reininghaus) nach Graz holen. Das hätte auch eine Verlegung der Mautgrenze (bis 1938) an der alten Poststraße notwendig gemacht. Die Diskussion wurde sehr emotional geführt. Grazer hatten Angst vor der Kriminalität in Eggenberg. Die Eggenberger fürchteten sich vor der Kriminalität in Graz. Befürworter und Gegner der Eingemeindung organisierten sich hier und dort. Eggenberg wehrte sich fast 50 Jahre gegen seinen Anschluss und wollte nicht ein Teil von „Groß-Graz" werden. Dem „Anschluss" ans Deutsche Reich Hitlers folgte im Oktober 1938 als Verordnung des Landeshauptmanns und

Kartentext als Ausdruck kommunalen Stolzes und Identifikation: Eggenberg, Rathauspark (um 1930).

Gauleiters die Stadterweiterung auf das Sechsfache. Ursprünglich hätte auch die Gemeinde Thal zu einem Teil von Graz gemacht werden sollen. Die Freude der Eggenberger zu Grazern geworden zu sein, war recht unterschiedlich groß. Trotzig wurde ein Teil der Gemeindeakten nicht an die Stadtverwaltung abgeliefert. Das Eggenberglied formuliert nicht umsonst „Eggenberger sama, Eggenberger blama". Bis vor Kurzem gab es noch die Haltestelle der Straßenbahn „Gemeindeamt" und einst den „Rathauspark". Wer genau hinhört, kann noch immer Eggenberger Identität feststellen, und das ist gut so.

Die Göstinger Au

Die Nordgrenze von Graz am rechten Murufer wurde bis 1938 durch den Kalvarienberg (alter Name: Austein) markiert. Jenseits davon befand sich die Göstinger Au, die nun weitgehend verbaut ist. Der Nordteil der Au gehörte zum einst großen Grundbesitz der Grafen von Attems. Der Auwald wurde zu einem großen Teil schon vor der Mitte des 19. Jahrhunderts gerodet. Dort entstand ein großer Exerzierplatz (siehe Exerzierplatzstraße). Es gab einen kleinen „Feldherrnhügel" zur Beobachtung und sogar vorsichtige und bescheidene Artillerieeinsätze. Schon im 19. Jahrhundert war die Au auch Schauplatz großer Feste. So nahmen hier Kaiser Franz I. und sein Bruder Erzherzog Johann 1821 an einer Veranstaltung teil. Kaiser Franz Josef inspizierte hier 1883 seine Truppen. Das in der Au folgende Volksfest hatte 40.000 Besucher. 1923 wurde in der Au das nicht sehr sinnvolle Projekt „Flugplatz Göstinger Au" geplant. Heute ist die ehemalige Au recht unterschiedlich verbaut. Hier und anderswo am Stadtrand lauert noch viel Lokalgeschichte. Aber darüber ein anderes Mal.

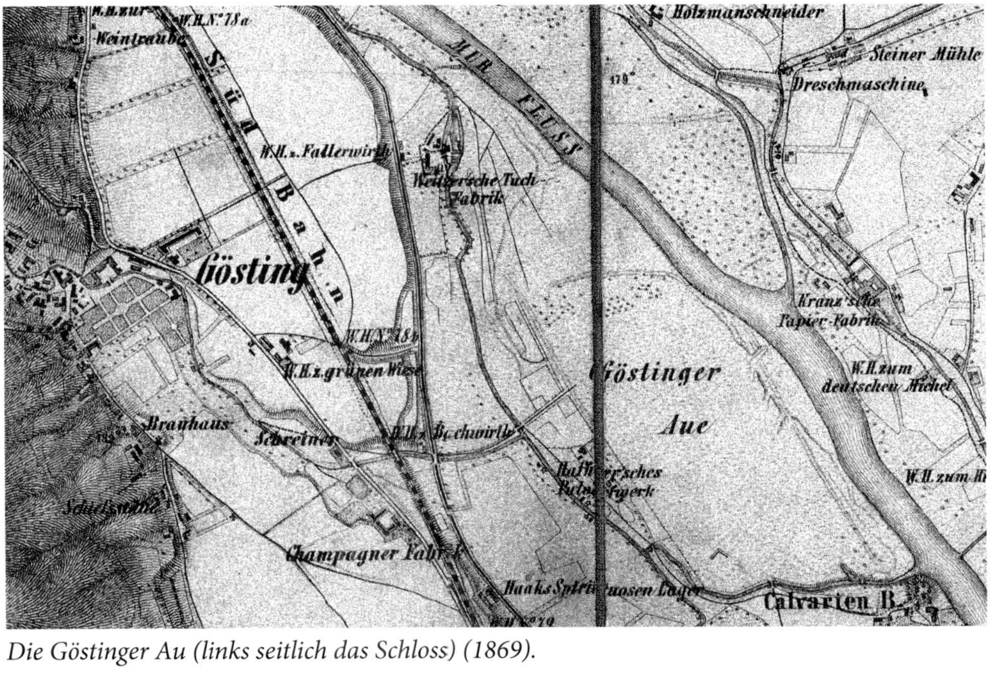

Die Göstinger Au (links seitlich das Schloss) (1869).

I Innere Stadt

Die Grazer Stadtgeschichte ist weitgehend mit der des heutigen I. Bezirks identisch. Die steirische Landesgeschichte deckt sich wiederum in weiten Bereichen mit der Geschichte von Graz. Doch wohnen in der Inneren Stadt heute nur mehr knapp 2% der Grazer. 1869 hatte die Stadtmitte noch über 16.000 Bewohner. Als 1928 das Jubiläum 800 Jahre Graz gefeiert wurde, war man sich des Alters der Stadt sicherer als heute. Zum ältesten Graz gehört sein Name, der mit dem slawischen Wort für Burg (grad) zusammenhängt. Der Schutz durch den Burgberg, die Straßenkreuzungen und der relativ sichere Flussübergang standen am Anfang der Siedlung. Mitte des 12. Jahrhunderts gab es für die Stadt, die zuerst nur zwei Tore hatte, die erste Ausbauphase. Das Zentrum verlagerte sich von der einst torlosen Sackstraße (Name!) auf den großen und damals neuen Hauptplatz, der zuvor schon verbaut gewesen war. Das Landplagenbild am Dom zeigt Altgraz und auch typische Belastungen des späten 15. Jahrhunderts: Pest, Heuschrecken und die Türkengefahr.

Bis zur Öffnung der Stadt (1782, 1784) wurde in jedem Jahrhundert die Stadt erweitert und die Verteidigungsanlagen wurden verbessert. Besonders während der großen Zeit der Stadt, als sie 1564 bis 1619 Hauptstadt und Residenz Innerösterreichs war, gewann Graz an jener urbanen Bausubstanz, die 1999 zur Ehrung als einen Teil des Welt(kultur)erbes geführt hat. Insgesamt ist der I. Bezirk mit dem Kunstnamen „Innere Stadt“ jedoch recht unterschiedlich in Baualter und Bauqualität.

Die Stadtmitte um 1840 mit Hervorhebung der öffentlichen Gebäude.

Die Belagerung des Schloßbergs durch die französische Armee (1809) führte letztlich zum Abbruch fast aller Bauten auf dem Schloßberg. Gründerzeit und Historismus prägten in der 2. Hälfte des 19. Jahrhunderts den Süd- und Westteil des I. Bezirks. Der politische Konsens und die Konjunktur gingen schon Ende jenes Jahrhunderts verloren. Der Verlust der Untersteiermark (1918), die wirtschaftlichen und politischen Krisen der Zwischenkriegszeit brachten der Stadtmitte spezielle Belastungen, die in der Herrschaft des Nationalsozialismus und in den Bomben des Weltkriegs ihre Fortsetzung fanden. Erst die Gegenwart brachte für Graz I annähernd die gewünschte Mischung von Ruhe und Betriebsamkeit. Aus dieser Sicht ist auch die Konkurrenz durch die übrigen Bezirke zu sehen. Sozial ist dieser Bezirk viel gemischter, als man hätte annehmen können.

Mit Burg, Landhaus und Rathaus sind die drei wichtigsten Zentren der politischen Macht der Steiermark hier vereinigt. Als Mittelpunkt von Verwaltung, Kultur und Dienstleistungseinrichtungen hat der I. Bezirk eine Servicefunktion für das ganze Bundesland. Die räumliche Überschneidung City und Altstadt bringt hier für Graz und besonders für die Innenstadtbewohner spezielle Belastungen, aber auch Chancen.

Unser Hauptplatz

Bei der Frage nach dem Mittelpunkt der Stadt erhält man vermutlich sehr häufig den Hauptplatz genannt. Und die Grazer hoffen, dass dieser Platz nicht nur viel Stadtgeschichte darstellt, sondern dass er auch eine für uns wichtige Zukunft besitzt. Diesem Ziel haben ja auch die Diskussion der letzten Jahre und seine Neugestaltung gedient. Die Funktionen Marktplatz und

Hauptplatz (Foto: Robert Hagen, 1937).

Veranstaltungsraum können nun parallel genutzt werden. Die neuen Marktstände fanden nicht nur Anklang.

Sieht man von einigen älteren Siedlungsansätzen im Raum Graz ab, stellt der trichterförmige Südteil der Sackstraße den ersten Teil einer städtischen Entwicklung dar. Die Grabungen 2001 und 2002 auf dem Hauptplatz ergaben Reste von Holz- und Steinhäusern ab dem 11. Jahrhundert. Dies brachte eine neue Darstellung der Hauptplatzgeschichte. Bisher hatte man den Platz als auch ursprünglich unverbaute Erweiterung der 1. Marktanlage gesehen. Auch die Darstellung, dass erst eine Grätzelverbauung den Platz im Süden verkleinert hätte, verlor an Wahrscheinlichkeit. Spuren von Überschwemmungen und Brandschäden bezeugten die Belastungen, denen die Grazer im Hochmittelalter ausgesetzt waren.

Im Anschluss an die durch neue Funde belegte Geschichte eines verbauten Hauptplatzes wurde nach der Mitte des 12. Jahrhunderts ein großer trapezförmiger Platz angelegt, die Urform unseres Hauptplatzes. Damit setzte der Landesfürst aus dem Hause der Traungauer jene Initiative, die zur Entwicklung einer Landeshauptstadt führte. Der Platz war das Zentrum eines bürgerlichen, Wirtschaft treibenden Graz. Dazu kam das einst sehr bescheidene Recht der Selbstverwaltung. Um 1550 gab es hier das erste Rathaus.

Seither sind Graz und der Bedarf an Rathausvolumen stark gewachsen. Das beweist nun der Häuserblock, der in der Gegenwart fast vollständig vom Rathaus eingenommen wird. Einige Grabendächer am Hauptplatz zeigen, dass hier ursprünglich jeweils zwei Häuser gestanden hatten. Denn die Hofstellen (Parzellen),

Die Schlachtbrücken des Kälbernen Viertels über die Mur (Nicolas M. Chapuy, 1845).

Der Burghof (Foto: Helff, 1928).

am wichtigsten und lange auch einzigen Platz der Stadt, waren schmal und tief, so konnten viele Hausbesitzer Anteil am Lagevorteil des Platzes haben. Ein anderes interessantes Detail, das für das Alter des Platzes spricht, ist die Staffelung der Häuserfronten. Die hohen, alten Dachböden, so besonders beim Steigereckhaus (Ecke Sporgasse/Sackstraße), dienten als Lagerräume. Der Platz selbst stellte durch Jahrhunderte auch den Marktplatz der Stadt dar. An den traditionellen Markttagen reichten die Verkaufsstände bis in die Herrengasse. An der Westseite des Platzes bildeten hölzerne Verschläge im Erdgeschoß im 18. und 19. Jahrhundert eine Erweiterung der Handelsflächen.

Der Erzherzog als Landesfürst

1878 erhielt der Platz durch das Brunnen-Denkmal für Erzherzog Johann einen Mittelpunkt. Dass hier der populäre, aber am Hof in Wien nicht unbedingt beliebte, Erzherzog ein Denkmal wie ein Landesfürst erhielt und überdies nicht in Uniform, sondern in höfischer Zivilkleidung gezeigt wurde, war eine Demonstration des politischen Geistes jener Zeit. Die vier kräftigen Damen (Enns, Mur, Drau, Sann) sollten die Landeseinheit darstellen, am Sockel des Denkmals sind Symbolfiguren für Eisenbahnbau, Wissenschaft, Bergbau und Landwirtschaft zu sehen.

Das frisch renovierte Haus Hauptplatz 3 (Weiß'sches Haus) stammt aus dem Jahr 1710 und bildete einst durch seine Besitzteilung eine rechtliche Besonderheit. Relativ jung ist das Haus Hauptplatz 14, das für den Wiener Bankverein 1920 fertiggestellt wurde. Wer weiß, dass dort am Portalschmuck ein Kamel zu sehen ist? Über das Rathaus, seit 1957 figurenlos, doch nun renoviert und neu mit vier Symbolfiguren geschmückt, wurde im BIG und wird daher auch hier gesondert berichtet (siehe vorne).

Hauptplatz quo vadis?
Erst 1972 setzte mit der Verkehrsberuhigung am Platz eine Entwicklung ein, die zur gegenwärtigen Nutzung führte. Unser Hauptplatz war und ist wohl auch die Bühne für Darbietungen verschiedenster Art, für Großveranstaltungen, Selbstdarstellungen und Demonstrationen. Hier auf dem Platz haben viele dramatische Ereignisse stattgefunden, welche die Geschichte der Stadt mitprägten. Neben allen Belanglosigkeiten ist eben der Hauptwachplatz, so der alte Name, die öffentliche Bühne im Herzen der Stadt.

Unsere „Oberstadt"

Im Schutz des Dolomitfelsens Schloßberg verlaufen die Schotterterrassen anders und besser erkennbar als im übrigen Graz. Während z. B. die Annenstraße sanft in Richtung Bahnhof ansteigt, gibt es bei der Sporgasse ein größeres Gefälle auf kürzere Distanz und zwei Abflachungszonen: die Terrasse seitlich beim Freiheitsplatz und die Höhe des Karmeliterplatzes. Was für den einen poetisch die Stadtkrone (Burg, Dom, Mausoleum) bedeutet, ist für andere, ein Stück westlich davon, nun die Oberstadt. Ist womöglich die jüngst gewählte Bezeichnung Oberstadt schon wieder unmodern? Wer kennt ihn nicht, den Aufstieg zum Sporberg? Rund 10 Höhenmeter sind es vom Hauptplatz bis zur Hofgasse, weitere 10 Meter bis zur Kreuzung Paulustorgasse/Karmeliterplatz. Soweit die Vorgaben der Natur. Wie sieht es jetzt mit der Kultur und der Geschichte aus?

An der Wiege des alten Graz
Dort, wo Sporgasse und Hofgasse zusammenkommen, gab es vermutlich schon in vorgeschichtlicher Zeit eine Straßenkreuzung. Zwei Straßen aus unterschiedlichen Teilen der Oststeiermark kamen hier zusammen. Von hier führten sie gemeinsam bergab. Die leicht geschwungene Form der unteren Sporgasse milderte etwas das Gefälle. Auch die mittelalterliche Ausrichtung der noch immer dort vorhandenen charakteristischen Hofstätten (= Bauparzellen) entspricht diesem Konzept. Interessante Funde in Schloßberghöhlen belegen, dass nahe der oben erwähnten Straßenkreuzung schon früh gesiedelt wurde. Was sich hier genau vollzog, wissen wir (noch) nicht. Hier könnte die in Graz noch kaum vorhandene Stadtarchäologie wichtige Funde machen. Die nahe Stiegenkirche wird erst 1341 urkundlich genannt. Aber was befand sich vorher dort?

Sporgasse und Paulustorviertel
Wenn wir die Grauzone der frühen Stadtgeschichte verlassen, finden wir eine Stadt am Fuße des Schloßbergs (um den Hauptplatz) und Bauten im Bereich der Sporgasse. Graz wuchs in der Folge auch in Richtung Osten, bezog ältere Siedlungskerne, wie um die heutige Burg, ein. Das Innere Paulustor (bis 1846), dort, wo die Ballhausgasse auf die Sporgasse stößt, schloss die Stadt nach Osten ab. Der Wachstumsschub in der innerösterreichischen Regierungszeit vergrößerte die Stadt. Ab 1578 entstand das Paulustorviertel, das auch frühgeschichtliche Fundstätten (siehe die Ausgrabungen beim neuen Landesarchiv) nun in das Stadtgebiet einbezog. Das

Panzersperre am Beginn der Sporgasse (Foto: Weissmann, 1945).

Äußere Paulustor (errichtet 1606–1614) schloss diese Stadtzone nach Osten ab. Es brauchte längere Zeit, bis dieser Stadtteil wirklich ein Teil des urbanen Graz wurde.

Architekturmuseum und Einkaufszone
40 Seiten lang zählt die Kunsttopographie der Inneren Stadt (W. Resch, Wien 1997) Bemerkenswertes aus der Sporgasse auf. Aber auch die Seitengassen wie die Hofgasse bieten dem Beobachter Besonderheiten. Als Schleuse zwischen dem von der Gründerzeit geprägten Teil des Bezirks Geidorf und der Inneren Stadt ist die Sporgasse die älteste Fußgängerzone von Graz. Die trotzdem dann und wann noch hier zu findenden Fahrzeuge erinnern an jene Zeit, als sich hier der städtische Verkehr durchquälte. Großbürgerliche Konsumenten machten die Sporgasse zu einer beliebten Einkaufszone. Die Pastete und der Sternwirt (zwischenzeitlich: Türkenloch) waren Beispiele für traditionelle Grazer Gaststätten. Lang ist die Liste der hier niedergelassenen alteingesessenen Firmen. Das Konditorei-Café Strehly und das Lebensmittelgeschäft Hornig an der Kreuzung Sporgasse/Hofgasse gehörten dazu. In den letzten Jahren sind die Modebranche und die Lokalszene hier stärker als zuvor vertreten. Die Wirtschaftstreibenden in diesem Bereich haben sich seit 1998 zu einer werbewirksamen Gemeinschaft zusammengeschlossen.
Mit dem Begriff Oberstadt für die obere Sporgasse zieht die Wirtschaft nun in die Zukunft. Im Jahr 2001 wurde an der Karl-Franzens-Universität eine Diplomarbeit verfasst, welche die Sporgasse zum Inhalt hatte (C. Korp).

II St. Leonhard

Ende des 19. Jahrhunderts wurde St. Leonhard vom Bezirk Jakomini getrennt. Der Name des II. Bezirks leitet sich vom Patron der St. Leonhardkirche ab. Eine der frühesten Siedlungen des Mittelalters im Raum Graz befand sich im Umfeld dieser Kirche. Den westlichsten Punkt des Bezirks bildet das Steirerhofgelände am Jakominiplatz, im Osten grenzt der Bezirk an den Stiftingbach. Der Verkehr führte von der Stadt Graz über die Leonhardstraße nach Osten, erst Mitte des 19. Jahrhunderts wurde sie von der damals neuen Elisabethstraße konkurrenziert. Ab dieser Zeit wandelte sich der Osten der Stadt von einer bescheidenen Vorstadt zu einem überwiegend bürgerlichen Wohnquartier. Bildungs- und Kultureinrichtungen prägen den Bezirk. Das Stadtschloss von Erzherzog Johann, das Palais Meran in der Leonhardstraße (1843), hatte wesentlich zur Nobilitierung dieser Vorstadt beigetragen. Nun befindet sich hier das Zentrum der Universität für Musik und darstellende Kunst. Charakteristisch für St. Leonhard ist die blockweise Verbauung, die oft begrünte Hofflächen umgrenzt. Die Mehrheit der Gebäude stammt aus dem späten 19. Jahrhundert und zeigt historistisch gestaltete Fassaden. In dieses Stadtbild passt die neogotische Herz-Jesu-Kirche (Georg Hauberriser d. J., 1881). Das Hauptgebäude der Technischen Hochschule (nun die Erzherzog-Johann-Universität) wurde 1888 durch Kaiser Franz Josef I. eröffnet. Unter der Kreuzung Mandellstraße-Sparbersbachgasse mündet der Kroisbach in den Leonhardbach, dieser wiederum mündet beim Augarten in die Mur. Vorbei sind

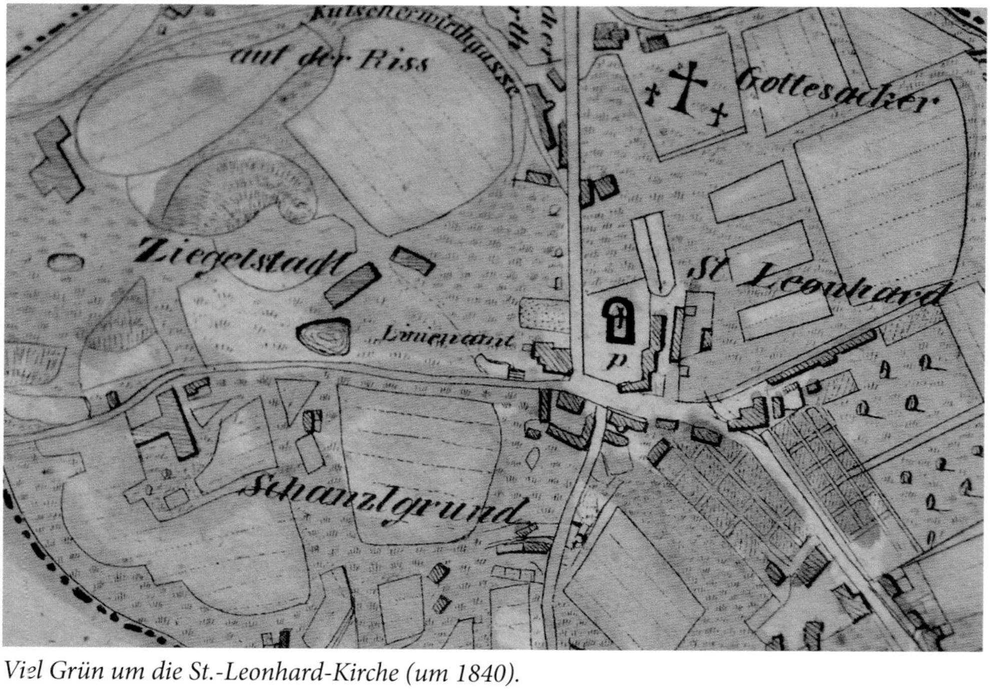

Viel Grün um die St.-Leonhard-Kirche (um 1840).

Der Kaiser-Josef-Platz (Foto: Langhans, um 1980).

die Zeiten, da die Bäche hier noch eine Bedrohung für den Bezirk darstellten. Zuletzt gab es 1913 in St. Leonhard eine Hochwasserkatastrophe.

Im Bezirk liegen die drei städtischen Friedhöfe am linken Murufer. Der Leonhardfriedhof, der 1817 vom Bereich um die Kirche an den gegenwärtigen Platz verlegt wurde, der 1807 geweihte St.-Peter-Stadtfriedhof und der Evangelische St.-Peter-Friedhof (1856). Hier können weit über 100 Jahre Stadtgeschichte dokumentiert werden. In der Folge des Toleranzpatents von 1781 entstand am Holzplatz (nun Kaiser-Josef-Platz) die evangelische Heilandskirche (1824). Erwähnenswert sind die zwei mit Schulen verbundenen katholischen Klöster des Bezirks: Das Sacre Coeur (Kloster der Ordensfrauen zum Heiligsten Herzen Jesu, gegr. 1846) und das Kloster der Ursulinen (hier seit 1900, in Graz seit 1686). Die 1842 in der Leohardstraße errichtete Kavalleriekaserne dokumentiert ein Stück Grazer Garnisonsgeschichte.

Mit fast 24.000 Bewohnern hatte der Bezirk 1947 seine höchste Dichte erreicht, seither fällt die Einwohnerzahl stetig.

St. Leonhard, ein System von Straßen, Häusern und Namen

Durch Jahrhunderte war das Bauen außerhalb der Stadtmauer doppelt riskant. Entweder zerstörten bei Angriffen Feinde die Bauten oder es waren sogar die Eigenen, die sicherheitshalber alles ruinierten, was dem Gegner als Unterstützung hätte dienen können. So war auch zweimal die Leechkirche in ihrer Existenz bedroht. Im noch höheren Maße war das Leben, Bauen und Wohnen in den meist recht bescheidenen Häusern der St. Leonhard-Vorstadt bedroht. Trotzdem war die alte Ausfahrtsstraße gegen Osten, die Leonhardstraße, ein relativ günstiger Wohnplatz. Älter als die Leonhardstraße und ihre Häuser war der Siedlungskern um die Kirche und Gaststätte in St. Leonhard. Einige Historiker vermuteten hier den Gutshof Guntarn als älteste Siedlung im mittelalterlichen Raum des späteren Graz. Auch der Platz um die nahe Leechkirche bis hin zur Heinrichstraße besitzt eine ältere Tradition als die Stadt. Im Spätmittelalter war es aber sicherlich die nahe und ummauerte Stadt Graz, welche hier die Entwicklung bestimmte. Da das Burgtor in seiner Geschichte meist aus Sicherheitsgründen geschlossen war, verließ man die Stadt durch das Eiserne Tor im Süden, fuhr oder ging in der Folge in Richtung Osten. So lässt sich auch der Name Gleisdorfergasse im Süden der Altstadt erklären. Der Weg führte nun über die heutige Leonhardstraße in Richtung Osten. Über die Höhe der Ries, beziehungsweise früher über das Ragnitztal, konnte man die Stadt verlassen. Denn die Stadtgrenze lag im Osten jenseits der Leonhard-Vorstadt. Dort wurde auch die Maut kassiert. Zuletzt geschah dies absurderweise noch 1938.

Das Planungskonzept der Gründerzeit

Das Netz der alten Straßen, die meist in Richtung Stadtrand führten, erhielt in der 2. Hälfte des 19. Jahrhunderts eine Ergänzung im Planungskonzept der Gründerzeit. Gerade Straßen trennten nun die neuen Häuserblöcke voneinander. Im Inneren der Häuserblöcke gab es relativ große Grünflächen. So boten die Wohnungen auf der einen Seite Kontakt zu geschäftigen Straßen mit historistisch geschmückten Hausfassaden, auf der anderen Seite ruhige Wohnlagen mit einem gesunden Anteil an Grün. Das Netz gerader Straßen um annähernd rechteckige Blockverbauung lässt sich recht gut im Bereich der Sparbersbachgasse erkennen. Die Elisabethstraße ist ein Schulbeispiel einer geraden Geometerstraße mit einem

Die Herz-Jesu-Kirche als Mittelpunkt ihres Viertels (1980).

Palais Meran (links) und Hotel zur Goldenen Birn (heute Parkhotel, rechts) (um 1910).

attraktiven Blickpunkt, in diesem Fall die Kirche von St. Leonhard. Zum Bildungskonzept des neuen Großbürgertums gehörten die Straßennamen, die kulturelle Werte, besonders der Deutschen Klassik, vermitteln sollten (z. B. Schiller, Lessing, Uhland). Der Weg, der einst als eine Kühtratte und Kuhgasse bezeichnet wurde, führte dann als Ruckerlberggasse zu den neuen Villen in Waltendorf. 1881 war auch dieser Name zu wenig vornehm und seither gibt es hier die Schumanngasse.

Die zweite Universität

Sieht man von einigen Repräsentationsbauten, wie das Palais Herberstein oder das Palais Meran, ab, so gab es im späteren Bezirk St. Leonhard bis zur Mitte des 19. Jahrhunderts eher einfache Bauten, die dem Vorstadtcharakter dieser Gegend entsprachen. Von dann an verdichtete sich, zuerst entlang der alten Leonhardstraße und der neuen Elisabethstraße, durch das dort siedelnde Bügertum die Baumasse im Stile der Zeit. St. Leonhard als Stadtteil erhielt jene sozialen und baulichen Merkmale, die es auch heute noch prägen. Zu den hervorstechenden Kennzeichen des Bezirks gehört auch noch heute die Technik. Gemeint ist hier das Zentrum der Technischen Universität, die Alte Technik, in der Rechbauerstraße 12.

Erzherzog-Johann-Universität

Am Beginn der Geschichte der Technischen Universität stehen die von Erzherzog Johann 1811 gegründete Lehranstalt und das Museum (Joanneum) in der Raubergasse. Die Verbindung musealer Sammlungen mit einem technisch-naturwissenschaftlichen Lehrbetrieb löste sich in der Folge immer mehr. 1864 entstand auf diese Weise die Technische Hochschule, die sich nach ihrer inhaltlichen Ausweitung 1874 zu einer staatlichen Hochschule wandelte. 1888 erfolgte die feierliche Inbetriebnahme des Neubaus in der Rechbauerstraße. 1935 war die Neue Technik in der Kopernikusgasse fertiggestellt. In den letzten Jahren wurden die

Nikola Tesla (1856–1973), ein genialer Erfinder (u. a. des Wechselstroms), studierte zwei Jahre an der Technischen Hochschule in Graz.

Neubauten auf den Inffeldgründen im Osten des Bezirks Jakomini zu einem neuen Schwerpunkt der Forschung und Ausbildung. Der organisatorische Mittelpunkt blieb aber in der Rechbauerstraße. Das nähere Umfeld ist hier durch die Technik geprägt. 1975 erfolgte mit dem Universitätsrang eine Aufwertung der Grazer Technik, die sich im folgenden Jahr den Namen Erzherzog-Johann-Universität (12.000 Studierende) gab.

Richard Zsigmondy, Luis Trenker und Hans List

Die Zahl der berühmten Absolventen ist beachtlich. Hier sei auf die beiden in der Folge auf recht unterschiedlichen Bühnen erfolgreichen Grazer Techniker Luis Trenker (Bergsteiger und Schauspieler, 1892–1990) und Hans List (Grazer Industriepionier der AVL, 1896–1969) hingewiesen. Otto Nußbaumer (1876–1930) schrieb 1904 an der Technischen Hochschule mit der ersten drahtlosen Tonübertragung Rundfunkgeschichte. Der weltberühmte Erfinder und Wechselstrompionier Nikola Tesla (1856–1943) studierte zwei Jahre in Graz. Ein prominenter Student und Lehrender ist zu unrecht in Graz fast vergessen. Es ist der Chemiker Richard Zsigmondy (1865 Wien – 1929 Göttingen). Er habilitierte sich 1892 an der Grazer Universität mit einem Thema (Kolloidforschung), das 1925 in Fortsetzung dieser Arbeit zur höchsten wissenschaftlichen Anerkennung führte: Zsigmondy erhielt 1926 den Nobelpreis für Chemie. Dass zwischen seiner fünfjährigen Tätigkeit in Graz und dem Nobelpreis viele Jahre liegen, kann nicht übersehen werden. Aber auch an der Karl-Franzens-Universität hat die Mehrheit ihrer erfreulich vielen Nobelpreisträger ähnliche Schönheitsfehler. Eine Zsigmondystraße sucht man vergeblich in Graz. Ob hier nur die Grundsätzlichen Richtlinien für Straßenbenennungen des Magistrats Graz (1989), Absatz 4 (Namen mit komplizierter Schreibweise kommen für eine Benennung nicht in Betracht) dies verhindert haben, kann nicht mit Sicherheit festgestellt werden. Vielleicht war bisher auch nur die Technik im Aufgreifen dieser Angelegenheit säumig.

Das Technikviertel von St. Leonhard

Für Tausende Absolventen der Grazer Technik, im In- und Ausland, war und ist das Gebäude im späthistoristischen Neorenaissancestil in der Rechbauerstraße ihre geistige Heimat. Tausende Studenten gehen hier in St. Leonhard ihrer Ausbildung nach. Die Alte Technik bildet als Zentrum der zweiten Grazer Universität einen wichtigen Teil der Identität der Bewohner dieses Stadtviertels. Aber auch die dritte Grazer Universität, jene für Musik und darstellende Kunst (2.000 Studierende), hat ihren Hauptstandort, das Palais Meran, im Bezirk St. Leonhard.

III Geidorf

Die Ausgabungen (1991–1994) unter der Leechkirche führen mit Funden aus dem ersten vorchristlichen Jahrtausend in eine sehr frühe Zeit der Besiedlung auf Grazer Boden. Die ältesten Funde gehören hier in die Ältere Urnenfeldkultur. Eine kontinuierliche Besiedlung des Grazer Raumes als eine Art Frühgraz über rund 3000 Jahre ist allerdings nicht nachweisbar.

Das historische Geidorf, eine Siedlung bei der Heinrichstraße oder um die Leechkirche, gab diesem Bezirk seinen Namen. Ähnlich wie St. Leonhard wandelte sich auch hier der stadtnahe Teil dieser alten Vorstadt gegen Ende des 19. Jahrhunderts zu einem bürgerlichen Wohnviertel. Gründerzeitliche Geometerstraßen, wie es die Elisabethstraße ist, aber auch alte Ausfahrtsstraßen, wie die Heinrichstraße (ehem. Geidorferstraße) und die Grabenstraße gaben hierfür die Voraussetzung. Auch der Standort der neuen Universität (Ausbau ab 1870) förderte diese Entwicklung. Für die Blöcke von Wohnhäusern sind die geschlossene Straßenfront und die Grünfläche im gemeinsamen Hof charakteristisch. Von diesem Schema unterschieden sind die Villen am Rosenberg, einer in Graz bevorzugten Hanglage. Anders wiederum stellen sich die jüngeren Siedlungen dar, die nahe dem Hilmteich beginnend in einem Bogen die ältere Baumasse umschließen und am Fuß des Rosenbergs und weiter in den ehemaligen Murauen bevorzugt ihren Standort haben. Der Bezirk besitzt den höchsten Akademikeranteil der Stadt. Die Wohnbevölkerung stieg von 1708 im Jahre 1804 auf 11.500 (1869) und weiter auf knapp 30.000 im Jahre 1949. Seither fällt diese Zahl wiederum.

Der alte Standort für Betriebe war der linksseitige Mühlgang. Weit bevor er 1977 stillgelegt wurde, verlagerten sich die Be-

Der Geidorfplatz (1909).

triebsstandorte meist an das rechte Murufer. Einige industriehistorisch interessante Gebäude blieben erhalten. Kaum mehr vorstellbar ist, dass in der Herdengasse die 1825 gegründete Zuckerraffinerie durch Jahre der wichtigste Industriebetrieb der Stadt war. Hier lief auch die erste Dampfmaschine der Steiermark.

1895 wurde zur damals Neuen Universität am westlichen Leechfeld der Schlussstein feierlich durch Kaiser Franz Josef I. gelegt. Seither wurde immer wieder das bauliche Angebot erweitert, zuletzt durch das ReSoWi-Zentrum 1996. Einen Höhepunkt wissenschaftlicher Qualität erlebte die Universität in der Zwischenkriegszeit, als hier mehrere Nobelpreisträger lehrten. 1926 wurden 1.855 Studenten gezählt. Nun sind es rund 27.000 und es entwickelte sich in jüngster Zeit ein von Studenten geprägter Teil Geidorfs. Das Landeskrankenhaus (1912) war der Bettenzahl nach jahrelang eines der größten Krankenhäuser Europas. Im LKH werden Krankenbehandlung, Ausbildung und Forschung miteinander verbunden. In den letzten Jahren wurden große Mittel in die Modernisierung und den Ausbau investiert. In mehreren Bauphasen entsteht nun im Stiftingtal der neue Campus der Medizinischen Universität.

Der Rosenberg

Jeder Grazer weiß, dass der Rosenberg nicht als Berg, sondern als attraktiver Hügel am Stadtrand Bedeutung hat. Die rund 140 m Höhenunterschied zwischen dem Hauptplatz (350 m) und der Höhenkuppe des Rosenbergs (Ferdinandshöhe 490 m, Reinerkogel 499 m) übertreffen die Höhe des Schloßbergs zwar um wenige Meter, aber von einem Gipfel kann hier wohl nicht gesprochen werden. Die von Humus, Sand und Lehm überdeckten Schotterflächen, die allmählich in das oststeirische Hügelland übergehen, haben

Blick von der Hilmwarte auf Graz (links die Schubertstraße) (1915).

Das Landeskrankenhaus und der Hilmteich (um 1910).

hier am Rosenberg eine erste Vertretung. Der Reinerkogel erinnert an das einst hier Besitz habende Stift Rein. Aus dem Jahre 1298 ist uns ein Kaufvertrag zwischen einem Grazer Bürger und dem Stift Rein über einen Weingarten am Rosenberg überliefert. Der Hauptteil des Rosenberg-Höhenzuges liegt im Bezirk Geidorf. Aber auch Mariatrost mit dem Mariagrüner-Wald und der Bezirk Andritz im Norden haben Anteil an diesem für seine Wohnqualität bekannten Vorstadtbereich. Mit dem Rosenberg Vergleichbares bietet in Graz nur die Gegend um den Ruckerlberg. Die Grundstückspreise der Gegenwart beweisen auf ökonomischer Ebene die Attraktion der Hügel östlich und nördlich der zentralen Stadtbereiche.

Das günstigere Klima, das sich an für das Wetter kritischen Tagen von innerstädtischen Bereichen unterscheidet, machte über Jahrhunderte eine Nutzung des Rosenbergs auch als Rebland möglich. Sonst waren in der Geschichte überwiegend Wälder, Gärten und Landsitze die Nutzungsformen auf dem Rosenberg. Minoriten und Jesuiten besaßen hier wohlüberlegt Gebäude und Erhohlungsraum.

Aussichtswarte, Tiergarten und Rundfunkstudio

Nur mehr Fotos erinnern an den bescheidenen Tiergarten der Zwischenkriegszeit am Rosenhain. Dass vor etlichen Jahrzehnten auf den verschneiten Wiesen des Rosenhains gerne Ski gefahren wurde und sich dort sogar eine kleine Skischanze befand, ist heute kaum mehr vorstellbar. 1940 erwarb der Reichsrundfunk das ehemalige Ferry-Schlössl nahe der Zusertalgasse als Studiogebäude. Über die Zeit der Sendergruppe Alpenland hinweg bis zum Studio Steiermark des Österreichischen Rundfunks im Jahre 1981 herrschte hier eine gedrängte, aber schaffensfrohe Atmosphäre. 1957 wurde am Reinerkogel die 1873 erbaute hölzerne Aussichtswarte abgetragen. Das Restaurant am Rosenhain, einst auch als Aussichtspunkt in Richtung Stadtmitte beliebt, brannte 1975 eines Nachts ab. Der Betrieb regeneriert sich nach rund 25 Jahren nun teilweise. Neben den letzten Beispielen ländlich-vorstädtischer Häuser und Villen aus der Gründerzeit stehen heute hier auch interessante Bauten der zeitgenössischen Architektur. Dieses Urteil trifft natürlich nicht auf alle Neubauten zu. Doch noch immer überwiegt vorstädtisches Grün. In den letzten Jahren sind ein Altersheim der Gemeinde Graz und das Sportzentrum der Karl-Franzens-Universität zugezogen. Durch ein geändertes Naherholungsverhalten ist zwar der Rosenberg in der Gegenwart weniger besucht, bleibt aber trotzdem ein für Graz ungemein wichtiger Naturraum.

Universitätsbezirk Geidorf

Ob Student oder Akademiker oder keines von beiden: Der Bezirk Geidorf wird für seine Bewohner besonders durch die Universität geprägt. Das trifft in erster Linie für jenen Teil von Geidorf zu, der zwischen der Elisabethstraße und der Heinrichstraße liegt. Fragt man, was das Besondere im III. Bezirk ist, erhält man meist die Antwort: „die Universität" (lateinisch: Alma Mater Carolo-Francisca Graecensis). Dass das Landeskrankenhaus, der Hilmteich, der Rosenberg und der Südteil des Reinerkogels ebenfalls in (oder im) Geidorf liegen, scheint nicht so hervorhebenswert. Es gib natürlich auch ein Geidorf vor und ohne Universität. Zuerst ist hier eine namensgebende Siedlung

Blick vom Schloßberg auf die Grabenstraße und die Grabenkirche (Leopold Kuwasseg, colorierter Ausschnitt des Graz-Streifenpanoramas, um 1827).

Familientreffen „Herzl" bei Stangls Kreuzwirt am Rosenberg (1923).

des Mittelalters zu erwähnen. Dann gab es lange eine recht bescheidene Geidorf- und Graben-Vorstadt und schließlich einen III. Bezirk.

Von der Altstadt in die Geidorf-Vorstadt

Die 1585 von Karl II. von Innerösterreich gegründete Jesuiten-Universität und die 1827 von Kaiser Franz I. wieder begründete nun weltlich geleitete Universität hatte ihren Sitz im Stadtzentrum, an der Ecke Hofgasse-Bürgergasse. Die beiden hier genannten Herrscher aus dem Hause Habsburg wurden zu den Namensgebern der heutigen Karl-Franzens-Universität Graz (siehe www.kfunigraz.ac.at). Am Ende des 19. Jahrhunderts konnte, besonders wegen des Ausbaus der Naturwissenschaften und eines stärkeren Zuzugs von Studenten, die alte Universität den Ansprüchen nicht mehr genügen (1885: 1.196 Studenten). Ein Neubauprojekt im Stadtpark vor dem Paulustor fand im Jahr 1870 keine Realisierung. Etliche Jahre später wurde einigen Getreidefelder im westlichen Leechfeld die Ehre zuteil, Grundfläche der neuen Universität zu werden. Dem damals üblichen Prinzip von fachlich separierten Neubauten (siehe Landeskrankenhaus) folgend, entstand nun binnen weniger Jahre ein Campus mit Fakultäts- und Fachrichtungsbauten. Der Schlussstein des Hauptgebäudes wurde 1895 von Kaiser Franz Josef I. gelegt. Nordöstlich der Universität entstand in der Folge der Botanische Garten in der Schubertstraße.

Der größte Grazer „Betrieb"

Die sonst nicht sehr positiv zu bewertende Ersten Republik brachte der Universität Höhepunkte wissenschaftlichen Erfolges. Auch wenn in einigen Fällen der zeitliche Zusammenhang zwischen Nobelpreis und Lehrtätigkeit in Graz weit gespannt ist, lehrten damals fünf Nobelpreisträger an der Grazer Universität (Pregl, Wagner-Jauregg, Schrödinger, Loewi, Hess). Die dann folgende Reichsuniversität entledigte sich eines Teils ihrer geistigen Elite.

1945 bis 1950 lehrte mit Karl v. Frisch der bislang letzte Nobelpreisträger in Graz. Der steigenden Studentenzahl konnte weder das zahlenmäßige Wachstum der Lehrenden noch das räumliche Angebot folgen. Das Vorklinikum (1977) und das ReSoWi-Zentrum für die Rechtswissenschaftliche Fakultät und jene der Sozial- und Wirtschaftswissenschaften (1996) auf dem ehemaligen Sportplatzgelände sowie die Neubauten an der Heinrichstraße brachten allerdings eine Entlastung. Im Studienjahr 2009/2010 hatte die Universität rund 27.000 Studierende (60% Frauen) in 100 Studienrichtungen und 3.500 wissenschaftliche und nichtwissenschaftliche Beschäftigte bei einem Ausländeranteil von 10%. Die Trennung von der Medizinischen Fakultät (4.000 Studierende, Gründung 2004) und deren schrittweise Verlagerung zum LKH brachten veränderte Strukturen.

Campus und Offenheit

Die Universität prägte bald ihrer Umgebung den akademischen Stempel auf. Allerdings brauchte es die moderne Massenuniversität und die Studien- und Konsumgewohnheiten der Gegenwart, bis ein typisches Universitätsviertel entstand. Außenstehenden, und mögen sie auch in der Nähe wohnen, erscheinen der universitäre Lehr- und Forschungsbetrieb und seine nicht immer leicht erkennbaren Abläufe oft schwer durchschaubar. Die Universität ist und bleibt, allen anders lautenden Versuchen zum Trotz, eine Stadt in der Stadt. Dieser Grundtendenz widersprechen die vielen Veranstaltungen, besonders Vorträge, die auch für Nichtstudenten und Nichtakademiker offen stehen. Dazu gehört auch die Möglichkeit von Buchentlehnungen in der Universitätsbibliothek. Dieses Angebot gilt natürlich auch für die Anrainer aus dem Bezirk Geidorf.

Gemüsegarten der Studierenden zur Zeit der Versorgungskrise um 1920 (ehemaliger Sportplatz, nun ReSoWi-Gebäude, im Hintergrund links die Universitätsbibliothek).

Ostfront des Lendplatzes (1910).

IV Lend

Die Murvorstadt, das ältere Graz zwischen Lendplatz, Südtirolerplatz und Griesplatz, war durch Jahrhunderte die vorstädtische Ergänzung zum städtischen Zentrum am linken Murufer. Ohne Stadtmauer hatte das Graz am rechten Murufer charakteristische Chancen, aber auch viele Risiken. Besonders ab dem 17. Jahrhundert, als die Nord-Süd-Verkehrslinie nun näher der Stadtmitte über die Wienerstraße, den Lendplatz, den Murplatz (1928: Südtirolerplatz) über den Griesplatz führte, gewann das andere Graz an Bedeutung. Der rechtsseitige Mühlgang gab gewerblichen Betrieben gute Standortbedingungen. Der Lend war und ist ein Bezirk von Zuwanderern. Von 1870 bis 1910 hatte sich hier die Einwohnerzahl verdoppelt (15.000 auf 30.000). Damals entstand der Ruf vom Lend als Arbeiterbezirk. Wohnstätten und Arbeitsplätze waren hier gedrängt und vermischt.

Der Bahnhof (ab 1844) und die neue Annenstraße als Hauptverkehrslinie dorthin werteten den Bezirk auf. Die Keplerstraße wurde erst 1875 in voller Länge geöffnet. Ende des 19. Jahrhunderts entstand westlich der Eisenbahn ein bedeutendes Kasernenviertel. Beiderseits der Bahn hatte die eisenverarbeitende Industrie gute Standortbedingungen. Gerade diese Einrichtungen bescherten dem Bezirk im Zweiten Weltkrieg schwere Bombenschäden. Das Projekt Marienstadt sah 1947 zwischen der Mur, der Babenbergerstraße, der Keplerstraße und der Gürtelstraße eine fast völlige Neubebauung vor.

Den Mittelpunkt des Bezirks bildet der Lendplatz, dem 1995 eine Geschichtswerkstätte, eine Ausstellung im Stadtmuseum und eine Veröffentlichung gewidmet waren. Seit dem 18. Jahrhundert belebte ein Markt den Platz, einst war er besonders auf Kraut und Holzkohle spezialisiert. An einer Hauptverkehrslinie gelegen waren Gaststätten und Herbergen eine weitere wichtige Nutzung des Lendplatzes. Auch als der überregionale Verkehr (Wien–Graz–Triest) schon längst verlagert war, blieb der Platz als Endstation für die Buslinien aus der Weststeiermark voll Leben. Hier kreuzten der 2er (bis 1962) und der 3er (bis 1957), zwei für Graz wichtige Tramlinien. Der einst häufig besuchte Kalvarienberg im äußersten Norden des Bezirks, ein Wallfahrtszentrum besonders des 17. und 18. Jahrhunderts, liegt heute fern des Verkehrs. Vom Kalvariengürtel, eine Anlage aus den 80er-Jahren des 19. Jahrhunderts kann dies nicht gesagt werden. Inseln der Ruhe bildeten im Bezirk die drei großen Klöster (Minoriten 1611, Barmherzige Schwestern 1858 und Lazaristen 1863). Der Volksgarten (1875, 1882) war als Ausgleich zum Stadtpark, am ehemaligen Glacis östlich der Altstadt gelegen, gedacht. Das Kabaretttheater Orpheum (1899) ein Trostpreis der Stadtverwaltung, als links der Mur die Oper gebaut wurde.

Der rechtsseitige Mühlgang

Der rechtsseitige Mühlgang durchquert offen oder überdeckt den Bezirk von Norden nach Süden. Er wird in der Enge von Gösting von der Mur abgeleitet und mündet nach einigen Verzweigungen viele Kilometer südlich der Stadt wieder in den Fluß. Am linken Murufer sind beide Mühlgänge schon längst stillgelegt, in der ehemaligen Murvorstadt ist dieses Naturdenkmal, das eigentlich ein Ergebnis der Wirtschaftsgeschichte ist, weiter aktiv. Dann und wann wird in Gösting die Schleuse geschlossen und das Bett ist für Räumungen und Reparaturen frei. Bei der

Eines der kühlen Mühlgangbäder am rechtsseitigen Mühlgang: Mädchenbad Wienerstraße (um 1910).

Hochhausbau in der Keplerstraße nahe des Lendplatzes (1963).

Exerzierplatzstraße in Gösting mündet der Thaler Bach in den Mühlgang. Eine erste Abzweigung (Aubach) fließt nördlich des Kalvarienbergs in die Mur, eine zweite (Schleifbach, Erlenbach) findet nach fast einem Kilometer eigenem Verlauf wieder in den Fluss. Die Ableitung vom Schleifbach, die bei der Ökonomiegasse, also südlich des Lendplatzes, in die Mur mündete, wurde schon in den 70er-Jahren des 19. Jahrhunderts trockengelegt. Wenn auch teilweise alte Bachläufe und Flussverwilderungen die Grundlage des historischen Mühlganges waren, das heutige Bett ist durchaus ein Werk des Menschen. Trotzdem und gerade in Zusammenhang mit dem Symbolwert des Wassers, aber auch seinen Nutzungsmöglichkeiten ist der Mühlgang ein charakteristisches Naturdenkmal und gehört nun einmal zur Murvorstadt und zum Bezirk Lend.

8. Juni 1827: der Lendplatz unter Wasser

Bis Ende des 19. Jahrhunderts, kurz bevor das Murbett in Graz gesichert und verbaut wurde, lagen große Teile des Lends im Gefahrenbereich von Überschwemmungen. Da half auch der Mühlgang als Entlastungsgewässer nichts. Bevor sich die Mur in ihrem neuen, nun gesicherten, Bett eingrub, lag der Lendplatz 6 m über dem Normalwasser der Mur. Damals hatte der Platz übrigens ein Gefälle von 90 cm. Andere Teile der Murvorstadt lagen nur 4 m über dem Fluss. Die Hochwassermarke am Hotel Mariahilf (Mariahilferstraße 9) und am Haus Schrödingergasse 30 zeigen den höchsten Wasserstand im Katastrophenjahr 1827. Damals wurden große Teile der Murvorstadt zerstört. 1938 reichte die Hochwasser führende Mur noch so hoch im Flussbett, dass sie auf die Brücken spritzte. Heute im neuerlich vertieften Bett wäre dies nicht mehr möglich.

Nützlich bis heute

Der Mühlgang hatte und hat auch noch heute verschiedene Funktionen. Mit ihm kann das Wasser der Mur reguliert werden, auch gab und gibt es dort Fische. Das Wasser diente der Wirtschaft und den Haushalten. Das Löschwasser vor der Türe erwies sich öfters als nützlich. Wie weit der Mühlgang noch heute der Entwässerung, Entsorgung und als Abenteuerspielplatz dient, kann nur vermutet werden. Kleingärten bekommen jedenfalls noch Wasser aus diesem Wasserlauf. Früher war der Wasserlauf gleichzeitig der Energiebringer für die lokale Wirtschaft. Vor Ausbau des Lendkais gab es mit Adressen in der Neubaugasse zahlreiche Wäscherinnen an der Mur, etliche aber auch am Mühlgang. Die Namen recht kalter Schwimm- und Wannenbäder am und im Mühlgang finden sich in alten Adressbüchern. Die beiden Bäder auf der Höhe der Fröbelschule waren noch nach dem Zweiten Weltkrieg in Betrieb. Im Bereich des Volksgartens wurde der Mühlgang zu einem Teil der Parkgestaltung. Hier wechselte das Wasser etliche Male seinen Lauf, zuletzt im Jahr 2000. Das traditionelle Ältere Mühlconsortium ist weiterhin die Organisation gewerblicher Nutzung. Hier ist zu erwähnen das Kraftwerk der Firma Franz und jenes der Firma Brolli (ehemalige Farbenfabrik Reininghaus), beide im Bezirk Gösting, und zwei Kleinkraftwerke des Jüngeren Bäckerconsortiums (ehemalige Marienmühle) und die Verwendung von Nutzwasser in der AVL.

Karl Morre und sein Denkmal im Volksgarten

Dem einst sehr populären Autor von Volksstücken, Karl Morre, wurde 1907 im Volksgarten ein Denkmal gesetzt. Lange war dieses Monument das einzige Denkmal am rechten Murufer, das nicht religiösen Inhalt hatte. Wer war nun Karl Morre? Was verbindet ihn mit dem Bezirk Lend?

Der steirische Anzengruber

Carl oder Karl Morre (unterschiedliche Schreibweisen sind zu finden) wurde 1832 in Klagenfurt geboren. Sein erstes Theaterstück, eine Posse mit dem Titel Der Statthalter von Hochanger, schrieb er als 28-Jähriger. In einer stilisierten Mundart schrieb er Singspiele, Schwänke und Possen. Seine Werke waren einerseits auf einen Unterhaltungswert ausgerichtet, andererseits aber auch von programmatischen Inhalten geprägt. Unter dem Einfluss von Anzengruber verfasste er ab den späten 70er-Jahren des 19. Jahrhunderts Volksstücke, so 1878 Familie Schneck und 1884 sein erfolgreichstes Werk s'Nullerl. Seine späteren Stücke (Die Frau Rätin, Der Glückselige, Ein Regimentsarzt) fanden nicht mehr so eine Anerkennung wie sein s'Nullerl. Seine Spätwerke A Räuscherl, Vom Suppenessen, Fürs Bucklkraxentragen weisen wieder in Richtung Posse. Der Germanist Hellmuth Himmel bescheinigte in seinem Beitrag zur Landesausstellung Literatur (1976) Karl Morre, zu den sozialen Schriftstellern zu gehören und auf die Probleme seiner Zeit ausgerichtet gewesen zu sein. So weist sein s'Nullerl auf die schlechte Lage des ländlichen Proletariats hin, und in seiner Veröffentlichung Die Arbeiterpartei und der Bauernstand fordert er eine Altersversorgung für ländliche Dienstboten und Kleinbauern. Der in jenen Jahren aktuelle und aggressiv geführte Nationalitätenstreit findet in seiner Posse Drei Drittel (1882) einen literarischen Niederschlag. Was einst zu seinem

Karl-Morre-Denkmal im Volksgarten (1907).

Erfolg wesentlich beigetragen hatte, wurde ihm später negativ ausgelegt: Morre war sowohl literarisch als auch politisch zu sehr dem Zeitgeist des späten 19. Jahrhunderts verschrieben.

Populärer Volksschriftsteller und Politiker
Morre war ein durchaus politischer Mensch. Als Abgeordneter der Deutschnationalen Partei arbeitete er für seine Ideen im Reichsrat und im Landtag des Herzogtums Steiermark. 1897 starb er in Graz und wurde auf dem Zentralfriedhof bestattet. Seine Bekanntheit und Beliebtheit war um 1900 sehr groß, ganz im Unterschied zu heute. In einem Grazführer dieser Zeit wird unter dem Stichwort Zentralfriedhof nur auf ihn als den Prominentesten hingewiesen. So wurde ihm auch im Volksgarten 1907 ein Denkmal errichtet. Eine Lotterie trug zur Finanzierung bei. Das Denkmal (Bildhauer: Hans Brandstätter) ist in Richtung Stadt zur Volksgartenstraße gerichtet. Es zeigt auf einem Granitpfeiler mit Sockel eine Bronzebüste von Morre. Zwei Figuren aus seinem s'Nullerl (links: Nullahnerl, rechts: Gabi) winden eine Edelweiß-Efeu-Girlande um das Standbild des Dichters. Das Schmiedeeisengitter ist mit Eichenlaub geschmückt. Die kleine Schnecke weist nicht auf sein Bühnenstück Familie Schneck hin, sondern auf seinen davon abgeleiteten Schlaraffennamen.

Morre wohnte im Bezirk Lend
Morre arbeitete in der Finanzlandesdirektion als Beamter. In Graz wohnte er an verschiedenen Plätzen, so in der Klosterwiesgasse 38 und im Haus Rechbauerstraße 35. Seine letzten Jahre verbrachte er im Haus Annenstraße 52, wo er auch starb. Eine Tafel erinnert dort an Morre. Das Haus wurde 1852 von Carl Aichinger, einem anerkannten Baumeister und Architekten, gebaut und besitzt seit einem Bombenschaden eine stark vereinfachte Fassade. Morre war also zumindest in seinen letzten Jahren ein Bewohner des Bezirks Lend. Die Gemeinde Eggenberg widmete ihm um 1900 eine Straße (von der Georgigasse führt sie fast bis zur Wetzelsdorfer Straße). Dort befinden sich auch die nach ihm benannten Schulen (Volksschule, Hauptschule, Neue Mittelschule). Auch in Bruck, Klagenfurt, Knittelfeld, Krieglach, Mürzzuschlag, Leibnitz (auch ein Morre-Park mit Morre-Denkmal) und Weiz gibt es eine Karl-Morre-Gasse.

V Gries

Als Gries wird feiner Schotter bezeichnet. Hier sind die Ablagerungen durch die Mur gemeint. 1396 wurde diese Bezeichnung erstmals verwendet. Von wenigen früheren Siedlungsspuren abgesehen, wurde am rechten Murufer erst im 15. Jahrhundert gesiedelt. Älter ist die Bürgerspitalsstiftung, deren Besitz hier lange Zeit dominierte. Ab dem 14. Jahrhundert hatte mit der Andräkirche die Murvorstadt auch eine eigene Pfarre. Der Steinfeldfriedhof (1787), westlich des alten Graz, wurde zur neueren Begräbnisstätte dieser Pfarre. Die Murvorstadt (Lend und Gries) blieb außerhalb der Stadtmauern. Auch als im 17. Jahrhundert die Verkehrslinie über die Griesgasse, den linsenförmigen Griesplatz und die Karlauerstraße ihren gegenwärtigen Verlauf nahm und Träger des Nord-Südverkehrs wurde – der Gries blieb Vorstadt. Daran änderten auch die Schlösser im Stadtteil Gries, so der Prankerhof und die Karlau, nichts. Was als Lustschloss Erzherzog Karls II. von Innerösterreich begann, wurde 1769 in ein Arbeitshaus umfunktioniert. Daraus entwickelte sich wiederum die Justizanstalt Graz-Karlau.
Im Bezirk gab es lange Zeit hindurch Kasernen. Begonnen hatte es um 1700 mit Soldatenhäusern. Es folgten im ehemaligen Dominikanerkloster nahe der Andräkirche die Alte Dominikanerkaserne (1808) und kurz später die Neue Dominikanerkaserne. Hier waren Teile des Grazer Hausregiments IR 27 und des 2. Bosnisch-Herzegowinischen IR in Garnison. Zu erwähnen ist noch die große Lazarettfeldkaserne. Noch steht beim Rösselmühlpark die Artilleriereithalle, allerdings dient sie nun als Busgarage. Auch die Don-Bosco-Kirche hat als Munitionsdepot eine militärische Wurzel.

Hotel Elefant (Murplatz, seit 1928 Südtirolerplatz) (1905).

Der Griesplatz (1910).

Gries war und ist ein Bezirk für Zuwanderer. Arbeitskräfte aus fast der ganzen Monarchie kamen hierher. Ab 1867 ließen sich Juden bevorzugt hier nieder. Sie blieben aber auch hier im Bezirk eine Minderheit (1910: 2,3%), ihre 1938 gebrandschatzte Synagoge aus dem Jahr 1892 war ein Symbol der letztlich gescheiterten Integration. Auch das Schlagwort von dem Windischen Viertel wies um die Jahrhundertwende auf die Bevölkerungsmischung im Bezirk hin.

Der größte Friedhof der Stadt entstand im Süden des Gries. Der kommunale Zentralfriedhof wurde 1894 von der Stadtpfarre übernommen. Auf dem Gelände befinden sich auch der Urnenhain, das Internationale Mahnmal für die Opfer des Nationalsozialismus, Gedenkstätten für Soldaten und Bombenopfer, eine Abteilung für Altkatholiken und jüngst auch eine islamische.

Große Betriebe prägten einst die südliche Murvorstadt. Erwähnt sei das Werk Graz der Simmering-Graz-Pauker (zuvor Weitzer, nun Siemens), die Köstenbaummühle als Puchbetrieb und das jüngere Puchwerk im Süden vom Gries, die Brauerei Schreiner und die Hutfabrik Pichler. Arbeiterwohnungen und Betriebe bedingten einander. Auch die Nähe der Eisenbahn wirkte sich hier aus. Dies waren aber auch die Ursachen der schweren Bombenschäden im Zweiten Weltkrieg.

Mit über 37.600 hatte der V. Bezirk 1949 den Höchststand an Bewohnern. 1988 musste der Bezirk Gries den südlichen Teil an den damals neu entstanden Bezirk Puntigam abtreten. Entwicklungskonzepte, neue Betriebe, das Fachhochschulzentrum (Fachhochschule Joanneum, 1995) auf dem ehemaligen Simmering-Graz-Pauker-Gelände westlich der Eisenbahnstrecke und die beiden Nobelhotels am

Der Gasthof „5 Lerchen", Griesplatz 6 (um 1930).

Grieskai weisen in die Zukunft des Bezirks. Der 1984 in Wien veröffentlichte Band Lend-Gries der Kunsttopographie Graz (Hg. F. Bouvier) bietet viele Informationen zur Geschichte der beiden Bezirke.

Der Griesplatz

Seitenarme der Mur beeinflussten den Verlauf der stadtnahen alten Hauptstraßen. Um 1600 entstand der Griesplatz als eine Erweiterung der Straße von jener nun wichtig gewordenen Verkehrslinie, die nahe der Stadt vom Lendplatz über den Murplatz (1928: Südtirolerplatz) nach Süden führte. Der für Vorstädte typische Straßenmarkt diente als lokales Zentrum, den Markttagen und als Station auf der Fernstraße, die besonders ab dem 18. Jahrhundert Wien über Graz mit Marburg und Triest verband. Hier wurde einst Vieh gehandelt, aber auch Holzkohle, Kraut und Heu. Ende des 17. Jahrhunderts waren schon beide Seiten des Griesplatzes von Vorstadthäusern besetzt. Die meisten Bewohner des Platzes waren damals dem Bürgerspital untertänige Keuschler und kleine Gewerbetreibende. In jener Zeit war auch vom „Unteren Lend" als Bezeichnung des Platzes zu lesen. Die Pestsäule (Ecce-Homo-Säule, 1680) und die Welsche Kirche (1725) sind heute noch Erinnerungen an die ältere Zeit des Platzes. Die Welsche Kirche der italienischen Bruderschaft weist auch darauf hin, dass der Gries immer schon Wohnsitz von Zuwanderern war.

Der Griesplatz wächst mit der Stadt

Die Konjunktur am Griesplatz änderte sich mit dem Bedeutungsanstieg der Eisenbahn, also ab Mitte des 19. Jahrhunderts. Die Zahl der Fuhrwerke, Gasthöfe, Lagerhäuser und Stallungen nahm ab. Als Ersatz nahmen die Rolle der Murvorstadt als Standort von Betrieben und die hier

Gemüseanbau am östlichen Lazarettfeld (heute Gelände des City-Parks), links das Oeversee-Gymnasium (Viktor Mytteis, 1923).

ansässige Einwohnerschaft zu. Zuwanderer aus der Steiermark, aber auch aus anderen Kronländern wohnten um den Griesplatz und hatten hier das Zentrum ihres Alltags. Einige der Häuser zeigten nun auch äußerlich den wirtschaftlichen Erfolg und gleichzeitig den Zeitgeist. Als Beispiel sei das späthistoristisch gestaltete Zinshaus Griesplatz 9 erwähnt (1898). Die Kasernen des Griesviertels brachten zusätzlich zumindest kurzfristig Bewohner und damit auch Konsumenten ins bunte Bild des Bezirks. Ab der Zeit zwischen den beiden Weltkriegen gab es trotz aller zeittypischer Probleme eine neue Form der Betrieblichkeit am Platz. Tausende kamen auf dem Weg zu ihrem Grazer Arbeitsplatz täglich auf dem Griesplatz an. Die Linienbusse, die Pendler und damit auch Konsumenten hierher brachten, gaben dem Platz Betriebsamkeit. Gaststätten und günstige Einkaufsmöglichkeiten erhöhten die lokale Attraktion.

Der Vorstadtplatz als Schicksalsbühne

Die beiden Weltkriege, besonders die Bomben der Jahre 1944 und 1945, unterbrachen eine kontinuierliche Entwicklung. Neubauten, Aufstockungen, aber auch der mitunter überraschend schnelle Wechsel von Geschäften prägten den Platz in den letzten Jahrzehnten. Die Straßenbahnlinien, die ab den Jahren 1898 und 1900 den Platz zusätzlich belebten, gibt es seit 1957 beziehungsweise 1971 nicht mehr. Fotos vom O-Bus, der in seinen letzten zehn Betriebsjahren (1957–1967) bis zum Griesplatz führte, sind heute schon Sammelobjekte. Auf dem Fernwegweiser der 50er- und 60er-Jahre des 20. Jahrhunderts standen als Beweis der Verkehrsbedeutung des Griesplatzes: Spielfeld, Klagenfurt, Bruck und Budapest. Hier trafen sich die Bundesstraßen 65, 67 und 70. Das Leben am Griesplatz hatte damals und hat auch heute seine besondere Note.

Nun ist es der innerstädtische Individualverkehr, der die Platznutzung prägt. Neue Minderheiten sind in den letzten Jahren im Umfeld des Griesplatzes zugezogen. Aktivbürger, Kommunalpolitiker, Geschäftsleute und Stadtplaner mühen sich, dem Platz ein neues Gesicht zu geben und gleichzeitig seine Funktion als Mittelpunkt im Bezirk zu erhalten. Die Kommunalpolitiker, Stadtplanung und auch eine Interessengemeinschaft Gries (neu ab 1995) arbeiten für Bezirk und Platz.

Die Totenstadt: der Zentralfriedhof

Im Süden des Bezirks Gries liegt der mit Abstand größte Friedhof von Graz, der Zentralfriedhof. Der viertjüngste der fünfzehn Begräbnisplätze (inklusive Urnenfriedhof und Interkonfessionellem Gräberfeld) der Stadt hat eine Größe von fast 25 ha und soll rund 30.000 Grabstätten umfassen.

Der Wiener Zentralfriedhof (angelegt 1874) war das Vorbild eines gemeindeeigenen Großfriedhofes. Dieses Konzept entsprach dem kommunalen Anspruch des späten 19. Jahrhunderts. Auch das Konzept, im deutschliberalen Geist des Kulturkampfes die traditionellen Pfarrfriedhöfe (St. Leonhard, St. Peter, Steinfeld) zu verdrängen, hatte hier Bedeutung. 1881 erwarb die Gemeinde Graz nahe des Plachlhofes unverbautes Gelände an der Triester Straße. Das Konzept und die Detailplanung stammte vom Architekten Karl Lauzil (1842 Wien – 1902 Graz), Direktor der Staatsgewerbeschule in Graz. Ihm ist seit 1949 jene Straße gewidmet, die auf geradem Weg zum Zentralfriedhof führt. Die Mehrzahl der Bauten auf dem Friedhof entstand zwischen 1886 und 1892, die Kirche (Zum gekreuzigten Heiland) wurde erst 1898 fertiggestellt. Das Konzept umfasste auch ein Verwaltungsgebäude, ein Personalwohnhaus, die

Der Zentralfriedhof (Luftbild 1990).

Einsegnungshalle, die Aufbahrungshalle, eine Infektionsleichenhalle, die Gärtnerei und Arkadengrüfte. Jene Grüfte wurden nur zu einem geringen Teil realisiert und infolge ihrer mangelhaften Erhaltung sind sie eines der Probleme des Friedhofes.

Am Beginn stand ein Konflikt

Das Konzept eines nicht pfarrgebundenen kommunalen Großfriedhofes scheiterte am Widerstand der katholischen Kirche. Beide Seiten (Stadtgemeinde und Kirche) ließen es nicht an scharfer Argumentation mangeln. Die Geistlichkeit wollte auf dem neuen Friedhof keine Einsegnungen vornehmen und bedrohte ihre erklärten Gegner mit Verdammnis. Die vom Zeitgeist geprägte deutschliberale Bürgerschaft argumentierte extrem kirchenfeindlich, sprach vom Leichengift auf den Pfarrfriedhöfen, die sie schließen wollte, und stellte z. B. katholische Geistliche auf einem Bild als welsche Seeungeheuer dar. Trotzdem legte man auf den Segen der Kirche bei Begräbnissen sichtlich wert. Jedenfalls wurde der neue Zentralfriedhof durch mehrere Jahre nicht in Betrieb genommen. Erst als 1894 der Friedhof an die katholische Stadtpfarre verkauft wurde, kam es nach einer Beruhigungsphase von weiteren zwei Jahren am 1. 2. 1896 hier zum ersten Begräbnis. Der überreligiöse Charakter des Zentralfriedhof-Konzeptes blieb allerdings erhalten. So wurde am Rand der Anlage den Altkatholiken, die sich in Graz 1899 organisierten, ein eigenes Gräberfeld zugebilligt.

Das Problem des Denkmalschutzes

Der Zentralfriedhof ist trotz seiner humanitären Aufgabe und seiner geistlichen Führung von der Einrichtung her auch ein Wirtschaftsbetrieb. Das führt zu den gefürchteten gelben Klebezetteln, die bei Nichtzahlung oder Verwahrlosung des Grabes den Verfall der Rechte und den Abbruch der Grabbauten androhen. So sehr dies einerseits nachvollziehbar ist, emotionalisiert diese Maßnahme andererseits, zudem stellt sie auch unter dem Aspekt des Denkmalschutzes ein Problem dar. Eine Ausstellung des Bundesdenkmalamtes und eine Veröffentlichung (Karin Derler, Ingrid Urbanek: Planung für die Unendlichkeit, Graz 2002) dokumentierten den Zentralfriedhof.

Vielheit und Unterschied

Einige Grabfelder sind Kindern und Urnen gewidmet. Die Opfer des Jahres 1934, der beiden Weltkriege (Soldaten und Bombenopfer) haben eigene Grabanlagen. Auch die Rote Armee besitzt hier eine eigene Gedenkstätte. Das internationale Mahnmal (1966) erinnert mit einem Obelisken („Hütet Freiheit und Frieden, denn wir starben für sie“) und einem Bogen mit rund 2.500 Namen an die Opfer des Nationalsozialismus. Seit wenigen Jahren befinden sich im Westen des Friedhofes auch Gräber von Muslimen und Kopten. Groß ist die Zahl von Gräbern mit kunsthistorisch bedeutenden Plastiken, groß ist auch die Zahl Prominenter, die hier ihre letzte Ruhe fanden. So befinden sich hier z. B. die Gräber von Jochen Rindt und Rudolf Carl. Auf dem Zentralfriedhof mischen sich Denkmäler großbügerlichen Aussehens mit solchen, die einem Dorffriedhof ähnlich sehen. Die Erinnerungskultur des Begräbniskultes zeigt Beispiele des Erinnerns und des Vergessens.

VI Jakomini

Caspar Andreas von Jacomini begründete an der Wende vom 18. zum 19. Jahrhundert eine bald nach ihm benannte Vorstadt südlich der Altstadt. Zuvor gab es hier kaum erwähnenswerte Bauten, sieht man vom Kloster in der Münzgrabenstraße und von der bürgerlichen Schießstätte (siehe Schießstattgasse) ab. Auch ein nicht ganz geklärtes Kroatendörfl hatte sich im 17. Jahrhundert südlich der Altstadt befunden. 1849 kam es im Rahmen der Neuordnung der politischen Verwaltung im Schlossweiler Harmsdorf zu einer Abstimmung, ob man weiterhin zu Graz gehören wollte. Alle 49 Grundbesitzer stimmten für Graz. Dies war übrigens die einzige Befragung, die über die Zugehörigkeit zu Graz jemals stattfand.

Die alte Ausfahrtsstraße nach Südosten war die Münzgrabenstraße. 1673 wurde hier, weit außerhalb der Stadt, der Grundstein für ein Kloster der Unbeschuhten Augustiner gelegt. Der dritte Prior war hier der berühmte Prediger Abraham a Santa Clara. 1807 übernahmen die Dominikaner das Kloster, die es bald an die Jesuiten weitergaben. Diese mussten 1848 der Revolution weichen und 1857 kehrten die Dominikaner zurück. Die kriegszerstörte Kirche ist nun nicht mehr der hl. Anna, sondern als Neubau dem Unbefleckten Herzen Mariä geweiht und wird oft als Fatimakirche bezeichnet.

Die neue Ausfahrtsstraße nach Süden ist, besonders seit der Fertigstellung der Autobahn (Graz–Gleisdorf 1969), die Conrad-von-Hötzendorf-Straße. Conrad ist hier übrigens der Familienname und nicht der Vorname des Feldmarschalls aus dem Ersten Weltkrieg. Die Straße ist

Das Städtische Gaswerk mit Kohlenlager am Schönaugürtel (um 1930).

Caspar Andreas von Jacomini (1725–1805).

eine typische geradlinige Geometerstraße aus der Mitte des 19. Jahrhunderts und wurde bis 1935 (Äußere) Jakoministraße genannt. An dieser Straße entstand 1873 der Bahnhof der königlichen ungarischen Westbahn, den wir nun als Ostbahnhof bezeichnen. Mit dem Hauptgebäude und dem ehemaligen Lokomotivenheizhaus (zuletzt war es eine Busgarage) stellte der Bahnhof eine eisenbahnhistorische Kostbarkeit dar. Das Hauptgebäude des Ostbahnhofes blieb dank initiativer Bürger erhalten. Die Grazer Messe hat ihr Aussehen seit der Gründung an diesem Ort (1880) mehrfach verändert. Dazu hat nicht nur die Konjunktur der Messe, sondern haben auch die Bomben beigetragen. Östlich der ehemaligen Industriehalle lag eine Radrennbahn und in Richtung Moserhofschlössl (dann war es das Messeschlössl) die Grazer Trabrennbahn. Erst in den Nachkriegsjahren wurde dieses Gelände in den Messebetrieb einbezogen. Für Fans des SK Sturm: Beim ersten Spiel auf dem Traditionsplatz (1921) siegten die Grazer über den SAK 14:0. Nach Plänen aus dem Jahr 1942 hätte das Messegelände samt Umfeld einem riesigen Gauzentrum weichen sollen.

Bei der Zählung 1934 erreichte der Bezirk mit 32.700 Bewohnern seine Höchstzahl. Während der Norden von Jakomini an die gründerzeitlichen Baumuster der Inneren Stadt anschließt, prägen neuere Siedlungen und Einfamilienhäuser den Süden. Größere Teile des Bezirks werden durch die Technische Universität (Bauten ab 1928) und das Betriebsgelände der Stadtwerke (Holding Graz) geprägt.

Wer war Caspar Andreas von Jacomini?

Vermutlich weiß fast jeder Bezirksbewohner, dass Jakomini irgendwer war und dass er Taufpate des VI. Bezirks ist. Aber wer war er nun wirklich? Als 1991 das Stadtmuseum Graz in der Industriehalle die überaus erfolgreiche „Bezirksausstellung Jakomini“ organisierte, erschien auch eine Broschüre zum Thema der Ausstellung. Dieses 112 Seiten starke Heft ist schon längst vergriffen, daher soll hier nun aus dem Beitrag über C. A. v. Jacomini, verfasst von Gernot Fournier, berichtet werden.

Jacomini oder Jakomini?

Caspar Andreas Jacomini (eine andere Schreibweise ist Kaspar Andreas Edler von Jakomini) wurde im Oktober 1726 in St. Daniel am Karst, einst in der Grafschaft Görz gelegen, heute das slowenische Stanjel, geboren. Sein Vater war dort als Steuereinnehmer beschäftigt. Er, in der

Brunnen im Augarten (um 1910).

einschlägigen Literatur als „rechtschaffen" und „von edler Denkungsart" gelobt, unterrichtete selbst seinen Sohn. Der junge Caspar besuchte aber auch die örtliche Schule und die Lateinschule. Danach gehörte er kurz der Miliz von Fiume an und hatte dort als Siebzehnjähriger schon den Rang eines Leutnants. Nach dem Tod des Vaters übernahm er dessen Posten als k.k. Steuereinnehmer. 1748 heiratete der als fleißiger Beamter beschriebene Caspar Jacomini. Sein Interesse war stark auf die Wirtschaft, insbesondere auf den Fernhandel, gerichtet. Seine Geschäfte scheinen zwar riskant, doch erfolgreich gewesen zu sein. So erwarb er jenes Vermögen, das ihm wiederum umfangreichere wirtschaftliche Unternehmungen ermöglichte.

Vom Postmeister zum Unternehmer

1757 heiratete der zum Witwer gewordene Vater von sechs Kindern ein zweites Mal. Zwanzig Jahre bekleidete er den Posten eines Postmeisters im untersteirischen Cilli. Diese Position gab ihm mehr Aufgaben und Chancen, als dies heute zu vermuten wäre. Seiner Initiative oder zumindest seinem Einfluss verdankten die lokale Wirtschaft und insbesondere der Handel viel. Sein Einsatz wurde 1766 mit der Erhebung in den erblichen Adelsstand belohnt. Zur öffentlichen Anerkennung gesellte sich weiter der wirtschaftliche Erfolg. Caspar Andreas Edler von Jacomini erwarb mehrere Grundherrschaften (Reifenstein, Anderburg, Reichenegg) und erreichte auch die von ihm angestrebte Aufnahme in die steirische Landsmannschaft. Sein Erfolg brachte ihm nicht nur Anerkennung, so wird er in einer Urkunde als „Windischer" beschimpft. In den 1780er-Jahren verkaufte Jacomini seine untersteirischen Besitzungen, zog um 1780 nach Graz und erwarb Grundstücke vor dem Eisernen Tor. Diese stammten teilweise vom Besitz des damals aufgelassenen Klarissenklosters (daher der Name „Klosterwiesgasse"). Auf dem von ihm erworbenen Platz südlich der Stadt ließ er eine neue Vorstadt erbauen. Seine Herrschaft „Neuhof" gewann an Umfang. Der Herrschaftsmittelpunkt, der Neuhof, war jenes mächtige Gebäude, das den Jakominiplatz auf seiner Südseite dominiert. Hier war die Station für die Postkutschen. Auch in Graz hatte Jacomini nicht nur Freunde und musste sich in einem Inserat gegen Verleumdungen wehren. 1791 übergab er seine Herrschaft an einen seiner Söhne und starb 1805 in Graz.

Vom Josephplatz zum Jakominiplatz

Der nach Jacomini benannte Platz trug anfangs den Namen Josephplatz (siehe

De-la-Porta-Plan, 1788, Steiermärkisches Landesarchiv). Bald wurde daraus, in Würdigung der Bedeutung des C. A. v. Jacomini, der Jakominiplatz, es folgten die Jakoministraße, die einst unter diesem Namen bis Liebenau führte, der Bezirksname und die Bezeichnung Jakominigürtel. Nach den Verwaltungsreformen des 19. Jahrhunderts umfasste der II. Bezirk unter dem gemeinsamen Namen Jakomini sowohl den heutigen VI. Bezirk als auch den gegenwärtigen Bezirk St. Leonhard. 1899 erfolgte die Teilung nach den heutigen Bezirksgrenzen. In den Jahren 1938 bis 1945 gab es übrigens keinen Bezirk Jakomini, denn dieser war auf die Bezirke Graz-Mitte und Graz-Südost aufgeteilt. So ist der uns bekannte VI. Bezirk gerade erst 95 Jahre alt. Die Familie Jacomini/Jakomini ist auch in der Gegenwart noch in Graz vertreten.

Neues aus Alt-Jakomini

Nur Harmsdorf freiwillig bei Graz?

Die Steuergemeinde Harmsdorf, heute der südlichste Teil des Bezirks Jakomi-

St. Anna Kirche in der Münzgrabenstraße.

Das Moserhofschlößl in einer romantischen Ansicht des 19. Jh.

ni, bildete bei der Neudefinition der Gemeindegrenzen eine eigene Einheit. Und dies, obwohl die kleine landwirtschaftliche Siedlung mit dem Schloss Harmsdorf sich nach der Burgfriedbeschreibung von 1364 innerhalb der Grenzen der Stadt Graz befand. Eine Abstimmung sollte entscheiden, ob Harmsdorf nun auch eine politische Gemeinde im Sinne der Reformen, die dem Revolutionsjahr 1848 folgten, werden sollte. Alle 49 Haus- und Grundbesitzer stimmten für den Verbleib bei Graz. Alle anderen Grazer, auch jene, die 1938 nach Graz eingemeindet wurden, hatten keine Chance, dies in einer Abstimmung zu entscheiden. Die Sonderstellung Harmsdorfs blieb noch einige Zeit erhalten. So nennt das Grazer Adressbuch 1867 noch die Gemeinde Harmsdorf, die es in Wirklichkeit nicht gab. Das zweigeschoßige eher bescheidene Barockschloss Harmsdorf, der Namensgeber dieses Stadtteils, fiel Ende 1944 den Bomben zum Opfer. So blieb nur mehr die Bezeichnung Harmsdorfgasse übrig.

Radfahren in Jakomini

In einer Werkstätte im Bezirk Gries war der talentierte, aber auch schwierige Benedikt Albl (1847–1916) noch der Chef des Johann Puch gewesen. Dann trennten sich die Wege. Im neuen Werksgelände Ecke Schönaugasse-Steyrergasse erzeugte Albl Fahrräder der Marke Meteor und motorbetriebene Dreiradfahrräder der Marke Graziosa, hier wurden auch einfach konstruierte Autos gebaut. Albls Betrieb übersiedelte in den Bezirk Lend, die Fahrradproduktion der Marke Meteor wurde von Carl Franz übernommen. Dieser verlegte den Betrieb dann nach Gösting und erzeugte in der Folge elektrischen Strom. Die Firma Cless & Plessing in der Grassergasse 36 (heute Raiffeisenstraße) produzierte ebenfalls Fahrräder. Es waren dies die Noricum-Räder. Um die Wende vom 19. zum 20. Jahrhundert wurden die kettenlosen Räder stark beworben. Ein System von Kurbelachsen und Kegelrädern ermöglichte diese Sonderform des Fahrradantriebs. Das schützte zwar vor dem Verlust der Kette und schonte lange Damenröcke, bewährte sich aber nicht. 1903 bis 1906 bauten Cless & Plessing auch leichte Motorräder. In Jakomini gab es auch Fahrradschulen. So betrieb Albl unter der Adresse Schlögelgasse 27 eine einst modische Ausbildungsstätte für Radfahrer. Aber auch auf dem Gelände des Coliseums (Friedrichgasse) gab es eine Schule für Bicyclefahrer. Radfahren konnte man auch auf dem Trabrennplatz, heute Ostteil des Messegeländes, lernen. Daneben, gegenüber der Industriehalle, existierten um 1900 zwei Rennbahnen für Fahrräder.

Einst bekannt war ab 1888 die Radfahrschule im 2010 abgebrochenen Castellhof (Adolf-Kolping-Gasse 12–14). Schließlich wohnte im Bezirk (Klosterwiesgasse 48) auch Franz Smutny, der als Leutnant der Reserve den radhistorisch berühmten Grazer Kurs für militärisches Radfahren organsierte.

Paradestraße und Gauzentrum

Das 1000-jährige III. Reich, das für Österreich nur sieben lange Jahre dauerte, hatte große Pläne für die Umgestaltung des Bezirks Jakomini. Der Architekt Fritz Haas plante 1938 das Gauzentrum noch im Bereich des Jakominiplatzes. In Jakomini sollte es um die Achse der Conrad-von-Hötzendorf-Straße ein Gau-Sportfeld, einen KdF-Freizeitpark und ein Aufmarschgelände geben. Der Architekt Peter Koller verlegte in seiner Planung die Straßenachse auf eine rund 50 m verbreiterte Klosterwiesgasse. Auch plante er ein riesiges Gauzentrum im Messegelände. Westlich davon war ein Stadion geplant. Östlich des Gauzentrums sollte zwischen Münzgrabenstraße und Petersgasse das Gelände verbauungsfrei gemacht werden. Nichts davon wurde realisiert. Die der Planung ab März 1944 folgenden Bomben veränderten allerdings auch den Bezirk Jakomini wesentlich.

Bombenschäden in der Conrad-von-Hötzendorf-Straße (Foto: Weissmann, 1944).

VII Liebenau

Der Bezirk Liebenau besteht aus mehreren kommunalpolitischen Einheiten, die erst seit 1942 in diesem Umfang zusammengehören und erst seit 1946 diesen Namen tragen. Der Stadt Graz am nächsten lag bis zur Eingemeindung im Jahre 1938 Liebenau, südlich davon (ab der Leo-Scheu-Gasse) befand sich die eher bäuerliche Gemeinde Engelsdorf, von der 1930 der murnahe und nichtbäuerliche Teil als Gemeinde Murfeld selbstständig wurde. Zuletzt wurde 1942 der Nordteil der Gemeinde Thondorf nach Graz eingemeindet. Damit sollte der neue Rüstungsbetrieb in Graz seinen Standort haben. Zusätzlich muss beachtet werden, dass bis zur Bildung von Groß-Graz (1938) zwischen der Stadt und ihrem Umland eine Mautgrenze lag, die Graz wenig förderte und die Bewohner der Stadtrandgemeinden behinderte.

Nun wieder zum Fahrzeugbau in Thondorf. Im Werk der Steyr-Daimler-Puch AG entstanden nach Bombenzerstörung und Wiederaufbau Fahrräder, Roller, Motorräder und Autos recht unterschiedlicher Art. Der Betrieb, der das wirtschaftliche Zentrum des Bezirks ohne kommunales Zentrum darstellt, ist nun ein Teil der Magna-Steyr AG und Mittelpunkt des Autoclusters Steiermark. Das benachbarte Chrysler-Werk (1991) gehört zum Magna-Konzern. Von der Konjunktur des Werks Thondorf hängen viele Familien in Liebenau ökonomisch ab. Besonders die Werkssiedlungen und die vielen Eigen-

Von Harmsdorf nach Liebenau (1869).

Die 1882 gegründete Freiwillige Feuerwehr Liebenau um 1900.

bauheime im Murfeld zeugen davon. Das Liebenauer Stadion (1951) wurde 1997 zum Arnold-Scharzenegger-Stadion ausgebaut und wird seit 2007 als UPC-Arena (United Pan-European Communications Arena) bezeichnet. Andere Attraktionen im Bezirk sind das Eisstadion (1963) und seit 2007 das Einkaufszentrum Murpark, das auch über die nun verlängerte Straßenbahnlinie 4 erreicht werden kann. Ein anderes Bild des Bezirks geben die Berufsgärtner und die Verkehrsbelastung der Hauptstraße.

Der Name Vatersdorf wurde 1164 erstmals urkundlich erwähnt, im 15. Jahrhundert wechselte der Ort seinen Namen. Seither steht die Bezeichnung Liebenau in Verwendung. Der Mittelpunkt des alten Liebenau war das Schloss, dessen Besitzerfamilie mehrfach wechselte. Dieses Schloss erwarb 1852 die Militärverwaltung und gestaltete die Gebäude zu einer Kadettenschule um. Das steigerte die Bedeutung der Gemeinde und 1856 sowie 1883 besuchte Kaiser Franz Josef I. diese Militärschule. Parallel zur politischen Entwicklung wechselte die Internatsschule in der Folge häufig ihren Titel und ihre Organisationsform. Heute befindet sich im weitläufigen Gelände die Höhere Internatsschule des Bundes Graz-Liebenau.

Puch 650 TR.

Steyr-Daimler-Puch Werk Thondorf (1990), nun Magna-Steyr.

1900 hätte der VII. Bezirk mit heutigen Grenzen knapp 1.800 Einwohner gehabt. 1934 waren es fast 4.100.

1982 fand die Geschichte Liebenaus in einer Ausstellung des Stadtmuseums ihre Darstellung. Damals erschien auch eine Broschüre zu diesem Thema (Dienes, Kubinzky). Gerold Lang verfasste 1963 eine Orts- und Schulgeschichte von Liebenau.

Die Gemeinden Engelsdorf und Murfeld

Die große Eingemeindungswelle vergrößerte Graz im Herbst 1938 auf das Sechsfache seiner bisherigen Fläche. 1942 wurde zusätzlich der Nordteil der Gemeinde Thondorf zu einem Teil von Graz gemacht. Damit wurde der damals bedeutende Rüstungsbetrieb (Steyr-Daimler-Puch) in die Stadt eingebracht. Was heute zum Bezirk Liebenau gezählt wird, gehörte während der Herrschaft des Nationalsozialismus zum Bezirk Graz-Südost, der auch St. Peter und den Südteil von Jakomini umfasste. Der Bezirk Liebenau mit dem heutigen Namen und den aktuellen Grenzen entstand erst nach einem Gemeinderatsbeschluss des Jahres 1946. So wurde die eigene kommunale Vergangenheit der von 1850 bis 1938 bestehenden Gemeinde Liebenau als Bezirksnamen im Bewusstsein der Bewohner des VII. Stadtbezirks lebendig erhalten. Das ist jedoch nur ein Teil der Geschichte in diesem Grazer Bezirk. Die bis 1938 selbstständigen Gemeinden Engelsdorf und Murfeld kamen nicht zur Ehre eines eigenen Bezirksnamens und gelten nun als ein Teil von Liebenau. Weitgehend unbekannt besteht der VII. Bezirk aus den Katastralgemeinden Murfeld, Liebenau, Engelsdorf, Neudorf und Thondorf. Auch die kleinste

Murfeldsiedlung um 1935, Ortsgemeinde Murfeld 1930–1938.

dieser KG (Murfeld) besitzt noch fast die Größe des I. Bezirks Innere Stadt. Nur 39% der Fläche des Bezirks Liebenau sind mit der ehemaligen Gemeinde dieses Namens identisch.

Das zweimal geteilte Thondorf

Die überwiegend bäuerliche Gemeinde Thondorf besaß nicht allzu viele Bewohner, die Ortschaften Neudorf und Thondorf sind jedoch hervorzuheben. Als um 1930 die Arbeitersiedlung Murfeld ihre kommunale Selbstständigkeit erreichen wollte, führte dies zu einer Krise für Thondorf und Engelsfeld. 1930 wurde der Nordteil der Gemeinde Thondorf aufgeteilt. Trotz eines, allerdings nicht sehr nachhaltigen, Protests der Betroffenen trennte die neue Gemeindegrenze Neudorf ab. Der Westen von Neudorf wurde der neuen Gemeinde Murfeld zugeschlagen, der Osten gehörte nun auf acht Jahre zur Gemeinde Engelsdorf. 1942 erfolgte eine zweite Teilung auf Kosten des verbliebenen Thondorf. Der Nordteil fiel an Graz, der Südteil an Gössendorf. Damit hatte nach 92 Jahren die Gemeinde Thondorf als Einheit der politischen Verwaltung zu bestehen aufgehört.

Engelau, Murland oder Murfeld?

Kurz vor 1930 errichteten einige Arbeiterfamilien auf den der Mur nahen Wiesen, die zuvor der Brauerei Puntigam gehört hatten, ihre eher bescheidenen Eigenheime. Damit verloren die beiden bäuerlich dominierten Gemeinden Engelsdorf und Thondorf ihr Interesse an diesem Gebiet in den Murauen. Dies mag auch damit in Zusammenhang gestanden sein, dass in jener wirtschaftlich sehr angespannten Zeit Angst bestand, für die neuen Ge-

K. u. k. Infanterie-Kadettenschule Liebenau.

meindebewohner Unterstützung zahlen zu müssen. Die neuen Siedler wiederum versuchten, zu kommunaler Eigenständigkeit zu kommen. So wurde aus Teilen der Gemeinde Engelsdorf und Thondorf durch Beschluss des Landtages 1930 die neue Gemeinde Murfeld gebildet. Zuvor hatte noch die Landesverwaltung ungeduldig den gewünschten Namen Murfeld in Diskussion gestellt. Der Name Engelau (siehe Engelsdorf) wurde in Erwägung gezogen und auch die Namen Schotterau, Murland und Zwischenwasser erwähnt. Die neue Gemeinde war trotz ihrer 1934 schon fast 500 Bewohner fast mittellos. Wenige Jahre später wurden die Einwohner von Murfeld zur Arbeitskraftreserve des neuen Werkes Thondorf (1942). Dies reichte allerdings bei Weitem nicht aus. Das Werk benötigte zusätzlich Zwangsarbeiter und Umsiedler.

Die Liebenauer Kadetten

Liebenau stellt sich in der Gegenwart besonders als Bezirk des Werkes Thondorf der Magna-Steyr AG dar. In der Geschichte der Gemeinde Liebenau (1850 bis 1938) war es aber die Kadettenschule, die das Besondere darstellte. Viele der Umgebungsgemeinden von Graz, die 1938 der Stadt eingegliedert wurden, besaßen eine Einrichtung, die sie von ihren Nachbarn abhob. In Fölling (ab 1930 Maria Trost) stand eine bedeutende Wallfahrtskirche. In Andritz befand sich die Maschinenfabrik, Eggenberg konnte mit dem Schloss der Grafen Herberstein (ab 1716) auf sich aufmerksam machen. St. Peter war das Zentrum eines großen Pfarrsprengels, der einst auch Liebenau und seine ländlichen Nachbargemeinden umfasste. Liebenau konnte dem seine besondere Schule entgegenhalten. Schließlich besuchte Kaiser Franz Josef I. nicht zufällig die kleine Vorstadtgemeinde zweimal (1856 und 1883).

Disziplin und Patriotismus

1852 erwarb die Militärverwaltung das heruntergekommene Schloss Liebenau und ließ hier eine Artillerieschule im Stile des Wiener Arsenals errichten. Mit vereinfachter Fassade wurde dieses Gebäude das Zentrum der heutigen Internatsschule. Ab 1854 wurden hier Vierzehnjährige in einer vierjährigen Ausbildung zu fachlich und menschlich qualifizierten Unteroffizieren und Offizierskandidaten ausgebildet. Die Kadetten, auch Zöglinge oder Zöger genannt, und das Lehrpersonal entsprachen der multinationalen Zusammensetzung der Habsburgermonarchie. 1875 wurde aus der Artillerieschule eine Infanteriekadettenschule. Diese Einrichtung blieb bis 1918 erhalten. Zur Militärschule gehörten ein Exerzierplatz, eine Schwimmschule und eine Schießstätte. Im Ersten Weltkrieg wurde in der Schule ein Lazarett eingerichtet, auf dem Exerzierfeld entstanden Baracken.

Zwölf Namen in 29 Jahren

Der Historiograf von Liebenau, Gerold Lang (Geschichte von Liebenau, Graz 1963), wies darauf hin, dass die Schule von 1918 bis 1947 zwölfmal ihren Namen wechselte. Er schrieb dazu: „Die Anstalt litt mit Österreich!" Aus dieser turbulenten Zeit seien einige Namen hervorgehoben: Bundeserziehungsanstalt, Wehrmachtsoberrealschule, Haus Liebenau bei Graz des Großen Militärwaisenhauses Potsdam, Deutsches Reservelazarett, Reservelazarett der Roten Armee, Kriegsgefangenenlazarett der Britischen Armee und abermals Bundeserziehungsanstalt.

Das Gymnasium in der Vorstadt: BEA und HIB

1947 entstand durch die zivile Schulverwaltung aus der Militärschule unter dem Titel Bundeserziehungsanstalt (BEA) ein Bundesrealgymnasium mit Internat. Zu einer Zeit, als nur in fünf Bezirken der Stadt die höhere Schulbildung konzentriert war, besaß Liebenau eine elitäre pädagogische Einrichtung. Sowohl Lehrer als auch Schüler dieser Anstalt machten Karriere. Hier sei beispielsweise auf den ehemaligen Landeshauptmannstellvertreter, Kulturlandesrat und Präsidenten des Kuratoriums des Landesmuseums Joanneum und des Steirischen Herbstes, Prof. Dr. Kurt Jungwirth, verwiesen. Aus dem Kreis der Absolventen seien die Bundesminister Tschadek und Rösch sowie der Stadtplaner Roland Rainer exemplarisch hervorgehoben. Seit 1970 werden auch Mädchen aufgenommen, seit 20 Jahren auch im Vollinternat.

Kadetten der Militärbildungsanstalten: Infanterie, Pionier, Artillerie (Brüch, 1895).

Auch in den letzten Jahren kam es im Liebenauer Gymnasium zu baulichen und inhaltlichen Veränderungen. Nun werden hier interne, halbinterne und nichtinterne Schüler und Schülerinnen unterrichtet. Der offizielle Name der ehemaligen Bundeserziehungsanstalt lautet nun Höhere Internatsschule des Bundes Graz-Liebenau (HIB). Fremdsprachen und Sport sind Schwerpunkte der Ausbildung.

VIII St. Peter

Der Weg von St. Peter führt vom Pfarrdorf über die Vorstadtgemeinde zum Stadtbezirk. 1938 ist auch der Westteil der Gemeinde Messendorf zu Graz gekommen, so umfasst der unter dem Namen St. Peter 1946 gebildete VIII. Bezirk nun auch jenen Teil von Messendorf. Mit der Eingemeindung nach Graz fiel 1938 auch die Mautgrenze zur Stadt. Über den Namen des Dorfes St. Peter vor Errichtung der Kirche kann nur spekuliert werden. Im 16. Jahrhundert umfasste der Pfarrsprengel St. Peter noch den gesamten Raum im Südosten von Graz, von der Grazer Altstadt bis Hausmannstätten. 1532 zerstörten die Türken die Kirche, die bald wieder erneuert war.

Bis tief ins 19. Jahrhundert blieb St. Peter mit seiner befestigten Kirche und Mittelpunktfunktion für die benachbarten Dörfer weitgehend fern dem Einfluss der benachbarten Stadt. 1817 zählte man in St. Peter 76 Häuser, 374 Bewohner, 30 Pferde und 132 Rinder. In Messendorf waren es damals 130 Häuser, 607 Bewohner, 23 Pferde und 309 Rinder.

Als ab der Mitte des 19. Jahrhunderts Graz stark an Bewohnern und Baumasse zunahm, gab es einen großen Bedarf an Ziegeln. Besonders St. Peter und Messendorf besaßen einen guten Boden für Ziegeleien. Die Betriebe wuchsen und es bildeten sich Ziegeleidynastien, so die der Familien Aita und Eustacchio. 1900 wurde mit der Gartenstadtsiedlung eine noble Villenkolonie errichte. Einer ihrer Bewohner war der Dichter Rudolf Hans Bartsch (1873–1952).

Ein finsteres Kapitel der Lokalgeschichte stellt das Schloss in Messendorf dar. Das Freischloss wurde 1871 zu einem Landeszwangsarbeiterhaus adaptiert. 1934 wurde daraus ein Anhaltelager für politische Gefangene gemacht. 1941 wandelte sich

St. Peter (Josef Kuwasseg, um 1850).

Eines der beiden Ziegelwerke der Familie Eustacchio (Werbeplakat, Sammlung Eustacchio, um 1910).

die Funktion zu einem Lager für geistig Behinderte, deren Leben meist kurz später im oberösterreichischen Schloss Hartheim endete. Erst die Einrichtung einer Waldorfschule im neu adaptierten Gebäude brachte eine neue Gesinnung in das ehemalige Schloss.

Von 1906 bis 1969 war St. Peter durch eine Straßenbahn mit der Stadtmitte verbunden. Der Bürgermeister von St. Peter Ferdinand Haugeneder bemühte sich Mitte der 20er-Jahre vergeblich, den Grazer Flughafen vom Thalerhof in seine Gemeinde zu verlegen. Zum Ausgleich erhielt St. Peter 1929 den Großsender, dessen heutiger Nachfolger das Landesstudio Steiermark des ORF in der Marburgerstraße darstellt. Die Tradition einer, einst noch mit der Pfarre verbundenen, Schule geht in St. Peter bis ins 17. Jahrhundert zurück. Einer ihrer profiliertesten Direktoren war Sepp Monsberger (1887–1967), der durch Jahre den berühmten St. Peter Kinderchor leitete. 1978 wurde mit der Terrassenhaussiedlung ein interessantes Großbauprojekt fertiggestellt.

Vom Pfarrdorf über Ziegeleien zum Vorstadtbezirk

Die Lehmböden im Südosten von Graz gaben die naturräumliche Grundlage für die einst diesen Teil der Vororte bestimmende Nutzung. Bis ins späte 19. Jahrhundert hatte St. Peter Bedeutung als Mittelpunkt einer großen Pfarre. Es gab eine bescheidene Marktfunktion und die Mehrheit der Bevölkerung lebte von der Landwirtschaft und dem zugeordneten Gewerbe. Innerhalb der heutigen Bezirksgrenzen (ehemals Gemeinde St. Peter und

Der 6er in der St.-Peter-Hauptstraße (um 1930).

der Westteil der Gemeinde Messendorf) lebten im Jahr 1869 1.653 Personen, 2007 waren hier 15.500 angesiedelt.

Gastarbeiter und Ziegelei-Dynastien

Die Baukonjunktur der Gründerzeit war eine Folge geänderter Sozialstrukturen, des Wirtschaftswachstums und damit der Zuwanderung (Bezirke I bis VI, Alt-Graz im Jahre 1850 56.220, 50 Jahre später: 138.080). Die Baukonjunktur verlangte nach Ziegeln. Es gab auch große Ziegeleien im Westen des Bezirks Lend, in Andritz und in Waltendorf, das Zentrum dieses Wirtschaftszweiges lag jedoch in St. Peter und im benachbarten Messendorf. Zuerst waren es einzelne bäuerliche Grundbesitzer, die Nutzen aus dem Ziegelbedarf zogen. Dann kamen Gastarbeiter aus dem italienischen Teil Altösterreichs hierher, genau genommen war die Mehrheit von ihnen Friulenser. Einzelne Italiener organisierten Arbeiter, Produktion und Absatz, wurden zu Grundbesitzern und Industrieunternehmern. In diesem Zusammenhang sind die Familien Aita, Toso und Eustacchio besonders zu erwähnen. Grabsteine auf dem Ortsfriedhof St. Peter belegen, dass es hier im lokalen Raum Ziegelei-Dynastien gab. Zwischen den erfolgreichsten Zuwanderern und den reichsten einheimischen Familien (u. a. Kraxner, Lex, Eigner) gab es eheliche Verbindungen. Ein erfolgreicher Zuwanderer war auch der Ziegeleibesitzer Ferdinand Haugeneder, der in die lokale Oberschicht einheiratete und von 1924 bis 1938 Bürgermeister von St. Peter war. Die überwiegende Mehrheit der Gastarbeiter blieb jedoch arm und wanderte, als die Ziegelkonjunktur abflachte, an andere, hoffnungsvollere Arbeitsorte weiter. Aber noch im Rahmen der Volkszählung 1910 werden über 7% der Anwesenden als Staatsfremde ausgewiesen, in Messendorf waren es 5%. Da die hier arbeitenden

Bewohner der Friaul nicht Staatsfremde waren, zeigt dies den hohen Anteil von Zuwanderern in den beiden Gemeinden. In der Kapelle von Messendorf wurde damals auch Gottesdienst mit italienischer Predigt gehalten. 2007 zählte der Magistrat Graz im Bezirk einen Ausländeranteil, gemessen an der anwesenden Bevölkerung, von 8%. Mehr als die Hälfte davon kamen aus dem EU-Raum.

Von der Ziegelei Baltl zur Terrassenhaussiedlung

In der Ersten Republik wurde noch in vier großen Ziegeleien gearbeitet (Aita, Baltl und Kraxner, Steirische Bauindustrie, Steirische Baugesellschaft). In den Jahren nach 1945 bestanden die Ziegeleien Baltl, Eustacchio, Haugeneder und Wienerberger. Die Bauwirtschaft, besser wohl die Wiederaufbauwirtschaft, benötigte wie in der Gründerzeit viele Ziegel. Kurz später sank der Bedarf an Ziegeln, aber auch die günstig gelegenen Lehmschichten waren abgebaut. So schloss 1967 das letzte Ziegelwerk in St. Peter. Auf dem Grund der Ziegelei Baltl ließ die GWG 1972 bis 1978 die St. Peter Terrassenhaussiedlung errichten. Einige Familiennamen in St. Peter und geringe Reste der ziegeleitypischen Architektur sind heute noch Zeugen des einst für St. Peter und Messendorf wichtigen Wirtschaftszweiges.

Der Flughafen St. Peter

Der Titel mag verblüffen, kein Flugplan weist Airport St. Peter als Ziel aus. Doch keine Angst, dies wird auch in Zukunft so bleiben. Nicht einmal in der Vergangenheit gab es einen solchen Flughafen. Doch

St. Peter Terrassenhaussiedlung (1990).

hätte es ganz anders kommen können. Die Akten St. Peter (P 5) des Stadtarchivs Graz (Schiffgasse 4) erzählen eine recht spannende und leicht skurrile Geschichte.

Bürgermeister Haugeneder sieht eine Chance

Nach dem Ende des Ersten Weltkriegs gab es einige Jahre internationale Verbote für die Luftfahrt Österreichs. Mitte der 20er-Jahre brachte die Lockerung dieser Hemmnisse dem Flughafen Thalerhof wieder einigen Betrieb. Der Thalerhof, an dessen Beginn 1914 die militärische Nutzung stand, sollte seinen zivilen Teil nun wiederum verlieren. Die Distanz zu Graz und die Zahl der Nebeltage waren der Grund dafür. Kandidaten für ein Flugfeld waren die Göstinger Au, Hart bei Straßgang und St. Peter. Der agile Bürgermeister von St. Peter, Ferdinand Haugeneder (1888–1947), führte seine Gemeinde von 1924 bis 1938. Als Steinmetzmeister, Besitzer einer Ziegelei in Messendorf und Ehemann einer Eigner, der Tochter einer ortsansässigen und vermögenden Bauerndynastie, besaß er Macht und Einfluss. Haugeneder betrieb ab 1925 sehr zielstrebig den Plan, St. Peter zum Standort des neuen Grazer Flughafens zu machen. Der Wiener Architekt Hans Payer unterstützte ihn, durchaus nicht uneigennützig, bei diesem Projekt.

Beharrlichkeit und Naivität

Als Standort des Flughafens war der unbebaute südliche Sektor zwischen der Petrifelderstraße und der St. Peter Hauptstraße vorgesehen. Einerseits gab es das Projekt eines höchst bescheidenen 12 m breiten Aufnahmegebäudes. Andererseits existierte ein Entwurf mit einem rund 200 m breiten Betriebsgebäude mit seitlichen Hangars und einem zentralen Turm. Eine gewisse Ähnlichkeit mit dem Flughafen Berlin-Tempelhof ist nicht zu übersehen. Die Start- und Landebahn sollte zuerst 300 m, dann aber 1000 m haben. Die Verlängerung der Straßenbahn bis zum Gebäude wurde in Aussicht gestellt. Die zwei Ärzte im Ort und die Freiwillige Feuerwehr dienten als werbende Argumente. Haugeneder schrieb als Kompromiss, dass der „Thallerhof" weiterhin „Rangierbahnhof" bleiben sollte und die Flugzeuge dort im Bedarfsfall „übernachten" könnten. Es existiert sogar ein Angebot, einen Hangar am Thalerhof abzumontieren und in St. Peter wieder aufzubauen.

Wenn nicht Flughafen, dann Sender

Obwohl die Gemeinde Graz dem Angebot von St. Peter nicht sofort zustimmte und die Klusemanngründe im Südwesten der Stadt bevorzugte, blieb die Gemeindevertretung von St. Peter bei ihrem Projekt. So wurden fünf Aktien im Wert von je 200 Schilling der Österreichischen-Aero-Lloyd, Firmensitz Mauer bei Wien, erworben. Damit hoffte man den Flugplatzplan zu fördern. Letztlich teilte man aber nun mit Mauer bei Wien, Villach, Mariazell und Hartberg das Schicksal vergeblicher Flugplatzbewerbungen. St. Peter baute auch Geschäftskontakte zur US-amerikanischen Vacuum Oil Company auf. Von ihr hoffte man für Firmenrechte einen günstigen Kredit in der Höhe von 16.000 Schilling zu erhalten. Eine Bürgerversammlung im Gasthof Goldinger brachte

Flughafenprojekt St. Peter (Hans Payer, Sammlung Schmuck-Zollner).

am 29. 12. 1926 eine 73%ige Zustimmung von 52 Anwesenden für diesen Kreditvertrag. Auch mit der Brauerei Puntigam gab es einschlägige Verhandlungen. Für 40.000.- Schilling sollten exklusive Ausschankrechte vergeben werden.

Im Zusammenhang mit dem Flughafenprojekt wurden etliche freundliche Briefe gewechselt. Die Frage der Finanzierung blieb jedoch immer offen. Bürgermeister Haugeneder spielte gegenüber dem Landeshauptmann Dr. A. Rintelen auch die politische Karte aus, indem er schrieb: „Österreichs Flughäfen müssen unter christlich-sozialer Kontrolle bleiben". Auch eine Pressekonferenz Anfang 1929 brachte letztlich keinen Erfolg. Allmählich änderte Haugeneder seine Strategie. Nun wollte er einen Rundfunksender in seiner Gemeinde haben. Zuerst war zu hören, dass Flughafen und Rundfunksender einander nicht stören würden, dann verlegte man sich allein auf den Wunsch nach dem Sender. Im Juni 1929 ging dieser Wunsch in Erfüllung: St. Peter hatte seinen Sender, der nun stolz im Gemeindestempel abgebildet wurde. Übrigens landeten dann und wann in der Ersten Republik Flugzeuge auf einer Wiese in St. Peter. Dies, um Reparaturen an den Maschinen in der Mechanikerwerkstätte des ehemaligen Feldpiloten Hans Ramor durchführen zu lassen.

Ruckerlberger Villen (1913).

IX Waltendorf

Der Name Waltendorf, vermutlich eine Ableitung des Namens eines Siedlungsbeauftragten (Walto, Waltfried oder Walter) und Untertanen des Markgrafen, wurde um 1230 erstmals urkundlich erwähnt. Ein Gutshof in diesem Raum ist jedoch um einiges älter. Das Gut Sparbersbach (18. Jahrhundert nach Dr. Friedrich Haller: Hallerschloss) war hier ein befestigter Platz. Dieses mehrfach umgebaute Schloss wurde 1929 anlässlich der Markterhebung von Waltendorf im Gemeindewappen dargestellt. Der Widerstand gegen die Eingemeindung nach Graz fiel 1938. Waltendorf und der Westteil der Nachbargemeinde Hart wurden zu einem Teil von Graz. Damals gab es hier etwas über 5.000 Einwohner (heutige Bezirksgrenze). Mit der Änderung der Stadtgrenze verschwand auch endlich die unbeliebte Mautgrenze. 1946 entstand der Bezirk Waltendorf mit seinen heutigen Grenzen. An der Nordwestseite der Gemeinde entstand 1910–1912 durch den Architekten Inffeld eine nach dem Unternehmer Bachmann benannte Siedlung. Die baulich geschlossene sezessionistisch gestaltete Gasse erhielt 1931 den Namen ihres prominenten Bewohners, des berühmten Geophysikers Alfred Wegener (Kontinentalverschiebungstheorie). Ursache für den Standort der Siedlung waren die Baufreundlichkeit der Gemeinde und die Nähe der Straßenbahn (Station Reiterkaserne). Hätte die Gemeinde Waltendorf in der Zwischenkriegszeit den gewünschten Beitrag zahlen können, so wäre der 3er in Richtung Süden verlängert worden. So blieb es bei der Busverbindung, die seit 1930 in verschiedener Linienführung besteht.

Besonders nach 1945 wandelte sich das Bild von Waltendorf. Dazu haben große Wohn-

Wappen der Marktgemeinde Waltendorf (Entwurf: Constantin Damianos, 1929).

bauprojekte, wie die Eisteichsiedlung und die Bauten am Berlinerring, beigetragen. Im Ragnitztal bildet der Bach die Grenze zum Bezirk Ries. Nun sind die Ziegeleien und die Teiche, die einst für Waltendorf charakteristisch waren, verschwunden. Auch der Ruf als Ort der Weinschenken ist längst dahin. Geblieben sind die Rudolfshöhe und die Rudolfstraße, beide nach dem 1889 zu Tode gekommenen Kronprinzen benannt. Der Straßenname Am Raketengrund erinnert an eine Feuerwerksfabrik und die Argenotstraße an die sozialreformerische Arbeits-Genossenschaft der Ersten Republik. Der schmale Annabach verschwand von der Waltendorfer Hauptstraße ins Kanalnetz und nicht untypischerweise befindet sich heute im Stall der kleinen ehemaligen Waltendorfer Trainkaserne eine Reparaturwerkstätte für Autos. In Waltendorf und am Ruckerlberg, einst waren es zwei selbstständige Gemeinden, ist heute eher gehobener Wohnstandard zu finden. Dies beweist der hohe Anteil an Akademikern und Selbstständigen. Berühmte Waltendorfer waren u. a. der Baumeister Josef Calone, die Industriellen Johann Weitzer und Viktor Czerweny von Arland sowie der einst populäre Schauspieler Rudolf Carl.

Das Hallerschloss am Ruckerlberg (Josef Kuwasseg, um 1850).

Berichte über Alt-Waltendorf

In seinem 1885 erschienenen topographisch-statistischen Lexikon der Steiermark schildert Josef Andreas Janisch die Gemeinde Waltendorf. Wir lesen vom „Ruckerlberg mit seinen lieblichen Spaziergängen und Aussichtspunkten, besäet von freundlichen Häuschen". Weiters vom heute unsichtbaren „Annabächchen, vier kleinen Teichen und von der lehmigen Beschaffenheit" die Grundlage von vier Ziegeleien sei. Die größte davon sei nach neuerer Art konstruiert, habe eine Steinkohlenfeuerung und vermöge pro Brand bis zu 80.000 Ziegel zu liefern. Zur Gemeinde gehörten damals zwei geschlossene Ortschaften (Waltendorf und Ruckerlberg) und der Weiler Breitenbrunn.

Ein Gebäude mit viel Schicksal

In Breitenbrunn befand sich in den 80er-Jahren des 19. Jahrhunderts eine vom Grazer Schutzverein für verwahrloste Jugend gegründete Erziehungsanstalt. Ihr Gebäude (in der heutigen Plüddemanngasse 30) wurde als Frohsinnhalle errichtet. Das bunt bemalte Unterhaltungszentrum verlor die Leichtigkeit seiner Funktion, als 1883 eine strenge Erziehungsanstalt einzog. Janisch (s. o.) konnte noch nicht vom kurzen, aber erfolgreichen Besuch von Kaiser Franz Josef I. in der Knabenerziehungsanstalt im Jahre 1890 berichten. Dezenterweise ist im Lexikon weder von der Strenge der Erziehung noch von den steten finanziellen Problemen zu lesen. Auch konnte man im Jahr 1885 selbstverständlich nichts vom weiteren Schicksal des Gebäudes erfahren. Einmal war es ein Lehrlings- und Studentenheim, dann 1934 ein Lager für politische Gefangene, kurz darauf wohnten hier Studenten, denen wiederum inhaftierte „Politische" folgten. Südtiroler und Volkspflegerinnen zogen hier ein. Nach alliierter Besatzung wurde ein Landesschülerheim eingerich-

Jener Teil der Plüddemanngasse, der in der Gemeinde Waltendorf lag (1913).

tet. In der Gegenwart befindet sich hier unter neuen Bedingungen ein Jugendhaus des Landes Steiermark.

Einst das Lerchenfeld von Graz

Doch zurück zum Bericht von 1885. Im Lexikon des Janisch ist zu lesen, dass „Waltendorf, welches auch jetzt noch mit Gaststätten überreich gesegnet ist, einer der beliebtesten Erholungsorte der Grazer war und das Grazer Lerchenfeld genannt wurde". Dem Nichtwiener sei gesagt, dass die Gaststätten im alten Lerchenfeld als recht unterhaltsam und nicht immer sehr solide geschildert werden. Sensible Bewohner vom Waltendorf der Gegenwart aber wissen, dass heute der IX. Bezirk und natürlich auch seine Bewohner einen überduchschnittlich guten Ruf besitzen und dass Waltendorf im im Jahr 2001 erschienenen Kriminalatlas von Graz besonders gute Zensuren erhielt. Darüber hinaus muss noch festgestellt werden, dass der Ostteil des heutigen Bezirks Waltendorf, als ehemaliger Teil der einst bäuerlichen Gemeinde Hart, keine Lerchenfeld-Tradition besitzt.

Marktgemeinde Waltendorf-Ruckerlberg

1929 wurde der Wunsch der Gemeinde Waltendorf-Ruckerlberg nach einer Erhebung zur Marktgemeinde und eine Wappenverleihung erfüllt. Am 6. April des folgenden Jahres feierte der Gemeinderat diese Rangerhöhung. Die Festsitzung unter Bürgermeister Franz Schischek fand in dem aus heutiger Sicht recht bescheidenen ehemalige Turnsaal der Volksschule Waltendorf statt. Der Waltendorfer Männergesangsverein trug zuerst das Dachsteinlied und nach einigen Reden zum Schluss das Lied Wo gen Himmel die Eichen ragen vor.

Unter den Ehrengästen waren damals der Papierfabrikant und Eigentümer des

Die kleine Trainkaserne Waltendorf um 1900. Der Stall ist nun eine Automechanikerwerkstätte (Waltendorfer Hauptstraße 30).

Hallerschlosses Ing. Viktor Czerweny v. Arland und der ebenfalls im Bezirk wohnende Historiker Johann Loserth (Wegenergasse 5).

Zwist im Gemeinderat
1932 kam es im Waltendorfer Gemeinderat zu Vorfällen, die sogar die Landesregierung beschäftigten. Wegen eines Streits um die Gemeindefinanzen verließen 15 der 18 Gemeinderäte die Sitzung. In sonst in dieser Zeit seltener Einigkeit waren dies Vertreter der Chistlichsozialen, der Sozialdemokraten, des Landbundes, des Heimatschutzes und einer unpolitischen Gruppierung. Im Protokoll dieser Sitzung wurde zum Auszug festgehalten: „... wodurch die Sitzung beendet erscheint". Bei einem Schlichtungsversuch waren zuerst nur der Bügermeisterstellvertreter und drei Gemeinderäte der NSDAP anwesend. Diese verließen wiederum die Sitzung, als die Sozialdemokraten letztendlich doch erschienen. Trotzdem kam es später zur Wahl eines neuen Bürgermeisters (Rudolf Eichberger) und später sogar zu etlichen einstimmigen Beschlüssen. 1934 endete auch diese Phase der lokalen Politik.

Eine gut eingerichtete Vorstadtgemeinde
Die Gemeinde war stolz auf ihre für die schlechte Zeit relativ gute Finanzlage. Ursache hierfür waren die Zahlungen vermögender Villenbesitzer und eine große Zahl meist kleiner Gewerbebetriebe. Die Waltendorfer erfreuten sich um 1930 der stattlichen Zahl von 12 Schustern und 21 Gastwirten. Wirtschaftlich bedeutsam waren die beiden Ziegeleien (Eustacchio und Steirische Baugesellschaft). Der Waltendorfer Gemeinderat lehnte 1930 eine Anfrage der Stadt Graz ab, in der nach der Bereitschaft zur Eingemeindung gefragt wurde. In den folgenden Jahren musste man auch hier sparen und das Projekt, die Straßenbahn durch die Plüddemanngasse weiter bis zur Waltendorfer Hauptstraße zu leiten, scheiterte 1933 an den Kosten. Die etwas südlich der Plüddemanngasse für eine Straßenbahn vergeblich frei gehaltene Trasse stammt aus der Stadtplanung des Jahres 1938. Ein anderes kommunales Ereignis war die Fertigstellung der Waltendorfer Wasserleitung im Jahre 1935. Ihr widmete die Gemeinde einen kleinen Brunnen. Er steht vor der Volksschule und ist wohlrenoviert, aber heute ohne Wasserlauf.

Der Weg nach Graz
Von 1932 bis 1938 regierte Rudolf Eichberger (1864 bis 1942) als Bürgermeister in der Marktgemeinde Waltendorf-Ruckerlberg. Fast gleich lang (1931–1938) befand sich der Bürgermeister des im Osten angrenzenden Hart bei St. Peter, so der damals offizielle Gemeindename, Alois Hödl im Amt. 1938 verloren beide Bürgermeister ihr Amt. Wenige Monate später gab es die Marktgemeinde Waltendorf-Ruckerlberg nicht mehr, sie wurde nach Graz eingegliedert. Auch Hart verlor damals den Westteil seines Gebietes an die Stadt. Die erstgenannte Gemeinde stellte ca. 4.500 Bewohner für Graz, aus Hart waren es nur rund 750. Der Fläche nach war der Anteil von Hart am künftigen IX. Stadtbezirk etwas größer als der von Waltendorf. Das zeigt, wie ungleich schon damals hier die Bevölkerung verteilt war.

X Ries

Der X. Stadtbezirk bildete von der Entstehung selbstständiger Gemeinden bis zu seiner Eingemeindung nach Graz, also von 1850 bis 1938, einen Teil der Gemeinde Kainbach. Auch das übrige Kainbach und sogar Teile der Gemeinde Purgstall waren für Graz bestimmt, konnten sich aber der Stadterweiterung entziehen. Der Bezirk sollte, als man 1946 um alte Grenzen und Namen bemüht war, Kainbach heißen. Doch die Gemeinde Kainbach protestierte. Deswegen wurde der Name des Höhenrückens Ries zwischen den beiden wichtigen Tälern des Bezirks (Ragnitz und Stiftingtal) als Bezirksname gewählt. So wohnt man im Bezirk Ries, einige aber auch „auf der Ries". Dem Bezirk mangelt es an einem historisch gewachsenen Zentrum. Der Riesplatz bei der Endstation der Straßenbahn (Linie 7) soll sich als ein solcher Bezirksmittelpunkt entwickeln. Das Mauthaus am Platz erinnert an die bis 1938 bestehende Abgabengrenze.

Stiftingtal und Ragnitztal, aber noch mehr der Höhenzug der Ries, waren traditionelle Standorte einer Reihe von Gaststätten. Vorbei sind die Zeiten der Fuchswirte an der Riesstraße, die durch viele Jahrzehnte eine Herausforderung für Fahrzeuge aller Art war. Von 1907 bis 1948 waren die populären Riesrennen mit ihren bis zu 70.000 Zuschauern ein Publikumsmagnet. Das Teilstück der Südautobahn Graz-Gleisdorf (1969) entlastete die gefährliche Riesstrecke. Der zunehmende Verkehr hat dies aber fast wieder ausgeglichen. Die strategisch wichtige Riesstraße war im Zweiten Weltkrieg Ziel von Bomben. Über

Damen der Gesellschaft spazieren auf der ungefestigten Riesstraße (um 1900).

die Riesstraße marschierte am 9. Mai 1945 die Rote Armee nach Graz ein.
Auch im Bezirk Ries gab es bis in das späte 19. Jahrhundert Rebkulturen. Schon vor 1900 wurden die ersten großen Villen am östlichen Stadtrand errichtet. Von den promineten Bewohnern jener Zeit sei der Dichter Robert Hamerling erwähnt, der in seinem Landhaus im Stiftingtal 1889 starb. Noch dominierten aber in jener Zeit östlich von Graz die Landwirtschaft und Gaststätten. 1900 lebten im Ortsteil Stifting rund 300 Personen. Damals (1904) entstand dort mit der Manowarda-Villa ein Kunstwerk des Sezessionismus. Die architektonische Besonderheit wurde durch eine sozialpolitische ersetzt. Die Villa wurde zur Otto-Möbes-Akademie der Arbeiterkammer umgestaltet. Große Siedlungen veränderten den Bezirk. Die größte Wohnanlage des Ragnitztales, der Berliner Ring (ab 1972), liegt allerdings am linken Ufer des Baches und damit im Bezirk Waltendorf. Andere Siedlungen befinden sich am rechten Ufer des Ragnitzbaches, also im Bezirk Ries.
Wenn auch, aufgrund der Korrektur der Bezirksgrenze im Jahre 1963, das Landeskrankenhaus im Bezirk Geidorf liegt, ist ein Teil des Bezirks Ries durch das Großkrankenhaus geprägt. Insbesondere durch den neuen Parkplatz, durch Personalhäuser und ein Verwaltungsgebäude. Auch der neue Campus der Medizinischen Universität ist in diesem Zusammenhang zu erwähnen. Die Tramway soll in Zukunft eine Station in Richtung Stiftingtal verlängert werden.

Auf der Ries

Autokolonnen und Bergrennen

Der Höhenrücken der Ries trennt und verbindet die beiden für den X. Bezirk wichtigen Täler (Ragnitz- und Stiftingbachtal).

Der Ladenwirt mit dem Blick von der Ries auf Graz (1906).

Rieswirt an der Kreuzung in die Ragnitz (um 1930).

Die Riesstraße hat aber auch ihre eigene Geschichte. Die alte Ungarstraße führte von Graz in die mittlere Oststeiermark und weiter nach Ungarn. Vermutlich erst im 18. Jahrhundert verlagerte sich das Schwergewicht des Verkehrs vom Ragnitztal auf die Höhenstraße der Ries. 1903 schrieb Wilhelm v. Gründorf-Zebegeny zur Streckenführung auf der Ries: „Sie ist kein Meisterwerk der Ingenieurleistung ... während man ... auf einem Hausdach hinauf zu fahren glaubt ... und haben den Genuß, daß mit jedem Meter Erhebung einen schöneren Blick über das Weichbild der Stadt gewinnen". Schon damals wurde das Fehlen eines Fußweges kritisiert. Schwerere Fuhrwerke benötigten auf dem Steilstück im Aufstieg zur Ries einen zusätzlichen Vorspann. Es wundert nicht, dass im Grazer Adressbuch von 1937 ausdrücklich hervorgehoben wird: „Eine vorzügliche und als mustergültig anerkannte Landstraßen-Rettungsstation befindet sich im Rüsthaus der Rettungsabteilung auf der Ries". Erst 1941/42 erhielt die erste kritische Steigung eine Granitsteinpflasterung, durchgehende Asphaltierung gab es auch damals nicht. Die Probleme an dieser Steigung reichen bis heute, so besonders bei Schnee und Eis. Bei den Riesrennen bildete diese erste Steigung für PS-starke Wagen und Motorräder eine gute Gelegenheit, ihre Überlegenheit auszuspielen. 1907 fand das erste Riesrennen statt, 1948 gab es das letzte offizielle Riesrennen. Die Strecke wurde – wie üblich – aus Sicherheitsgründen nur bergauf befahren. Vor etlichen Jahren bewältigten ungarische Lastwagen, die mit Stahlblechen zum Schneiden nach Graz kamen, nicht immer erfolgreich die inoffizielle Bergprüfung im Steilstück. 1964 konnten in 24 Stunden 13.238 Fahrzeuge auf der Ries gezählt werden. Das 1967 im Grazer Gemeinderat diskutierte Projekt, die Riesstraße auf 17 m zu verbreitern, fand keine Realisierung. Die Eröffnung des Autobahnteilstückes Graz–Gleisdorf am 13. 12. 1969 brachte eine bessere Lösung. Seither ist die Verkehrsfrequenz zwar wieder gestiegen, die Rekordhöhen der 60er-Jahre wurden aber nicht mehr erreicht.

Schicksale an der Straße

Im Zweite Weltkrieg spielte die Riesstraße für Graz eine besondere Rolle. Über die Ries rollte der Nachschub der Wehrmacht in den Osten, auch manche Reise ohne Wiederkehr hatte hier ihren Anfang. Alliierte Bomber suchten diese wichtige Straße zu treffen. In den letzten Kriegstagen wurden hier hingerichtete Wehrmachtsangehörige zur Stärkung des Wehrwillens zur Schau gestellt. Seit 1988 erinnert ein Gedenkkreuz an sie. In der Nacht vom 8. auf 9. Mai näherte sich über die Ries eine Vorhut der Roten Armee. Sie fanden eine schon „offene Stadt" vor und besetzten Graz ohne Kampfhandlungen.

Die gastliche Ries

Der Graz-nahe Teil der Riesstrecke war einst ein günstiger Standort für Gasthäuser. Die Reihenfolge von Graz aus begann mit dem Rieswirt, es folgten der 1. Fuchswirt, der Ladenwirt, der 2. Fuchswirt, der Sternwirt und der 3. Fuchswirt. Geändertes Freizeit- und Konsumverhalten hat diese Dichte an Gaststätten fast völlig aufgelöst.

Das Stiftingtal

Östlich des St. Leonhardfriedhofes mündet der Stiftingbach in den Ragnitzbach. Ab dort wird der meist bescheidene Wasserlauf Leonhardbach genannt. Ab der unterirdischen Einmündung des Mariatrosterbaches an der Kreuzung Mandellstraße-Sparbersbachgasse spricht man vom Grazbach. Und dieser mündet beim Augarten in die Mur. Der Ursprung des Namens Stifting ist umstritten. Vermutlich ist er eine Ableitung von stift (= Pachtzins). Eine andere Erklärung leitet den Namen vom indogermanischen Wortstamm sta-/stu = Stauender, also ein Bach im versumpften Gelände her. Der Stiftingbach kann hin und wieder durchaus gefährliche Dimensionen annehmen, so wie das 1913, 1941, 1963, 1975 und 1998 der Fall war. Der Bach war für seine Forellen berühmt. Auch wurde in ihm bis vor einigen Jahrzehnten noch professionell Wäsche gewaschen, im 19. Jahrhundert gab es am Bach auch noch einige Mühlen.

Herrschaft Leech, Gemeinde Kainbach, Bezirk Ries

Das Stiftingtal war einen großen Teil seiner Geschichte im Eigentum der Herrschaft der Kommende Leech(kirche). 1850, als die Gemeinde Kainbach gebildet wurde, fiel es an diese. Der Bauer Franz Felber vulgo Felber war damals der gewählte Vertreter dieses überwiegend landwirtschaftlich genutzten Tales im Gemeinderat. Die Ortschaft Schaafthal, so eine Schreibweise um 1850, stellte mit Peter Fuchs, dem Griesbauer, ein Ausschussmitglied. Noch 1937, also kurz vor

Der Gasthof zum schwarzen Hund am Beginn/Ende des Stiftingtales (um 1910).

der Eingemeindung nach Graz, gab es in Kainbach Stifting-Adressen und Ragnitz-Adressen, aber keine Katastralgemeinde Ries. Die Häuser dort waren, je nach ihrer Lage, Stifting oder Ragnitz zugeordnet. Der Landwirt und Landtagsabgeordnete Franz Sattler (1877–1941), der letzte gewählte Bürgermeister von Kainbach, wohnte im Stiftingtal und führte seine Gemeinde von 1920 bis 1938.

Eben noch Bauernhöfe, Villen und Gasthäuser

Als Ende des 19. Jahrhunderts das Landeskrankenhaus errichtet wurde, lag ein Teil davon in der Gemeinde Kainbach, der Großteil im Stadtbezirk Geidorf. 1938 bis 1945 gehörten Stifting, Ragnitz und Ries zum Stadtbezirk Graz-Ost. Als 1946 der Bezirk Ries (zuvor kurz: Kainbach) begründet wurde, griff man zunächst auf alte Gemeindegrenzen zurück. Seit 1965 wird das gesamte LKH (ohne Parkplatz) zum Bezirk Geidorf gerechnet, dafür erhielt der Bezirk Ries den östlichsten Teil von Geidorf. So gehört der Riesplatz nun zum gleichnamigen Bezirk. Im Bergmann'schen Stiftungshaus amtiert nun die Zentralverwaltung der Krankenhausholding KAGES, im mittleren Stiftingtal schult die Arbeiterkammer ihre Funktionäre seit 1950 (Otto-Möbes-Akademie).

Dort, wo noch vor zwei Generationen Bauernhöfe, Villen und Gasthäuser dominierten, sind nun punktuell bewohnerreiche Siedlungen entstanden. So wurde auch an einigen Stellen das Straßennetz neben der dominierenden Stiftingtalstraße verdichtet. Zu den ersten Siedlungen der Nachkriegszeit gehörten die Edelweißsiedlung, die Meichentischsied-

Die Villa Hellenaion der Familie Manowarda im Stiftingtal (1905).

lung und die Häuser am Maurergrund. Die Billrothsiedlung mit vier Hochhäusern und 18 dreistöckigen Wohnhäusern brachte eine neue Dimension in den Wohnbau des Stiftingtales. Die entsprechenden Grundstücke gehörten bis ins 19. Jahrhundert den Grafen Kollonitsch (Grafenwiesen), dann der Pfarre St. Leonhard (Pfarrerwiesen). Schließlich erwarb 1959 die Österreichische Wohnbaugenossenschaft die Parzellen. Die Katastralgemeinde Stifting, die 1934 noch weniger als 1000 Bewohner hatte, hat nun über 3.200 ordentliche Wohnsitze. Vorbei sind die Zeiten der Jugendstil-Prachtvilla der Familie Manowarda, die heute nicht mehr als solche zu erkennen ist. Der Gasthof „Zum Schwarzen Hund" wurde 1997 abgebrochen, der „Kutscherwirth" am Beginn des Stiftingtales sprerrte schon 1961. Der kleine Brunnen, der an die Wasserleitung von 1935 erinnerte, verschwand 1950.

Im Stiftingtal nahe dem Riesplatz wurde die Straße wegen des Landeskrankenhauses verlegt. So liegt das Parkhaus des Krankenhauses im Bezirk Ries. Der im Ausbau befindliche Campus der Medizinischen Universität befindet sich ebenfalls im Stiftingtal.

Wer mehr über die Geschichte des Stiftingtals wissen will, der kann sich mit der Broschüre *Stifting* von Annemarie Reiter (Graz 1998) informieren.

XI Mariatrost

Die flächengroße Ortsgemeinde Fölling bestand aus den Katastralgemeinden Wenisbuch, Fölling und Niederschöckl. Zu Wenisbuch gehörten die Ortschaften Kroisbach, Mariagrün, Rettenbach und das namensgebende Wenisbuch. Kirche und Kloster Mariatrost (damals: Maria Trost) befanden sich in der KG Fölling. Als 1930 Fölling zum Markt erhoben wurde, wechselte die Gemeinde ihren Namen, Mariatrost entstand. Das Wappen zeigte unter einem fünfzackigen Stern die Wallfahrtskirche. Für den Stadtrand typische Villen, Bauernhöfe und Gaststätten prägten das Bild der nur gering verbauten Gemeinde. Auch heute ist der Anteil an Grünfläche pro Bewohner in Mariatrost größer als in irgendeinem anderen Stadtbezirk. 1938 wurde der Westteil der Gemeinde nach Graz eingemeindet. Damit fiel die bis dahin bestehende Mautgrenze weg.

Das Parkkino Kroisbach und das Josefsbad sind nur mehr ein Teil der Lokalgeschichte. Auch vom bezirkseigenen Wein und von der Drahtstiftfabrik Künne, von den Kreuzottern und Krebsen (daher der Name Kroisbach), kann man nur mehr lesen. So im Bezirksheft des Stadtmuseums (Dienes, Kubinzky, 1994). Eine Fundgrube für Alt-Mariatrost-Freunde ist das Adressbuch der Ortsgemeinde Fölling von J. Strobl (Fölling 1901). Dort sind auch noch alte Vulgonamen der landwirtschaftlichen Vergangenheit von Mariatrost erwähnt. Der heutige XI. Bezirk hatte 1900 weniger als 2.000 Bewohner und 1934 waren noch 26% der Bewohner in der Landwirtschaft beschäftigt.

Fast jede der Gemeinden hat etwas Besonderes zu bieten. In Mariatrost ist dies ohne Zweifel die barocke Wallfahrtskirche. Die Geschichte des Purbergs (Burgberges) beginnt im Dunklen. Erst um 1616 wird

Das Mariatroster Tal gegen die Wallfahrtskirche (1916).

es konkreter. Zuerst gab es hier ein Kellerstöckl, dann das Schneiderschlössl. Ende des 17. Jahrhunderts entwickelten sich um eine Marienstatue Wunderglaube und Wallfahrtsverehrung. 1708 übernahm der Orden der Pauliner die Weihestätte. Doch die Amtskirche erkannte den Wallfahrtskult anfänglich nicht an. Trotzdem wurde Mariatrost immer beliebter, 1709 wurden 180.000 Pilger gezählt. Um 1750 waren die Kirche und das Kloster fertiggestellt. Das Kloster wurde 1786 aufgehoben, 1846 von den Franziskanern wieder aktiviert, wechselte es in der Gegenwart zur Führung durch weltliche Geistlichkeit. Die kleine Kirche von Mariagrün hat ihre eigene besondere Geschichte.

Noch bevor die Grazer Pferdetram elektrifiziert wurde, gab es von der Glacisstraße bis an den Fuß der Wallfahrtskirche schon eine Elektrische Tramway. 1898 wurde die Kleinbahn mit ihren charakteristischen roten Waggons eröffnet. Zwar erfolgte schon ab 1905 die Betriebsführung durch die Grazer Tramway Gesellschaft, aber die rote Schmalspurtram verkehrte bis 1941. Dann erfolgte vom Hilmteich bis zur Endstation der Umbau auf Normalspur und die Strecke wurde ins Liniennetz der GVG einbezogen.

Heute wird das Bild des Bezirks wesentlich von den großen Siedlungen nahe dem Mariatrosterbach und von der Hauptverkehrslinie geprägt.

Berühmte Mariatroster

Listen Prominenter haben das Risiko, Personen zu nennen, die diesen Rang möglicherweise nicht verdienen, oder aber Namen unerwähnt zu lassen, die vielleicht hierher gehört hätten. Unter Einschluss beider Möglichkeiten soll hier in alten Bewohnerverzeichnissen geblättert werden. Für Mariatrost gibt es u. a. ein Adressverzeichnis aus dem Jahre 1901 und ab 1906 Listen in den Grazer Adressbüchern, die

Blick von der Hilmwarte auf den Rosenberg und das Sanatorium Mariagrün (1912).

bis 1978 erschienen. Mehr über berühmte Menschen in Mariatrost kann man in der Broschüre des Grazer Stadtmuseums lesen, die anlässlich der Bezirksausstellung 1994 erschienen ist.

Der Bruder von Kaiser Napoleon I., Louis Bonaparte, König von Holland, Graf von Saint Leu (1778–1846) lebte, als er seines Thrones verlustig wurde, einige Jahre im Exil in Graz. Sein Wohnsitz befand sich in der Herdergasse, sein Lieblingsaufenthalt lag jedoch in Mariagrün. Er war der Vater von Kaiser Napoleon III.

Der prominente Physiker Ludwig Boltzmann (1844–1906) lehrte an den Universitäten von Graz, Leipzig und Wien. In Anerkennung seiner wissenschaftlichen Arbeiten wurden die Ludwig-Boltzmann-Institute gegründet. In seiner zweiten Grazer Epoche (1876–1891) wohnte er in der von ihm erbauten Plattenvilla (Sonnleitenweg 33).

Richard Freiherr von Krafft-Ebing (1840–1902) schuf Grundlagenliteratur für sein Fach Psychiatrie. Das von ihm gegründete (1886) Nobelsanatorium Mariagrün (Mariagrünerstraße 15–19) diente Nervenkranken, aber auch Morphinisten und Kokainisten.

Wenig bekannt ist, dass die Gattin des Bundespräsidenten Adolf Schärf, Hilde, geborene Hammer, 1886 im Teichhofgebäude in Rettenbach geboren wurde. Ihr Großvater Johann Manschko, als ein Erzieher von Erzherzog Johann zu Vermögen gekommen, hatte den Teichhof erworben.

Axel Corti (1933–1993) ist vermutlich manchen Grazern noch als Autor des Radio-„Schalldämpfer“ bekannt. Als Autor und Regisseur, als kritischer Mahner und intellektueller Medienmanager erwarb er sich internationale Anerkennung. Einige Zeit lebte und arbeitete er in Mariagrün.

Louis Napoleon, König von Holland, Vater von Kaiser Napoleon III. und Bruder des Kaisers Napoleon I., lebte im Exil in Graz. Er wohnte in der Herdergasse, sein Lieblingsaufenthalt war jedoch Mariagrün.

Die Schriftstellerin Grete Schauer (1900–1988) lebte ab Anfang der 70er-Jahre am Oberen Plattenweg. Sie war eine Mitbegründerin des Forum Stadtpark und erhielt für ihr Werk anerkannte Literaturpreise.

Otto Hofmann v. Wellenhof (1909–1988) schuf sich als Autor und durch seine Arbeit beim Rundfunk (Landesstudio Steiermark) Anerkennung und einen großen Freundeskreis.

Der Erfinder und Technische Rat Ing. Friedrich Schmiedl (1902–1994) konstruierte schon in der Zwischenkriegszeit Katapult- und Mehrstufenraketen. Er vermachte seinen Nachlass der Stadt Graz und stiftete den seinem letzten Wohnsitz nahen Eugenie-Schmiedl-Hain.

Neues aus Alt-Mariatrost

Wie weit die kommenden Zeilen für den geneigten Leser wirklich Neues bieten, kann der bemühte Autor nicht so recht beurteilen. Den Versuch war es jedenfalls wert.

Der illegale Wallfahrtsort – ein steirisches Medjugorje?

Die Anfänge der Marienverehrung und deren heilbringende Folgen für die Gläubigen entziehen sich der kritischen Geschichtsforschung. Nachdem zuvor hier die hl. Anna in einer Hauskapelle verehrt worden war, folgte ihr 1676 eine Marienstatue aus dem Stift Rein. Diese Statue wurde nun zum Mittelpunkt der Verehrung. Wunderberichte und Wallfahrer verbreiteten den Ruf der Marienfigur. Wieweit dabei der Eigentümer der Liegenschaft, Franz Caspar Conduzi von Heldenfeld, selbst diesen Ruf manipulativ förderte, lässt sich heute schwer einschätzen. Sogar der von ihm verwendete Name Maria Trost erweckte kirchlichen Widerspruch, ebenso die Marienverehrung unter Hinweis auf die Wundertätigkeit. Dies tat dem Erfolg keinen Abbruch. Im Gegenteil: Maria Trost wurde ein immer stärker besuchtes Ziel von Wallfahrten. Der Orden der Pauliner übernahm nun die Gnadenstätte und wurde dafür von kirchlicher Seite schwer bestraft. Trotzdem konnte man im Jahr 1709 in Mariatrost 180.000 Wallfahrer zählen. Der Grazer Kalvarienberg im Norden des Bezirks Lend erfreute sich als Wallfahrtsort offizieller kirchlicher Anerkennung. Erst der anhaltende Erfolg von Mariatrost brachte auch jene offizielle Anerkennung, die dann im Bau der prächtigen Kirche und des Klosters ihre Dokumentation fand.

Bergbau in Mariatrost

Für viele gibt es vermutlich keine nahe liegende Verbindung zwischen Mariatrost und Bergbau. Aber noch in der Zeit zwischen den beiden Weltkriegen gab es

Straße	Haus-Nr. neu	Haus-Nr. alt	Name des Besitzers	Vulgarname
Kroisbach—Mariatrosterstraße	79, 80	42, 42/1	Reiß Raimund	—
	81	44	Schönbacher Joh.	Schönbacher
	82	45	Einfalt Marie	Schrei
	83	46	Pichler Josefa	Messner
	84	47	Dreßler Franz	Täuberl
	85	48	Brennkohl Franz	Fischerhansl
	86—88	49, 49/1, 49/2	Schmied Rudolf	Meierei, St. Johann
	89, 90	50, 50/1	Brauner Johanna	Villa Brauner
	91	51	Künne Friedrich	Drahtstiftenfabrik
…grünerstraße	92, 93	52, 52/2	Schuch Friedrich	Vogeljäger
	94	53	Rucker Marie	Gottmann
	95, 96	54, 54/1	Haubner Franz	Fellinger
	97	54/2	Huth Karl	Villa -
	98—100	55, 55/1, 56	Dr. Freiherr v. Krafft-Ebing, Dr. H. Gugl, Dr. A. Stichl	Sanatorium Mariagrün
	101	56/1	Gmoser Johann	Villa Filomena
…raßo	102, 103	57, 58	Kleinhappel Franz	Pilz

Adressen von Besitzern (mit Vulgarnamen!) aus Kroisbach und Mariagrün aus dem Adressbuch der Ortsgemeinde Fölling (1901).

Das Fahrpersonal der Kleinbahn Graz-Mariatrost (Foto: Hladky, 1927).

den Magneteisensteinbergbau Graz mit den Grubenfeldern Julius, Alexander, Alfred und Lia. Die Magnetitfunde auf der Platte hatten zwar eine hohe Qualität, aber eine zu geringe Quantität. So wurden nach geringem Abbau und einigen Besitzerwechseln 1939 die Lagerfelder bergbaurechtlich wieder gelöscht. Etwas erfolgreicher war der Kohlenbergbau zwischen dem Dorf Wenisbuch und der Platte. Nach mäßigem Abbau durch Bauern kam es 1907 zu einer Erneuerung der Schürfrechte. Die Kleinbahn nach Mariatrost (damals Maria Trost in der Gemeinde Fölling) eröffnete neue Transportmöglichkeiten. Der bescheidene Abbau von Braunkohle wurde in der Folge mehrfach eingestellt und zu Zeiten wirtschaftlicher Krisen wieder aufgenommen. So gab es im Ersten Weltkrieg den Einsatz kriegsgefangener Russen im lokalen Bergbau. Übrig geblieben sind einige Stolleneingänge, die Ortskundige gerne zeigen. Im Tagbauverfahren förderte man in Mariatrost in Steinbrüchen und Sandgruben. In den Schuttdeponien der Gemeinde Fölling, nahe der Grazer Stadtgrenze, endeten in den letzten Jahren etliche Grazer Bauten, so auch das Hotel Steirerhof.

Bomben auf Mariatrost

Obwohl der Bezirk im Vergleich zu anderen Teilen der Stadt von Bomben relativ verschont blieb, fielen doch rund 100 Bomben auf Mariatrost, damals ein Teil des Bezirks Graz-Nordost. Mit der SS-Kaserne im Teichhof und der Gauschule Dorothea Zeiringer im Schloss St. Johann gab es zwei größere Einrichtungen des politischen Machtsystems im Bezirk. Im Kirchberg entstand ein Luftschutzstollen von 350 m Länge für 1.500 Personen. Das lokale Kriegerdenkmal nennt inklusive Vermissten 132 Namen. Als sich 1945 die Front näherte, wurden am Hang des Hauensteins heute noch erkennbare Gräben ausgehoben. Der Wehrmachtsgeneral Ringel, eine Schlüsselperson der letzten Kriegsmonate in der Steiermark, wohnte zeitweise in Mariagrün (Am Schönborngrund 11). Der Zeithistoriker Stefan Karner schreibt es auch seinem Einfluss zu, dass die Festung Graz kampflos aufgegeben wurde.

XII Andritz

Der slawische Bezirksname weist auf schnell fließendes Wasser (endriesz) hin. Es gab früher zwei dörfliche Ortskerne: Oberandritz und Unterandritz. Nördlich davon liegt der Kirchweiler St. Veit (ursprünglich Gabriach). Nordöstlich von Oberandritz befand sich die Streusiedlung Neustift. Bei der Mur lag Weinzödl, nahe davon das Schloss St. Gotthart. Sowohl der Quelle bei der Kapelle St. Ulrich als auch der Karstquelle des Andritzbaches wurde Wunderwirkung zugeschrieben. Bei der Volkszählung 1868 hatte der Bezirk mit heutigen Grenzen 2.816 Bewohner, 1900 waren es 3.870, 1947 knapp 8.000. Seit 1901 kann man mit der Straßenbahn bis zur Andritzer Maut fahren, seit 1903 bis in den Ort Andritz. Diese Anbindung ans städtische Tramwaynetz verband die Stadtrandgemeinde enger mit Graz. Das Projekt, den öffentlichen Schienenverkehr bis zum Kalkleitmöstl zu verlängern, scheiterte. Die Andritzer wollten nicht um ihre Endstation kommen. Der Schöckelbach füllte 1932 erstmals das Becken des nach seiner Gründerin Anna Stugitz benannten Bades. Als 1972 das Bad einem Wohnbau weichen sollte, verhinderte dies aktivbürgerlicher Protest.

Das verträumte Andritz veränderte sich auch durch die Eisengießerei und Maschinenfabrik des Josef Körösi (1811–1868). Aus dem Betrieb des Industriepioniers entstand in der Folge die Andritzer Maschinenfabrik.

Ein anderer Großbetrieb in Andritz war die Papierfabrik Kranz, die spätere Papierfabrik Arland. Heute steht hier eine neue große Siedlung (siehe der Name Am Arlandgrund). Seit 1961 besitzt das Orts-

Kalkleiten und Schöck(e)l mit der geplanten Bahn- und Hotelanlage (1911).

St. Veit im 19. Jahrhundert, Grazer Schreibkalender.

zentrum Andritz mit Kirche (hl. Familie) und Pfarre neben St. Veit ein zweites religiöses Zentrum.

Als 1938 Graz auf das Sechsfache seiner Größe erweitert wurde, kamen die seit 1850 selbstständige Gemeinde Andritz, der Großteil der Gemeinde St. Veit bei Graz und der Südteil von Weinitzen zur Stadt Graz. 1938 bis 1946 bildeten diese Gebiete mit dem Norden des Bezirks Geidorf den neuen Bezirk Graz-Nord. Dann entstand der Bezirk Andritz mit seinen heutigen Namen und Grenzen. Gegenwärtig wird Andritz besonders durch seine neuen Siedlungen geprägt. Der flächengrößte Bezirk der Stadt besitzt aber auch noch landwirtschaftliche Nutzflächen und viel Wald. Der Weinbau im Bezirk ist schon längst Geschichte. So ist nur mehr der daraus ableitbare Hinweis auf das milde Klima von Interesse. Noch nach dem Zweiten Weltkrieg war die Landwirtschaft ein Haupterwerb im Bezirk. 1948 zählte man hier 130 Pferde, 855 Rinder und 700 Schweine. Statt der Arbeitspferde sind hier nun relativ viele Reitpferde eingestellt. Heute hat der Bezirk, besonders in seinem Südteil, teilweise urbanes Aussehen und Funktionen angenommen.

Als es in Andritz noch Bürgermeister gab

Über das heutige Andritz kann sich jeder Bezirksbewohner mit etwas Aufwand wohl selbst ein Bild machen. Wie lebte man hier aber vor rund 120 Jahren? Damals besaßen im Raum des heutigen XII. Bezirks drei selbstständige Gemeinden Ortschaften. Nur Andritz lag als Gemeinde vollständig im späteren XII. Bezirk. St. Veit besaß sein Gemeindezentrum in Schattleiten und die Gemeinde Weinitzen reichte weit über die heutige Stadtgrenze hinaus. Im Jahre 1880 lebten in Andritz 2.084 Bewohner, in St. Veit 789 und in dem 1938 Graz zugeschlagenen Teil von Weinitzen 488 Menschen. Zusammen waren dies 3.361. Im Jahre 2007 waren im XII. Bezirk rund 19.500 Personen (anwesende Bevölkerung), die Zahl der Wohnbevölkerung war um 3.000 Personen niedriger.

Für die Gemeinde Andritz war St. Veit (am Aigen) die zuständige Pfarre. Dort befand sich auch die Schule. Der Fußweg nach Graz wird in der zeitgenössischen Literatur (Janisch: Lexikon von Steiermark, Graz 1878–1885) mit einer Stunde angegeben. Erst 1903 erreichte der Ausbau der Tramway den Ort Andritz, zwei Jahre früher konnte man bis zur Grazer Stadtgrenze (Andritzer Maut) fahren. Zwei Großbetriebe prägten einst die Gemeinde. Die Papierfabrik Kranz und die Maschinenfabrik Körösi. Der im ungarischen Szegedin geborene Josef Körösi hatte 1852 den Betrieb gegründet. Die Fabrik erzeugte damals Maschinen bis zu einem Gewicht von 2.000 kg. Stolz wird um 1880 auf hier im Einsatz stehende Dampfmaschinen mit einer Betriebsleistung von je 16 PS hingewiesen. Damals gab es beim „Großvater" der heutigen Maschinenfabrik 200 Beschäftigte. Andritz war einst ein Ort, der von den Grazern seiner hübschen Lage und wohl auch seiner Gasthäuser wegen gerne besucht wurde. Das Namensfest der kleinen Ulrichskirche (Ulrichsbrunn) wird als vielbesucht und feuchtfröhlich beschrieben.

St. Veit verdrängt Gabriach

In der alten Steiermark gab es zumindest zehn Orte, die durch ihren Namen mit dem hl. Veit verbunden waren. Bei unserem St. Veit bei Graz wurde zusätzlich der ältere Name Gabriach gebraucht. Die romanisierte Namensform von Veit ist übrigens das bei uns etwas verbreitetere Guido. Die alte Pfarrkirche war in der Vergangenheit die charakteristische Besonderheit des kleinen Ortes.

Das Linienamt Steinbruch, die Maut zwischen Graz und Andritz (1910).

Der große Schützensaal des Landeshauptschießstandes in der Radegunderstraße (um 1900).

Die Pfarre, genau genommen war sie ein „ewiges Vikariat", besaß aufgrund ihres kirchlichen Ranges einen Friedhof. Auch das Schloss St. Gotthard und der Weiler Weinzödl lagen 1880 in der Gemeinde Schattleiten. Der Name Weinzödl weist auf Weinzerl = Winzer und damit auf den Weinbau, hin. Als zusätzliche Attraktion hebt das Steiermark-Lexikon von 1885 die vierklassige Volksschule und den Wundarzt in St. Veit hervor.

Weinitzen besaß zum Unterschied vom Kirchweiler St. Veit kein eigenes Ortszentrum. Die Siedlungen in Streulage waren in Ober- und Unterweizbach etwas dichter. Der Einödgraben führte in die Teile der Gemeinde, die in Richtung Rinnegg und St. Radegund lagen. Die Straße, die den Schöckelbach begleitend von der Andritzer Maut in Richtung Einödgraben führte, trug damals die Bezeichnung Heugraben.

Der lange Weg zum Bezirk Andritz

Unterandritz, Schattleiten und Weinitzen

Was in der Gegenwart weitgehend als Einheit erscheint, der XII. Bezirk Andritz, hat in den letzten 150 Jahren eine komplizierte kommunalpolitische Entwicklung mitgemacht. Als 1850 die politischen Gemeinden im heutigen Sinne entstanden, gab es dort, wo heute Andritz ist, drei Gemeinden. Am nächsten zu Graz lag die Gemeinde Unterandritz. Da in Unterandritz mehr Andritzer lebten als in der ebenfalls zur Gemeinde gehörenden Ortschaft Oberandritz, beharrte in der ersten Zeit die Mehrheit auf diesem Namen. Im Nordosten des heutigen Bezirks befand sich die Gemeinde Weinitzen mit den Ortschaften Neustift, Oberschöckl und Weinitzen. Ein Teil dieser drei Katastralgemeinden liegt heute außerhalb von Graz. Gleich verhält es sich mit der ehemaligen Gemeinde Schattleiten, zu der die Ortschaften Gabriach, Schattleiten und Weinzödl gehörten. Noch vor 1900 einigte man sich auf den Gemeindenamen Andritz und für Schattleiten auf St. Veit ob Graz. Hierbei muss wie schon in anderen Beiträgen darauf hingewiesen werden, dass Gabriach der alte Namen für den Pfarrort St. Veit war.

Fußmarsch und Tramwayfahrt

Die drei oben genannten Gemeinden hatten, dem jeweiligen Kommunalrecht angepasst, alle jene Einrichtungen, die selbstständige Ortsgemeinden auszeichnen, wie einen eigenen Bürgermeister und einen Gemeinderat. Die zuständige Bezirkshauptmannschaft befand sich in Graz. Wenn in Büchern des 19. Jahrhunderts die Distanz von Graz nach Andritz mit 1 Stunde und für St. Veit mit eineinhalb Stunden Fußweg angegeben war, dann war das meist die harte Realität. Das änderte sich erst mit der Eröffnung einer Straßenbahnlinie. 1901 konnte man von der Stadt bis zur Gemeindegrenze (Andritzer Maut) fahren, zwei Jahre später immerhin schon bis ins Ortszentrum von Unterandritz. Dort war und blieb die Endstation, da der einflussreiche Wirt und Bürgermeister, Gottfried Remschmidt, dafür sorgte, dass bei seiner Gaststätte der öffentliche Verkehr seinen Endpunkt hatte. Das Projekt (Kammerlander), eine Trambahnlinie bis nach Kalkleiten zu bauen, scheiterte 1911.

47 Jahre erfolgreich gegen die Eingemeindung

1891 war erstmals der Wunsch der nahen Stadt zu hören, dass man Graz flächenmäßig erweitern solle. Die urbane Begehrlichkeit wollte anfangs nur jenen Teil von Andritz, an dem drei wichtige Einrichtungen angesiedelt waren, nämlich die Papierfabrik Kranz, die Andritzer Maschinenfabrik und die Landesschießstätte. Alle Stadtrandgemeinden, so auch Andritz, lehnten den Verlust von Gebieten und Steuereinnahmen, besonders aber den der kommunalen Selbstständigkeit ab. Dieser

Die Maschinenfabrik Andritz AG (1952).

Die Arlandgründe noch mit der Papierfabrik Arland (1984).

Widerstand überdauerte die Monarchie. Auch 1918–1919 und 1928–1931, als Graz wieder mit seinen Eingemeindungsplänen aktiv wurde, blitzte die Stadt ab. Erst als 1938 dem Anschluss ans Deutsche Reich nach wenigen Monaten der Anschluss der Stadtrandgemeinden an Graz folgen sollte, kapitulierte die nun gleichgeschaltete Andritzer Kommunalpolitik. Übrigens wurde erst 1938 eine Art Binnenzoll, die Maut oder das Liniengefälle, an der Grenze zu Graz abgeschafft. St. Veit und Weinitzen argumentierten mit ihrem ländlichen Gemeindecharakter und erreichten so eine Teilung. Von St. Veit kam nur ein stadtnahes Drittel der Gemeindefläche zu Graz, von Weinitzen 40%.

Graz-Nord setzt sich nicht durch

Nicht nur aus stadtplanerischen Gründen, sondern auch, weil man mit den lokalen Traditionen brechen wollte, wurden vorerst die Traditionsnamen gelöscht. Es gab nun kein Andritz und kein St. Veit als Bezirksnamen mehr. Der neue Bezirk Nord umfasste die erwähnten Eingemeindungen und jene Teile des Bezirks Geidorf, die nördlich des nicht bebauten Nordgürtels lagen.

Den II. Bezirk „Nord“ (Graz-N) gab es allerdings nur sieben Jahre, und selbst die NSDAP hielt sich nicht an diese Bezeichnung und Begrenzung. Erst durch einen Gemeinderatsbeschluss des Jahres 1946 erhielt der Bezirk seinen heutigen Namen „XII. Bezirk Andritz“ und seinen heutigen Umfang. Wenn auch diese wechselvolle Kommunalgeschichte schon vor 64 Jahren ihr Ende fand, sollten sich doch die Andritzer von heute ihrer kommunalen Wurzeln bewusst sein.

Champagner-Fabrik der Brüder Kleinoscheg (um 1880).

XIII Gösting

Gösting ist ein sehr alter Siedlungsboden, der Name slawischen Ursprungs und bedeutet wahrscheinlich „Fahrt, Fahrweg". Im 12. Jahrhundert gehörte der Besitz den damals mächtigen Aribonen. In dieser Zeit entstand zum Schutz des hier engen Murtales die Burg Gösting. In der Folge waren die Landesfürsten aus dem Hause der Babenberger und der Habsburger über Jahrhunderte Eigentümer der Burg. Straße und Siedlung blieben in der Nähe des Bergzuges, die Murauen blieben bis in das späte 19. Jahrhundert weitgehend ungenutzt. Die Alte Weinzödlbrücke, erstmals 1672 errichtet, leitete an einer kritischen Stelle des Flusslaufs den Verkehr. Die Neue Weinzödlbrücke, rund 600 m weiter im Süden, konnte 1922 eingeweiht werden. Die Mur bedrohte mit ihrem Hochwasser mehrfach Gösting, insbesondere Raach. Aber auch der Thalerbach konnte gefährlich werden.

Die Geschichte Göstings ist eng mit der Familie der Grafen von Attems verbunden, die von 1707 bis 1848 hier die Herrschaft besaßen. 1723 zerstörte ein Feuer die Burg, die sie von Johann Anton II. Fürst Eggenberg erworben hatten. 1728 war das Barockschloss am Fuß des Berges vollendet. Das Schloss und sein Park blieben bis 1956 im Besitz der Familie Attems. Der letzte Majoratsherr der Familie, Graf Heinrich (1910–2001), lebte in Gösting. Die Familie der Grafen von Attems hatte noch im 19. Jahrhundert in verschiedenen Kronländern Herrschaften, die Gösting an Größe und Ausstattung weit übertrafen.

Das große Monturdepot (1907, an der Stelle der BULME, die 1920 hierher ver-

Franz Xaver Graf von Attems „belehnt“ 1808 Michael Schippinger. Gösting war damals nur ein kleiner Teil der Attems’schen Besitzungen.

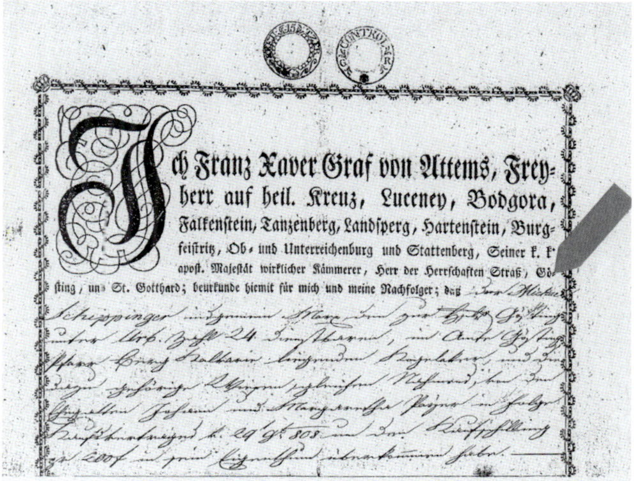

Ich Franz Xaver Graf von Attems, Frey-herr auf heil. Kreuz, Luceney, Bodgora, Falkenstein, Tanzenberg, Landsperg, Hartenstein, Burg-feistritz, Ob- und Unterreichenburg und Stattenberg, Seiner k. k. apost. Majestät wirklicher Kämmerer, Herr der Herrschaften Straß, Gösting, un St. Gotthard; beurkunde hiemit für mich und meine Nachfolger; daß [illegible]

legt wurde) und die einst wichtige Farbenfabrik Zankl (1893, nahe der heutigen Bischofsiedlung) sind heute nur mehr historische Bezugspunkte. Dass alte Industriebauten zu Wohnungen umgebaut werden können, wurde an ehemaligen Zanklbauten bewisen. Von den einst vielen Wein- und Sektkellereien in Gösting kann heute nur mehr die Firma Kleinoscheg erwähnt werden. Der Weinbau an den sonnigen Hängen Göstings wurde schon vor 1900 aufgelassen. Das ehemalige Brauhaus ist seit 1946 Kirche und Pfarrzentrum.

Ab 1901 konnte man mit der Tramway von der Stadtmitte bis zum Schloss fahren. Allerdings trennte eine Mautgrenze bis 1938 Graz und Gösting. Ab 1955 wur-

Die Ortschaft Gösting am Thalerbach (1912).

Das k. u. k. Monturdepot in Gösting (1910).

de die Straßenbahnverbindung, der 3er, etappenweise stillgelegt. Die Gemeinde Gösting (1931 Markt) wurde 1938 zu einem Teil von Groß-Graz. Der XIII. Bezirk mit dem Namen Gösting entstand allerdings erst 1946.

In diesem Jahrhundert hat sich der Schwerpunkt des Bezirks deutlich vom alten Zentrum im Umfeld des Schlosses und um das ältere Straßensystem im Westen des Siedlungsgebietes auf die Wiener Straße und ihr Umfeld, insbesondere in Richtung Mur, verlagert. Große Siedlungen haben die Bevölkerungsdichte des Bezirks stark wachsen lassen (1947: über 5.000, 2007: 11.000). So hat sich Gösting in kurzer Zeit äußerlich, aber auch in seinen Funktionen stark verändert. Eine schon projektierte Autobahn durch Gösting blieb dem Bezirk durch den Plabutschtunnel (1987) erspart.

Einst Göstings größtes Gebäude

Was war wohl das größte Gebäude, das je in Gösting gebaut wurde? Wer an das Schloss der Grafen von Attems, an die Farbenfabrik Zankl, an die Großbaracken des Pferdespitals zur Zeit des Zweiten Weltkriegs oder an das neue Gebäude der Telekom in der Exerzierplatzstraße denkt, liegt falsch. Auch kein Siedlungs-, Werks- oder Großmarktgebäude der Gegenwart kann diesen Rekord für sich in Anspruch nehmen. Nur wer das Monturdepot nennt, hat recht. Das dreigeschoßige Hauptgebäude des Militärdepots in der Gemeinde Gösting aus dem Jahre 1907 hatte eine beachtliche 56 Fensterachsen breite Front. 14 andere Gebäude standen auf dem Gelände der k. u. k. Armee. Das Depot war durch eine Gleisanlage mit der Südbahn verbunden, ein Kraftwerk sorgte für die interne Energieversorgung und Brunnen machten die Anlage auch in diesem Bereich selbstständig. 1912 waren 26 Offiziere und 150 bis 200 Mann hierher zugeteilt. Ein Depot solcher Größe enthielt nicht nur Monturen (Uniformen), sondern auch andere Ausrüstungsgegenstände für Soldaten und Kasernen. Außer Lagerräumen gab es auch Werkstätten. Die Monturdepotbranche, so der offizielle Name, besaß eine eigene Adjustierung (Uniform), die besonders in ihrer Paradeform prächtig ausgestattet war. Auch Werkmeister konnten einen Hut mit Hahnenfederbusch tragen und die Offiziere waren zum Tragen einer golddurchwebten Feldbinde berechtigt. Das neue Depot war errichtet worden, da am Ende der alten Welt bis zum Ersten Weltkrieg die Armeen und ihr Bedarf an Material stark angewachsen waren. Zuvor hatte noch das vergleichsweise kleine Monturdepot im ehemaligen Kloster der Karmeliterinnen (heute der Andeas-Hofer-Platz) ausgereicht. Zu Beginn des Ersten Weltkriegs gab es solche großen Depots wie in Gösting nur noch in Wien, Brünn und Budapest.

Vom Depot des III. Korps zur HTL BULME

Das politisch und verwaltungsrechtlich längst aufgelöste Innerösterreich (1564–1619: Steiermark, Kärnten, Krain, Görz, Gradiska, Triest, Istrien) hatte am Ende der österreichisch-ungarischen Monarchie in Form des III. Korps als Teil der Militärorganisation eine Entsprechung. Im Grazer Korpskommando auf der Glacisstraße fielen dementsprechende Entscheidungen, die bis 1918 weit über die Grenzen der alten Steiermark hinausreichten. Das Depot im nahen Gösting zeigte in seiner Größe die Bedeutung dieses III. Korps.

Für die junge und kleine Republik Österreich war das Militärdepot viel zu groß, einiges wurde abgebrochen, etwas als Kaserne genutzt, und in die übrigen Objekte zogen Betriebe und eine Schule ein. Dies war die damals von der Staatsgewerbeschule am Ortweinplatz getrennte Bundesanstalt für Maschinenbau und Elektrotechnik, kurz BULME genannt. Dem Anspruch dieser Anstalt (Höhere Technische Lehr- und Versuchsanstalt Graz-Gösting) folgend, wurden bis heute

Brauhaus Gösting (1914), nun die St. Anna Kirche.

die von ihr genutzten Bauten schrittweise erneuert.

Von Hermann zu Iberer

1938 änderten die nationalsozialistischen Machthaber den Kasernennamen von (Johann) Hermann (von Hermannsdorf), einem Hauptmann und Helden des Kriegsjahres 1809, in Hermann Göring. Am 27. Dezember 1944 verwandelten alliierte Bomben jene Kaserne in eine Ruine. Heute erinnern nur mehr Teile der alten Einfriedung und ein Schornstein an das Großdepot. Der Name Monturdepotstraße wurde im Zeitgeist zur Herma-v. Schuschnigg-Straße, dann zur Hermann-Gösting-Straße und trägt heute den Namen eines Direktors der BULME: (Richard) Iberer. In den Jahren nach dem Zweiten Weltkrieg gab es noch eine Straßenbahnstation „Monturdepot". Seit 1957 gibt es auch keine Linie 3 mehr, die dort stehen bleibt. Zwei Jahre zuvor war schon die Tramverbindung zum Schlossplatz stillgelegt worden.

Marktgemeinde Gösting

Der 2. 3. 1931 war für Gösting ein großer Tag. Damals erhielt die Gemeinde, wie kurz zuvor Mariatrost und Waltendorf-Ruckerlberg, den Rang einer Marktgemeinde. In der wirtschaftlich und politisch schwierigen Zeit war man für jede Aufmunterung dankbar. In der Praxis änderte sich nicht viel, nicht einmal ein Gemeindewappen wurde verliehen. Es gab aber doch geringe Vorteile. Die Rangerhöhung half etwas der Finanzierung und auch die Kommunalpolitiker waren nun geringfügig bessergestellt. Vom Erfolg motiviert, strebte die Marktgemeinde nun das Stadtrecht an. Einem möglichen Erfolg kam jedoch im Herbst 1938 der „Anschluss" an Graz zuvor.

In Gösting lebten zu Beginn der 30er-Jahre knapp über 5.000 Bewohner (Wohnbevölkerung 2010: 11.000). Als Bürgermeister amtierte in diesen Jahren der Sozialdemokrat Franz Schaffner, der im Februar 1934 diese Position verlor. Die Gemeindevertretung umfasste 1931 inklusive Bürgermeister 22 Mitglieder, davon waren drei Frauen. Das Gemeindeamt lag dort, wo sich heute das Bezirksamt Gösting befindet (nun Wienerstraße 255, einst Gösting 481). Im Jahre 1930 gab es zwar schon 40 Bezeichnungen für Straßen und auch Hausnummern, andererseits erfolgte die offizielle Zählung zusätzlich noch immer nach einem Zahlensystem für die Gesamtgemeinde. Vermutlich der größte, sicherlich aber der prominenteste Grundbesitzer in Gösting war die Familie Attems. Heinrich Graf Attems (1910–2001), der durch Jahrzehnte die Geschicke der Grazer Linie dieser Familie leitete, war damals noch ein junger Mann. Auch ohne Adelsnennung wusste jeder Göstinger um die Bedeutung dieser Familie und wem das Schloss Gösting und der große Waldbesitz östlich davon gehörten. Dazu gab es noch die Adresse Franz-Graf-Attems-Straße 21. Gegenwärtig gehört das nun renovierte Schloss größtenteils einer Grazer Unternehmerfamilie.

Vereine als Spiegelbild der Politik

Das rege Vereinsleben in der Vorstadtgemeinde Gösting entsprach der politischen Polarisierung jener Zeit. Da gab es den Arbeiterabstinentenbund, den Arbeitergesangsverein Morgenröte, den

Schloss Gösting, Gartenfront (Ehrenhof) (2005).

Arbeitermusikverein Vorwärts, die Arbeiter-Sportvereinigung, den Arbeiterturnverein, den Touristenverein Naturfreunde und den Sozialdemokratischen Erziehungs- und Schulverein Freie Schule – Kinderfreunde. Auf der anderen Seite standen der Deutsche Schulverein, der Deutsche Schulverein Südmark und der Deutsche Turnverein. Da Gösting damals noch keine Pfarre besaß, existierte kein lokales katholisches Vereinswesen. Im Dienst des Fremdenverkehrs stand der Verschönerungsverein. Ihn leiteten Karl Laker, Univ. Prof. für Physiologische Akustik, und seine Gattin Wilma. Die Freiwillige Feuerwehr führte 1930 der Fleischhauermeister Leopold Knotz. Wie 16 andere Freiwillige Feuerwehren in den 1938 nach Graz eingemeindeten Vorstadtbereichen wurde mit 1. Oktober 1939 auch diese Wehr aufgelöst.

Das alte Schlossdorf als Arbeitergemeinde

Die Bundeslehranstalt für Maschinenbau und Elektrotechnik (BULME) auf dem Gelände des ehemaligen Monturdepots war zwar die mit Abstand höchste Schule in der Gemeinde, sie war aber in das lokale soziale Netzwerk wenig integriert. Die getrennt geführte sechsklassige Knaben-Volksschule und die fünfklassige Mädchen-Volksschule waren hingegen wichtige Einrichtungen in der Gemeinde. In Gösting arbeitete um 1930 eine beachtliche Zahl an Gewerbetreibenden und Handwerkern, so z. B. 13 Schuhmacher und 20 Gastwirte. Dem einen Hersteller alkoholfreier Getränke standen fünf Produzenten und Großhändler alkoholischer Getränke gegenüber. Der wichtigste unter ihnen war unzweifelhaft die Firma Brüder Kleinoscheg (Anton-Kleinoscheg-Straße 100). Obwohl der Höhepunkt ihrer Entwicklung schon überschritten war, repräsentierte die Farbenfabrik Zankl (Fabrikstraße) den größten Betrieb in Gösting. Andere bedeutende Firmen waren die Farbenfabrik Reininghaus, die Dampfkesselfabrik Tschuda und die Eisengießerei Steinbrück. Die Bleistiftfabrik Brevillier & Urban besitzt eine Produktionsstätte in der Ibererstr. 23. Die Grazer Glasfabrik, die oft als eine Göstinger bezeichnet wurde, befand sich hingegen in der Gemeinde Eggenberg. Und damit ein heiterer Abschluss gesetzt ist, sei folgende Mitteilung angefügt: Unter der Adresse Raach 12 betrieb Paul Neubauer ein bescheidenes Freibad mit dem Namen: „Steirisches Gänsehäufl".

XIV Eggenberg

Der Bezirk trägt den Namen jener Familie, die durch ihr prächtiges Schloss diesen Teil der Stadt historisch prägte. Als 1717 die Eggenberger im Mannesstamme ausstarben, erbten die Grafen von Herberstein ihren Besitz im Westen von Graz. 1850 wurde eine Ortsgemeinde Eggenberg gebildet, die damals auch den heutigen Bezirk Wetzelsdorf umfasste. Das Kurhaus Eggenberg war ab 1900 die Endstation einer Linie der Grazer Elektrischen, im folgenden Jahr führte eine neue Linie bis an die Grenze des damals noch Eggenbergischen Wetzelsdorf. 1906 erfolgte die Markterhebung von Eggenberg. Obwohl sich 1914 Wetzelsdorf kommunalpolitisch verselbstständigte, war Eggenberg in der Zwischenkriegszeit mit weit über 15.000 Bewohnern die bevölkerungsreichste Marktgemeinde Österreichs.

Der Gau Steiermark erwarb 1939 das Schloss und richtete dort eine Musikhochschule ein, deren Aktivitäten 1944, noch bevor ein Normalbetrieb erreicht wurde, wieder endete. Das Schloss Eggenberg und sein Park ist in der Gegenwart ein unverzichtbarer Bestandteil der steirischen Kultur. Durch die Erklärung zum Welt(kultur)erbe im Sommer 2010 erhielt das nun renovierte Schloss seine internationale Anerkennung. Zwei museale Schwerpunkte sind die Alte Galerie des Joanneums und die Schauräume des Schlosses.

Schon im späten 19. Jahrhundert hat-

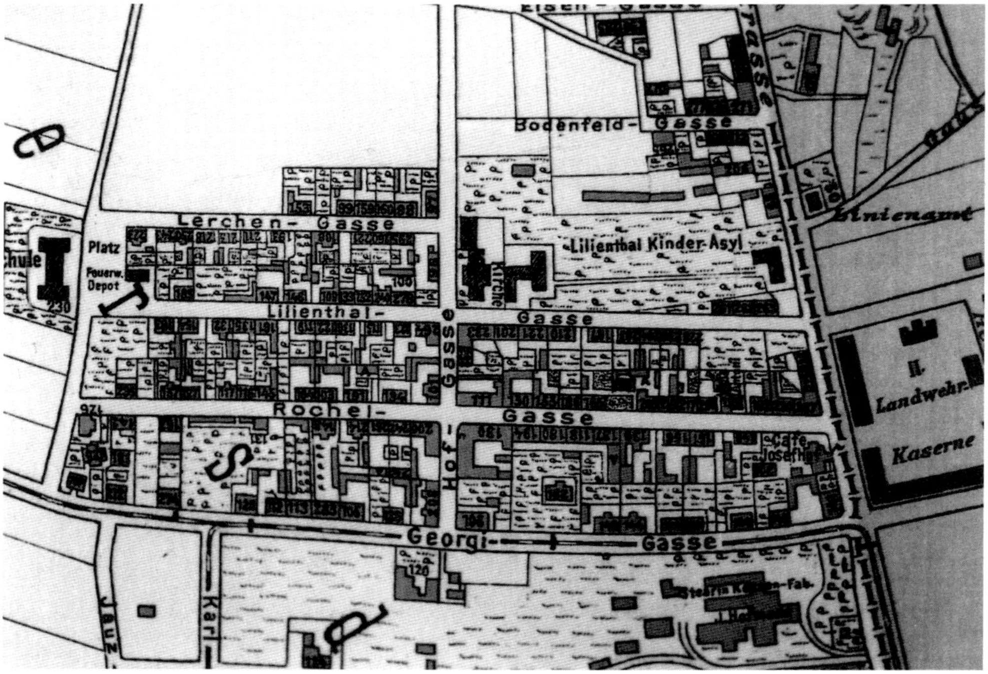

Binnen weniger Jahre entstand in Eggenberg der Ortsteil Neu-Algersdorf nahe der Gemeindegrenze zu Graz (rechts) (1905).

Als im Jahre 1900 die elektrische Tramway von Graz eine Linie nach Eggenberg eröffnete, entstand diese Karikatur. Der Zeichner sparte nicht mit persönlichen Anspielungen.

te sich der Wandel vom Schlossdorf zur Arbeitergemeinde vollzogen. Die Ortsgemeinde Eggenberg, die in die Bezirke Algersdorf und Eggenberg geteilt wurde, erhielt durch die typische Arbeitervorstadt Neualgersdorf im späten 19. Jahrhundert einen neuen Siedlungsschwerpunkt. Der wichtigste Betrieb in Eggenberg war die Brauerei Reininghaus am Steinfeld (ab 1853). Über die wirtschaftliche Bedeutung hinaus war die Brauerei beziehungsweise ihre Braudynastie, die Herren von Reininghaus, wegen ihres Mäzenatentums für Graz wichtig.

Stärker als anderswo kam es 1934 im sozialdemokratisch dominierten Eggenberg, wo sich auch die Zentrale des Konsums befand, zu Kämpfen zwischen den Angehörigen des Republikanischen Schutzbundes und der Exekutive. Obwohl Eggenberg und 16 andere Stadtrandgemeinden ganz beziehungsweise teilweise 1938 zu einem Teil von Graz gemacht wurden, hat sich besonders Eggenberg einen Teil seiner Identität als eigene Kommunaleinheit bewahrt. Diese Gesinnung zeigte sich auch in der Ablehnung einer Stadtautobahn durch den Bezirk (1973). Mehr als andere Stadtrandbereiche wurde Eggenberg seiner Betriebe und der Nähe zu Kasernen und der Eisenbahn wegen zum Ziel von Bomben.

In der Gegenwart verstärkte sich der Sozialcharakter des Bezirks durch den Ausbau und den Neubau von Großbauten im Gesundheits- und Schulbereich. Die Kirchliche Pädagogische Hochschule der Diözese (Neubau 1969, nun ein Klassiker der Grazer Architekturschule, in der Georgigasse 85–89) übersiedelte 2009 in die Lange Gasse. An ihre Stelle tritt hier die GIBS (Graz International Bilingual School). Gegenüber befindet sich mit den Schulschwestern ein weiteres pädagogisches Zentrum im Bezirk. Das Bad (1974) war ein kommunaler Beitrag zum neuen

Eggenberg und soll nach dem Neubau 2010 wiedereröffnet werden. 1999 erschien ein Heft des Stadtmuseums über die Bezirksgeschichte von Eggenberg.

Einst eine stolze Marktgemeinde

Von den Grazer Vorstadtgemeinden konnte nur die Marktgemeinde Eggenberg mit 16.500 Einwohnern (Volkszählung 1934) gegenüber der benachbarten Stadt halbwegs mithalten. Die Einwohnerzahl entsprach einem der kleineren Stadtbezirke und die kommunalen Einrichtungen sowie die Wirtschaftsstruktur zeigten urbanen Charakter. Dementsprechend bemühte man sich in der Ersten Republik auch darum, Eggenberg zur Stadt erklären zu lassen. Auch war man trotz politischer Ähnlichkeit zu Graz nicht sonderlich an einer Eingemeindung interessiert. Voll Stolz benutzte man für das Gemeindeamt den Titel „Rathaus". Algersdorf bildete den I. Bezirk, Baierdorf den II. Noch heute erinnern sich ältere Bewohner des XIV. Bezirks an die einstige Unabhängigkeit ihrer Gemeinde. Einen Stadtbezirk Eggenberg gibt es übrigens erst seit einem Beschluss des Grazer Gemeinderates aus dem Jahr 1946. Zuvor hatte Eggenberg während der Herrschaft des Nationalsozialismus zum Großbezirk Graz-West gehört.

Viele Vereine und Kleinbetriebe

Um 1930 sind in Eggenberg rund 50 Vereinigungen angemeldet. Zu dieser Vielzahl trug auch die politische Szene jener Zeit bei. Sozialdemokraten, Christlichsoziale und Deutschnationale hatten jeweils ein eigenes Vereinsnetz aufgebaut. Zwischen sieben Schulen, öffentlichen und

Die Marktgemeinde Eggenberg bemühte sich um ein Gemeindewappen. Kurz vor der Verleihung erübrigte sich dieses durch die Eingemeindung nach Graz. Wohl aber wurde schon zuvor in einer Ableitung aus dem Wappen der Fürsten Eggenberg ein Wappenentwurf verwendet.

privaten, konnte gewählt werden. Drei Feuerwehren, inklusive der Betriebsfeuerwehr der Brauerei Reininghaus, waren einsatzbereit. 1934 konnten 60% der Bewohner den Wirtschaftssparten Industrie, Gewerbe, Handel und Verkehr zugerechnet werden. Dagegen nur 2,7% der Land- und Forstwirtschaft. Nicht unerwähnt sollen jene 22% der Wohnbevölkerung bleiben, die laut Volkszählung 1934 der Gruppe „ohne Beruf" zugerechnet wurden. Diese Zahl beinhaltete zwar nicht nur Arbeitslose und ihre Familien, wohl aber zu einem hohen Prozentsatz.
Die beiden Betriebe mit den meisten Beschäftigten waren die Brauerei Reininghaus und die Konsumgenossenschaft. Einige andere Industriebetriebe erreichten zwar nicht diese Größenordnung, sind aber trotzdem erwähnenswert. So

die Grazer Glasfabrik, die zwar eine Göstinger Adresse besaß, aber in Eggenberg lag. Ferner die Großbäckerei Steiner und die Likör- und Spirituosenfabrik Eckert. Ein anderes wichtiges Element der lokalen Wirtschaft stellten die kleinen Betriebe der Nahversorgung dar. 35 Schuster boten ihre Dienste und Waren an. Zählt man alle Geschäfte zusammen, die Lebensmittel anboten, so sind dies beachtliche 120. Allerdings waren viele dieser meist sehr kleinen Geschäfte spezialisiert, so beispielsweise auf Eier oder auf Zuckerbäckerwaren. Zum Schluss sollen noch einige Betriebe ihrer Originalität wegen aufgezählt werden. Um 1930 gab es in Eggenberg zwei Harmonikahersteller, die Reisstrohbesenfabik Panther, den Giftverkauf Wolfgruber und einen professionellen Hadernsammler. Wer mehr über Alt-Eggenberg wissen will, der kann im 1999 erschienen Heft Eggenberg: Geschichte und Alltag (Hg.: Dienes, Kubinzky) des Stadtmuseums Graz nachlesen. Interessant sind auch Eggenberg – ein Heimatbuch (E. Engelhart, 1921) und die Eggenbergbeiträge im Grazer Adressbuch (ab 1900) und das Häuserverzeichnis der Ortsgemeinde Eggenberg 1893.

Gesund und krank in Eggenberg

Ein Schwerpunkt der Grazer Krankenhäuser und Sanatorien liegt im Osten der Stadt, sein Mittelpunkt ist das Landeskrankenhaus. Eine zweite Konzentration gibt es im Westen der Stadt, im Bezirk Eggenberg. Schon vor 70 Jahren gab es in der Marktgemeinde Eggenberg etliche einschlägige Einrichtungen. So das Sanatorium des Kaufmännischen Versorgungsvereins und das Kurhaus in der Bergstraße, das damals als Erholungs-

Der Verschönerungsverein Wetzelsdorf-Krottendorf warb um 1905 unter der Devise „Beliebte Sommerfrische“ auch für Eggenberg-Baierdorf.

heim vom Verband der Krankenkassen Wien und Burgenland betrieben wurde. Aus heutiger Sicht waren die sieben 1932 hier niedergelassenen Ärzte für die rund 16.000 Einwohner nicht viel. Damals war das offensichtlich ausreichend, abgesehen von den Versorgungsmöglichkeiten im nahen Graz, östlich der Alten Poststraße. Zehn Hebammen boten 1930 in Eggenberg ihre geburtshelferischen Dienste an.

Das Kaufmännische und das Merkur-Krankenhaus

Den Ursprung des Kaufmännischen Sanatoriums bildete 1913 die Erwerbung der Liegenschaft Huberbauer durch den Arzt

Pyhrnautobahn ?

Gesunde Luft – weniger Lärm

für die Grazer Bevölkerung

Darüber stimmen Sie am 27. April 1975 ab!

Im Umweltschutzgutachten des Landeshygienikers Professor Dr. Möse wird unter anderem festgestellt:

„... Hauptstörfaktor ist eindeutig der Lärm ... gefolgt von der Luftverunreinigung ..."

Die Hauptbelastung bringt der Durchzugsverkehr

Laut Finanzlandesdirektion für Steiermark wurden beim Zollamt Spielfeld im Herbst 1974 im Durchschnitt täglich 466 Schwerlastfahrzeuge abgefertigt.

Diese kommen aus dem Iran, der Türkei, Jugoslawien und anderen Ländern, sie fahren u. a. nach der Bundesrepublik, England, Polen und Skandinavien. **Sie fahren alle durch Graz** und zusätzlich noch tausende Personenkraftwagen.

Dieser Durchzugsverkehr muß aus den Grazer Wohngebieten schnellstens heraus ! ! !

Aus diesen und vielen anderen Gründen des Umweltschutzes haben wir mit Hilfe der mutigen Grazer Bevölkerung verhindert, daß eine Autobahn durch Wohn- und Siedlungsgebiete von Graz gebaut wird.

Diesen Umweltschutzbestrebungen der Grazer Bevölkerung Rechnung tragend, hat der Gemeinderat am 10. Mai 1973 u. a. folgenden Beschluß einstimmig gefaßt:

1975, in einer Zeit der Konfrontation zwischen Bürgerinitiativen und Gemeindeverwaltung, war der „Schutzverband gegen die geplante Führung der Pyhrnautobahn durch Graz" erfolgreich bei einer Abstimmung für die Variante B (Tunnel Raach-Florianiberg).

Dr. Bader. 1928 übernahm der Kaufmännische Versorgungsverein das Objekt. Der Kaufmännische Versorgungsverein besaß anfangs in der Eckertstraße ein Sanatorium mit drei Ärzten. Aus dieser Anstalt entwickelte sich das große Sanatorium der Merkur-Versicherung, das im Jahre 2000 schloss und in der Ragnitz neu eröffnet wurde. Das Merkur-Krankenhaus hatte in Eggenberg zuletzt Betten für 114 Patienten und verfügte über dementsprechend viel Personal.

Die Barmherzigen Brüder

Der Orden der Barmherzigen Brüder, der sich besonders der Krankenpflege widmet, besitzt in Graz zwei Konvente und zwei Krankenhäuser: das in der Marschallgasse und jenes in Eggenberg, nahe der Bergstraße. Hier entstand 1861 ein vom Orden geleitetes kleines Erholungsheim. Die Niederlassung wurde seither mehrfach ausgebaut und wird seit 1946 als Krankenhaus geführt. Die letzte Ausbauphase endete 1989, wiewohl laufend modernisiert werden muss. Der Prior der Eggenberger Ordensniederlassung ist gleichzeitig Vorstand des Krankenhauses, das mit 260 Betten die größte Einrichtung dieser Art im Westen von Graz ist. Die Sigmund-Freud-Klinik (Landesnervenklinik) im Süden am rechten Murufer der Stadt übertrifft mit rund 700 Betten alle Gesundheitseinrichtungen in Eggenberg zusammen.

Das neue UKH

1981 übersiedelte das Unfallkrankenhaus (UKH) von der Theodor-Körner-Straße in den Neubau in der Göstingerstraße. Der Entwurf des neuen Hauses der AUVA

Das Krankenhaus der Barmherzigen Brüder in Eggenberg (1994).

(Allgemeine Unfallversicherungsanstalt) stammt vom Architekten Schwanzer. Das Gebäude ist dem medizinischen Funktionsablauf angepasst geplant. 180 Betten und 60 Ärzte stehen zur Betreuung der Patienten zur Verfügung. Des UKHs wegen wuchs die Linie 1 der Straßenbahn im Jahre 1990 um 400 m.

LKH Graz-West

Seit Ende 1998 entsteht in Eggenberg ein weiteres medizinisches Großprojekt. Der Architekturentwurf stammt vom Team Domenik-Eisenköck-Gruber. Nahe dem UKH (Göstinger Straße 22) befindet sich damit seit Mai 2000 das LKH Graz-West mit 250 Betten für die Innere Medizin. 2002 wurde der Spitalskomplex in Betrieb genommen. Man setzt hier in einzelnen Bereichen, zum Wohle der Patienten und aus Kostengründen, auf eine Zusammenarbeit verschiedener Spitalsträger: KAGes, Unfallversicherungsanstalt, Barmherzige Brüder und Elisabethinen.

Das Sanatorium und der Stollen

1989 eröffnete das Sanatorium Kastanienhof (bis 2010 Dr. K. Gerstl). Der Name stammt von einem Gutshof, der sich hier am Gritzenweg befunden hatte. Eine historische Besonderheit des Kastanienhofes ist sein 1902 errichteter 120 m langer Stollen ins Bergmassiv, der die Wasserversorgung sicherstellen sollte. Vor 65 Jahren diente er als Luftschutzstollen Nun wird er als Therapiestollen genutzt. Eine Halle und ein unterirdischer See gehören zu seinen Attraktionen.

XV Wetzelsdorf

Der Name Wetzelsdorf weist vermutlich auf einen Siedlungspionier namens Wezil hin. Viel älter als die erste urkundliche Nennung aus dem 12. Jahrhundert sind Funde aus der keltisch dominierten Jüngeren Eisenzeit (La Tène). Im Hochmittelalter waren es das hochfreie Geschlecht der Aribonen und dann das Stift Admont, die hier große Flächen besaßen. 1850 entstand die Gemeinde Eggenberg, die damals auch das Gebiet von Wetzelsdorf (Ortschaften: Wetzelsdorf, Krottendorf, Einöd) umfasste. 1914 trennten sich die kommunalen Wege von Eggenberg und Wetzelsdorf. Die Bewohner von Wetzelsdorf, besonders aber einige ihrer einflussreichen Bürger, wollten den Eggenberger Weg zur Industrie- und Arbeitergemeinde nicht folgen, ihnen waren Landwirtschaft, Vorstadtvillen und Fremdenverkehr wichtiger. Die Villensiedlung, vornehm Cottage genannt, Sanatorien, wie jenes von Dr. v. Scarpatetti, und Gasthöfe prägten die Gemeinde. Großgasthöfe waren u. a. der Schmidbauer und der Kriegl, der auch ein Bad besaß. Aber auch Wetzelsdorf wurde in die allgemeine soziale und wirtschaftliche Entwicklung mit einbezogen. 1938 erfolgte die Eingemeindung nach Graz, der Großbezirk Graz-West wurde 1946 aufgelöst und die ehemalige Gemeinde unter ihrem Traditionsnamen zum XV. Stadtbezirk.

Seit 1901 fährt die Straßenbahn bis zur Grenze von Wetzelsdorf. Außerhalb von Graz war es leichter einen jüdischen Friedhof zu gründen, 1865 wurde er an der Wetzelsdorfer Straße geweiht. 1933 entstand in der Harterstraße der Waldfriedhof der evangelischen Kirche. Durch

In einem Kartenwerk von 1894 war die KG Wetzelsdorf noch relativ „leer". Im Westen gab es die Siedlungen Wetzelsdorf, Einöd(e) und Krottendorf, im Osten einige militärische Bauten.

Jahrhunderte gehörte Wetzelsdorf zur Pfarre Straßgang. 1932 übernahm die Eggenberger Schutzengelpfarre einen Teil dieser Aufgabe, ab 1935 besaß auch Don Bosco hier Pfarrrechte. Erst 1960 erhielt die Filialkirche Christkönig in Wetzelsdorf das Pfarrrecht.

Mit der Gründung der Landwirtschaftsschule Grottenhof 1867 entstand für Wetzelsdorf eine wichtige Schule und gleichzeitig ein großer Betrieb. Damals hatte Wetzelsdorf rund 600 Bewohner, 1934 waren es knapp 2.500. Die zuletzt veröffentlichte Graz-Statistik (2007) zählte eine Wohnbevölkerung von 13.000 Personen. 1872 tauschte die Stadtgemeinde Graz das Gelände um den Feliferhof mit der Militärverwaltung und erhielt so den innerstädtischen Stadtpark. Die während der nationalsozialistischen Zeit errichteten Kasernen wurden 1955 vom Österreichischen Bundesheer übernommen, es sind dies die Belgierkaserne und die Hummelkaserne. Die Holzhäuser-Siedlung in der Ekkehard-Hauer-Straße stammt aus der Zeit des Zweiten Weltkriegs und steht heute unter Denkmalschutz. Der nahe Raiffeisenhof ist ein Tagungsort und Volksbildungsheim jungen Ursprungs. Der ältere Teil des Baukomplexes war einst ein Sanatorium. Als Ergebnis der Geschichtswerkstätte des Stadtmuseums erschien 1997 ein Berichtsheft über Wetzelsdorf.

Wetzelsdorf 1885

Drei Mal Wetzelsdorf

Das Topographisch-statistische Lexikon von Steiermark des Josef Andreas Janisch aus dem Jahr 1885 ist zwar nicht unbedingt für seine historische Qualität bekannt, wohl aber als Dokument der Entstehungszeit geschätzt. Sucht man hier nach Wetzelsdorf, so findet man zuerst Schloss und Ortschaft Wetzelsdorf im

In der Ersten Republik entstanden im Westen von Wetzelsdorf Einfamilienhäuser, die hier 1936 als „neues Villenviertel" bezeichnet wurden.

Gerichtsbezirk Kirchbach. Auch der Ort Wetzelsdorf bei Preding ist im Lexikon dokumentiert. Selbstverständlich kann man hier aber auch über die Katastralgemeinde Wetzelsdorf, einen Teil der Ortsgemeinde Eggenberg bei Graz, lesen. Erst 1914 trennte sich Wetzelsdorf als selbstständige Ortsgemeinde von Eggenberg. 1938 fielen beide Gemeinden an Graz. Was aber ist nun über unser Grazer Wetzelsdorf im Jahre 1885 zu lesen?
1885 gehörte Wetzelsdorf zur Pfarre Straßgang, die zuständige Volksschule befand sich im Ortsteil Baierdorf, also in Eggenberg. Janisch schreibt von 101 Häusern und 628 Seelen. Diese Zahlen stammen allerdings noch von der Volkszählung 1869. Aber auch die aktuelleren Daten von der Volkszählung 1880 wären nicht wesentlich höher gewesen (776). 20% der Wetzelsdorfer lebten 1880 in der Katastralgemeinde Krottendorf. Seit 1859 durchquerte die Köflacher Bahn mit Kohle beladen Wetzelsdorf. Ein Jahr später nahm die Bahn auch den Personenverkehr auf. Wir erfahren aus dem Lexikon, dass „die Ortschaft Wetzelsdorf mit vielen dazugehörigen Weingärten am Abhange des westlich hinziehenden Bergrückens“ liegt. Weiters, dass eine Gruppe dieser Häuser die Einöde mit mehreren Villen an der Straße nach Steinberg, wo sich auch mehrere Kalk- und Ziegelöfen befinden, bildete. Nach der Erwähnung der Wallfahrtskirche von Peter und Paul schreibt Janisch von der Landesackerbauschule und der neu errichteten Militär-Schießstätte neben dem „Filiafer-Hof“ und zum Schluss folgte der Hinweis auf die ehemalige große „Parfumeriewaaren-Fabrik“ des Dr. A. C. Leyer.
Die Fabrik Leyer befand sich in der Feldgasse 35, dem späteren Standort der Ofenfabrik Garms. Der Westteil der Feldgasse ist nun die Loewegasse, der Ostteil ist im Kasernengelände aufgegangen. Der in der Schrift der Geschichtswerkstätte Wetzelsdorf 1997 von G. Fournier zitierte Handelskammerbericht erwähnt 1868 für die Seifenfabrik Leyer eine täglichen Arbeitsleistung von 11 Stunden im Sommer und 10 Stunden im Winter. Der oben erwähnte „Filiafer-Hof“ ist uns nun als Feliferhof bekannt. Der Name wird von Frau Theresia Filafero abgeleitet, welche einst als Besitzerin auftrat. 1869 tauschte die Stadtgemeinde mit der Militärverwaltung das Gelände in Wetzelsdorf gegen jene Glacisgründe östlich der Altstadt, die nun den östlichen Teil des Stadtparks ausmachen.

Militär in Wetzelsdorf

1914 trennte sich die Gemeinde Wetzelsdorf von der Marktgemeinde Eggenberg. Damals war die Argumentation die, dass man sich in Wetzelsdorf auf Landwirtschaft, Vorstadtvillen und Sanatorien spezialisieren wolle. Auch die Idee der Sommerfrische am Stadtrand war damals zu hören. Inzwischen hat die Entwicklung zum Stadtbezirk (ab 1938) diese Vorstellungen längst in den Bereich der Träume verwiesen. Das neue Gesicht des Bezirks wird auch von militärischen Anlagen geprägt. Die ältesten, der Feliferhof und die Pulvermagazine, sind allerdings schon deutlich über 100 Jahre alt. Die beiden großen Kasernen sind eine Erbschaft aus der Zeit des Dritten Reiches.

Um 1905 warb der Verschönerungsverein Wetzelsdorf-Krottendorf unter dem Stichwort „Beliebte Sommerfrische“ mit dieser Karte.

Frau Filafero und der Feliferhof

1869 kam es zu einem für Graz wichtigen Tauschhandel. Jene östlichen Teile des heutigen Stadtparks, die damals noch der Militärverwaltung unterstanden, wurden gegen einen Gutsbesitz der Gemeinde westlich der Steinbergstraße getauscht. Auf diese Weise konnte es erst zur Gestaltung der Stadtparkgründe als innerstädtischer Erholungsfläche kommen. Das nun als Ersatz der Militärverwaltung gehörende Grundstück im äußersten Westen der Gemeinde Eggenberg (Wetzelsdorf entstand erst 1914 als eigene Gemeinde) erhielt aus einer Umformung des Namens einer Verwalterin (Filafero) die Bezeichnung Feliferhof. Er dient nun als Schießplatz der Grazer Garnison und ihrer verschiedenen Armeen quer durch alle Jahrzehnte bis zur Gegenwart. Es übten und schossen dort sechs Armeen. Traurige Berühmtheit erlangte der Feliferhof durch rund 300 Erschießungen, die hier im Dritten Reich stattfanden. Auch wenn 1978 eine zusätzliche Sicherheitszone erworben und gestaltet wurde, ist der stadtnahe Schießplatz eine Belastung für die Anrainer.

Von der SS-Kaserne zur Belgierkaserne

Die Belgierkaserne in der Straßgangerstraße erhielt ihren Namen vom ehemaligen k. u. k. Grazer Hausregiment (IR 27), das ab 1853 dem jeweiligen König der Belgier gewidmet war. Ihre Geschichte weist allerdings in eine andere Richtung. Grazer Firmen und Zwangsarbeiter errichteten hier 1939 bis 1940 für die SS die größte Kaserne der Stadt. Hier wurden auch nichtdeutsche SS-Einheiten ausgebildet. 1945 bis 1955 diente die Kaserne der Britischen Armee. Die letzten zwei

1912 ruht hier ein landwirtschaftliches Gespann vor einem Plakat des Verschönerungsvereins Wetzelsdorf bei Graz.

Jahre teilte sie ihr Quartier mit der B-Gendarmerie, einer Vorform des Österreichischen Bundesheeres. Diesem dient die Kaserne seit 1955. Auf dem Gelände befinden sich das Zentrum für Internationale Kooperation des Bundesheeres und das Militärspital. Hier arbeitet auch eine ortsfeste Stellungskommission.

Vom Pulverlaboratorium zur Hummelkaserne

Um die gefährliche Munition im innerstädtischen Bereich loszuwerden, verlegte man schon Ende des 18. Jahrhunderts Pulvermagazine ins Äußere Lazarettfeld. Diese Entwicklung setzte sich im 19. Jahrhundert fort. An verschiedenen Stellen wurde Pulver gemischt (Laboratorien, siehe die Laboratoriumgasse) oder gelagert. So ist etwa die Don-Bosco-Kirche ein ehemaliges Pulvermagazin. Im Bereich der heutigen Peter-Rosegger-Straße entstand damals auch ein militärisches Materialdepot. Auch das Bundesheer der Ersten Republik nutzte diese Anlage, die dann von 1940 bis 1942 von der Deutschen Wehrmacht als Kasernengelände ausgebaut wurde. Drei Jahre nutzte die Britische Armee das Gelände als Kaserne, später wieder als Materiallager. 1957 zog hier das Bundesheer (Gruppenversorgungstruppe) ein. Nun erhielt die Anlage den Namen Hummelkaserne nach dem 1809 in den Franzosenkriegen sich bewährenden Oberst Ludwig Freiherr von Hummel. Bis 1990 gab es etliche Um- und Neubauten. Über die künftige Nutzung des Kasernengeländes gibt es noch keine endgültige Entscheidung. Der letzte Satz wurde vor acht Jahren in der Bürgerinformation Graz (BIG) geschrieben, behielt aber bis heute seine Aktualität.

XVI Straßgang

Das Dorf Straßgang erinnert durch seinen Namen an die alte Nord-Süd-Verbindung in diesem Raum und einen wehrhaften Platz (slaw. Straza = Warte, Wachturm). Lochner v. Hüttenbach hält in seiner Publikation über Steirische Ortsnamen (2008) den Namen sogar für vorslawisch. Welche Rolle in der Frühzeit des Ortes die kleine Rupertikirche, die zumindest frühromanische Bauelemente besitzt, hatte, ist noch unklar. Die alte Pfarrkirche über dem Dorf stammt vermutlich aus dem frühen 12. Jahrhundert. Diese Marienkirche war ursprünglich dem hl. Georg geweiht. Das Erzbistum Salzburg und das Stift Admont sind mit der Geschichte von Straßgang eng verbunden. Das ehemals im Besitz von Admont stehende Schloss St. Martin dient seit 1914 der Volksbildung.

Anfang des 19. Jahrhunderts hatte das Dorf Straßgang knapp 300 Bewohner. Das starke randstädtische Wachstum der letzten Jahrzehnte hat die Geschichte Straßgangs weitgehend verschüttet. Wer kennt hier noch den einst berühmten Arzt und Schrifsteller Ignaz Raffler (1760–1794), weiß von den Pestseuchen von 1680, 1682 und 1713, wem ist heute etwas vom großen Dorfbrand von 1856 bekannt? Es sei denn, er liest in diesem Buch darüber. Vom einst verbreiteten Weinbau an den sonnigen Hängen sind heute nur mehr Reste vorhanden.

Die 1860 eröffnete Bahnstrecke Köflach–Graz sollte in erster Linie dem Kohlentransport dienen. Es können aber auch Personen auf diese Weise reisen und Straßgang erhielt eine eigene kleine Bahnstation. Vereinzelt war einst neben „Straßgang bei Graz" auch die Bezeichnung „Straßgang an der Köflacher Bahn" zu finden. Das Projekt, die Straßenbahn-

Straßgang bei Graz 1929. Links die Kärtnerstraße, im Hintergrund Graz.

linie von Wetzelsdorf nach Straßgang zu verlängern, wurde zwar 1907 beschlossen, aber nicht realisiert. Von 1941 bis 1967 fuhr ein O(berleitungs)-Bus nach Straßgang, zuletzt vom Griesplatz aus. Zu den Großbauten des späten 19. Jahrhunderts gehörte die 1872 fertiggestellte Irrenanstalt Am Feldhof (nun Landesnervenklinik Sigmund Freud Graz), die nun fast 130 Jahre Medizingeschichte und -Entwicklung dokumentiert.
Die Gablenzkaserne wurde 1939 als Jägerkaserne errichtet. Nach Deutscher Wehrmacht, Roter Armee und Britischer Armee waren hier Firmen untergebracht. Schließlich übernahm das Österreichische Bundesheer die Anlage. Unter anderem ist auf dem weitläufigen Gelände das Militärkommando Steiermark untergebracht. Überregionale Bedeutung haben in Straßgang z. B. das Bad (11 ha Wasserfläche), der Metro-Markt und das Kika-Einrichtungshaus. Auf dem Leykam-Gelände in der Ankerstraße befinden sich nun verschiedene Betriebe, so bis Oktober 2010 der Leykam-Verlag. Dort, wo einst die Pyhrnautobahn durch Wetzelsdorf hätte führen sollen, befindet sich die Druckerei Wall. Am neuen Weblinger Gürtel entstanden in den letzten Jahren etliche Supermärkte.
In Webling kommt der Verkehr des Plabutschtunnels (1987) wieder ans Tageslicht. So hat Straßgang zwar dort die gefährlichste Kreuzung der Stadt (Weblinger Kreis), dem Bezirk blieb dafür eine Stadtautobahn weitgehend erspart.
Straßgangs jüngere Geschichte machte die Gemeinde 1938 zu einem Teil von Graz. Von 1946 bis 1988 gehörte Puntigam zum XVI. Bezirk. Dann trennten sich die beiden Einheiten wieder.

Vom Pfarrdorf zum Stadtbezirk

Laut Volkszählung 1880 wohnten 1.686 Personen in der Gemeinde Straßgang. Zwei Drittel davon lebten in der Katastralgemeinde Webling, welche die Ortschaften Webling, St. Martin, Kehlberg, Hart und die große Anlage des Feldhofs

Carl Hanaks Gaststätte vor der Straßganger Kirche (1908).

Auferstehungsprozession 1949 in Straßgang.

umfasste. Die einzige geschlossene Ortschaft in der seit 1850 bestehenden Gemeinde war jedoch mit 537 Einwohnern das Dorf Straßgang selbst. Die Straßen nach Graz, Tobel und Eggenberg waren zwar ungefestigt, bildeten aber die wichtigsten Verkehrsträger. Straßgang besaß damals schon mit einer Eisenbahnstation Anschluss an die Graz-Köflacher-Bahn. So konnte man in rund 10 Minuten den Köflacher Bahnhof im Bezirk Gries erreichen. Allerdings bestand bis 1938 für die Stadt Graz eine Binnenmaut, die den Verkauf landwirtschaftlicher Produkte für Straßganger Bauern verteuerte. Dies war durchaus von Bedeutung, denn der Haupterwerb der Straßganger lag in der Landwirtschaft. Als Pfarrort (Kirche Maria im Elend) besaß Straßgang zentrale Funktionen für die nähere Umgebung. So gab es eine dreiklassige gemischte Volksschule, ein Postamt, einen Wundarzt, ein „Armeninstitut" (wohl besser als Altersheim zu bezeichnen) und auch eine Reihe von Handwerkern waren im Ort vertreten. Die Freiwillige Feuerwehr Straßgang spielte eine besondere Rolle, da der katastrophale Dorfbrand von 1856 noch allen präsent war. Auch schon 1670 waren große Teile von Straßgang abgebrannt.

Die Hauptpfarre Straßgang

Das alles wurde aber von der Bedeutung der Pfarrkirche übertroffen. Die Kirchgänger nahmen einen Fußweg bis zu eineinhalb Stunden auf sich, um aus entlegenen Teilen des großflächigen Pfarrgebietes hier den Gottesdienst besuchen zu können. Nicht wichtig für die Kirchgänger dürfte die ältere Geschichte der Pfarre gewesen sein. Bis ins 12. Jahrhundert war die Kirche dem hl. Georg geweiht, dann erfolgte der Wechsel zum Marienpatrozinium. Bis 1803 besaß das Erzbistum Salzburg die Straßganger Pfarre. Wie bei Pfarrkirchen rechtens, besaß das Dorf einen eigenen Friedhof.

Schloss des Stiftes Admont und Karstquelle
Die Geschichte von St. Martin wiederum ist eng mit dem Stift Admont verbunden. In der alten Steiermark gab es ein Dutzend St.-Martin-Orte. Die Grazer um das Jahr 1880 besuchten gerne und häufig die Weinschenken im nahen St. Martin. Auch die nahe Grotte und die Karstquelle, die als Martinsbrunnen oder auch als Bründl bezeichnet wurde, wurde von den Städtern gerne besucht. Die Quelle wurde von einem improvisierten Amphitheater umgrenzt. In der Umgebung lagen (und liegen) Fischteiche. Auch der nahe Gasthof „Zum Brünnl" war ein städtisches Ausflugsziel.

Alt-Straßgang

Nach Urkunden älter als Graz
Blickt man in Straßgang über 60 Jahre zurück, ist dies viel für ein Menschenleben und wenig für die rund 1000 Jahre urkundlich belegbarer Geschichte des Ortes. Seit der Mitte des 11. Jahrhunderts ist hier und in St. Martin das Erzbistum Salzburg (später teilweise Stift Admont) begütert. Zuvor gab es Besitzungen des hochfreien Geschlechts der Aribonen und das noch viel ältere Straßendorf an einer frequentierten Fernstraße führt in Zeiten jenseits der urkundlichen Belegbarkeit. Der Name Straßgang (um 1025 strazcan) weist auf eine slawische Wurzel, archäologische Funde bezeugen eine noch älte-

Alt-Straßgang bei St. Martin (um 1950).

re Besiedlung. Die Pfarre Straßgang war einst als Mutter- und Hauptpfarre für den Großteil des nördlichen Grazer Feldes am rechten Murufer zuständig. Aber wie war das nun vor rund 60 Jahren?

Zwei Bahnstationen und keine Straßenbahn

Nach den Regierungskommissären Henninger und Wagner führte in den letzten Jahren der kommunalen Selbstständigkeit bis 1938 der Gastwirt Karl Zach als Bürgermeister die Gemeinde. Die Volkszählung des Jahres 1934 ergab 8.051 Bewohner und 1.018 Häuser, wobei auch ausdrücklich auf die Notwohnungen dieser politisch und wirtschaftlich schwierigen Zeit hingewiesen wurde. Die Gemeinde Straßgang hatte damals eine Fläche von 14 km², etwas mehr als der heutige XVI. Stadtbezirk. Straßgang war stolz, zwei Bahnhöfe, wohl besser Bahnstationen, zu besitzen. Der eine lag (und liegt) an der Linie Graz-Köflach nahe dem Ortszentrum. Der zweite war betrieblich eng mit der Brauerei Puntigam in der Nachbargemeinde Feldkirchen verbunden, lag aber noch auf dem Gemeindegebiet von Straßgang.

Vorstädtische Strukturen

Der größte Betrieb – oder besser größte Arbeitgeber – war die „Landes-Heil- und Pflegeanstalt Am Feldhof" (gegr. 1872), so der damals offizielle Titel. Die Einrichtungen des Handels und des Gewerbes waren in Straßgang in den 30er-Jahren eher von bescheidener Dimension. Zwar gab es genug handwerkliche Betriebe und Geschäfte zur Deckung des lokalen Bedarfs, aber keine größeren Wirtschaftseinrichtungen. Die kleine Fabrik für land-

Der architektonisch gestaltete 44 m hohe Wasserturm des Feldhofes (Landesnervenklinik Sigmund Freud) (um 1950).

wirtschaftliche Maschinen war deshalb schon eine Besonderheit. So lag für viele Straßganger der Arbeitsplatz jenseits der Gemeindegrenze. Das nahe Graz und die Brauerei Puntigam, die damals noch nicht mit der Brauerei Reininghaus verbunden war, boten sich hier an. Für viele gab es damals aber gar keinen Arbeitsplatz. Die Landwirtschaft spielte in der Zwischenkriegszeit in Straßgang nur mehr eine geringe Rolle. 1934 arbeiteten nur mehr 10% in dieser Wirtschaftssparte. Die großen unbebauten und landwirtschaftlich genutzten Flächen zwischen Straßgang und seinen Nachbargemeinden, wie etwa Graz, zeigten ein anderes Bild. Schließlich bildete der Ort durch seine Steirische Landesstelle für das bäuerliche Fort- und

Volksbildungswesen (Direktor Hofrat Steinberger) im Schloss St. Martin doch ein Zentrum der ländlichen Steiermark.

Dekanat Straßgang

Die Ortsteile Straßgang und Straßgang-Puntigam bildeten eine Katastralgemeinde, die KG Webling umfasste im Westen den Ortsteil Webling, im Osten Hart. Stolz war die Gemeinde auf ihr 11.000 m² großes Bad, das bis zu 3.000 Personen aufnehmen konnte. Der Dekanatssprengel Straßgang umfasste mit rund 12.000 Personen auch weite Bereiche außerhalb der Gemeinde und unterstrich damit die Bedeutung der alten Pfarre. Außer Straßgang gehörten Feldkirchen, Premstätten, Tobelbad, Lieboch und Hitzendorf zum Dekanat Straßgang. In Richtung Puntigam (Wagram) zählten etliche Straßen allerdings zum Pfarrsprengel Feldkirchen. In dieser Randzone (Ortsteil Straßgang-Puntigam) verlor der Bezirk Straßgang im Jahre 1988 auch einiges Gebiet an den damals neu entstandenen Bezirk Puntigam.

Straße I bis Straße XVI

Das durch die Ereignisse des Jahres 1934 reduzierte Spektrum der Vereine konzentrierte sich in den letzten vier Jahren kommunaler Selbstständigkeit bevorzugt auf solche der katholischen Kirche. So gab es einen Burschenverein, einen Jungfrauenverein, den Hausmütterverein und den Hausväterverein. Außer der öffentlichen Volksschule (Hauptstraße, nun Kärntner Straße) gab es in der Mittelgasse (heute Aribonenstraße) eine private sechsklassige Mädchenvolksschule der Schulschwestern. In Hart trugen damals einige Straßen die nicht sehr originellen Bezeichnungen Straße I bis Straße XVI. Heute sind das die zueinander parallel liegenden kurzen Straßen zwischen dem Zweigottweg und dem Portugallweg.

Das Straßganger Bad um 1930.

Die Triester Reichstraße südlich der Brauerei Puntigam (Erste Republik).

XVII Puntigam

Am rechten Murufer führt seit Jahrhunderten eine am Rand einer eiszeitlichen Terrasse gelegene Straße vom Grazer Raum nach Süden. Es ist die Triesterstraße. Südlich von Graz entwickelte sich dort das alte Pfarrzentrum Feldkirchen zur heutigen Marktgemeinde. Der XVII. Grazer Stadtbezirk gehörte größtenteils bis 1938 zur Gemeinde Feldkirchen. Noch Mitte des 19. Jahrhunderts war der Raum zwischen der Karlau und Feldkirchen überwiegend landwirtschaftlich genutzt. Am linksseitigen Mühlgang befanden sich jedoch einige Mühlen, auch gab es schon seit 1838 eine kleine Brauerei, deren Entwicklung diesen Raum prägen sollte. Vor rund 150 Jahren erfolgte der erste Brückenschlag nach Liebenau und 1846 wurde die Eisenbahnlinie Graz–Cilli der damals noch staatlichen Südbahn eröffnet, an der auf Brauereikosten 1859 die Station Puntigam entstand. Der Bezirksname leitet sich von einem Eigennamen ab, der sich zu einem Hofnamen wandelte. Wer über die ältere Geschichte von Puntigam nachlesen will, der sei auf die Pfarr- und Kommunalgeschichte von Feldkirchen des I. J. Joherl (1905) hingewiesen.

Die Straßenbahnlinie von der Stadt zur Brauerei wurde im Jahre 1900 eröffnet. Um 1900 hatte Puntigam mit den heutigen Grenzen rund 1.400 Bewohner, 1934 waren es schon 3.200, 1986 über 7.000. 2007 gab es in Puntigam als Wohnbevölkerung 6.000 und als anwesende Bevölkerung 7.800. Die Brauerei wechselte mehrfach ihren Eigentümer (Knabl, Hold, Schreiner, Erste Grazer Aktienbrauerei) und entwickelte sich ab dem späten 19. Jahrhundert zum erfolgreichen Großbetrieb. 1943 erfolgte die Verschmelzung mit der Brüder Reininghaus AG. Heute werden hier das Puntigamer und das Reininghauser Bier gebraut. Ein anderer Großbetrieb war das Städtische Gaswerk, das 1944 in Betrieb genommen wurde. Besonders

östlich des Murganges ist es in den letzten 30 Jahren zur Ansiedlung neuer Betriebe gekommen.
1938 musste die Gemeinde Feldkirchen im Rahmen der Erweiterung von Graz zu einem Groß-Graz die Ortschaften Wagram, Puntigam und Rudersdorf (gemeinsam als KG Rudersdorf) an die Stadt abtreten. Während der nationalsozialistischen Herrschaft bildeten diese Ortschaften zusammen mit der ehemaligen Gemeinde Straßgang den Stadtbezirk Graz-Südwest. Erst 1946 wurde daraus der Bezirk Straßgang gebildet. Für die Bewohner von Puntigam war dies keine befriedigende Lösung. Nach langem Bemühen erhielten die Puntigamer 1988 ihren eigenen Bezirk, der nun auch den Südteil des Bezirks Gries und den Ostteil von Straßgang umfasst. 1975 entstand mit der Pfarre St. Leopold ein eigenes kirchliches Zentrum.

Von Rudersdorf zu Puntigam

Blickt man vom gegenwärtigen Puntigam rund fünf Generationen zurück, so befindet man sich in der Zeit um 1880 in der Katastralgemeinde Rudersdorf als einem Teil der Ortsgemeinde Feldkirchen. Im Amtsdeutsch heißt dies, dass die KG Rudersdorf mit den Ortschaften Rudersdorf, Wagram und Puntigam in der OG Feldkirchen lag und in der VZ 80 (Volkszählung 1880) 610 Bewohner hatte. Dementsprechend befand sich das politische, wirtschaftliche, soziale und kirchliche Zentrum im Gemeindezentrum Feldkirchen. Diese kommunalpolitische Einteilung hatte bis 1938 Bestand. Noch 92 Jahre sollten vergehen, bis es 1988 zu einem Stadtbezirk Puntigam kam. Dieser umfasste dann allerdings auch den Südteil des Bezirks Gries und einen kleinen Teil von Straßgang. Ende des 19. Jahrhunderts besaß der Pfarrbezirk Feldkirchen knapp 27 km², umfasste u. a. Kalsdorf und sogar einen Teil der Gemeinde Straßgang. Auch der für Rudersdorf zuständige Friedhof befand sich in Feldkirchen, die Kinder besuchten die zweiklassige Volksschule im Gemeindezentrum Feldkirchen.

Schotterstraßen und Hochwasser
Erst im Jahr 1900 erhielt Puntigam, damals noch Nordteil der Gemeinde Feldkirchen, durch die Tramway einen öffentlichen Verkehrsanschluss zur Stadt. Die Bahnstation Puntigam, die der Hold'schen Brauerei zuliebe (besser: auf deren Kosten) errichtet wurde, eröffnete erst 1903. Die damals noch unbefestigte Triesterstraße (Wien–Triester-Reichsstraße), eine Hauptkommerzialstraße, verband Graz über Puntigam mit Feldkirchen. Die Tiergartenwiesen und die Rudersdorfer Au waren ein fast unbesiedeltes Gebiet mit Wiesen und Laubwäldern, ständig bedroht von der hier bis in diese Jahre ungesicherten Mur. Obwohl damals an der Flussregulierung massiv gearbeitet wurde, brachten 1883 drei Hochwasserstände wiederum umfangreiche Schäden. Über den rechtsseitigen Mühlgang konnte im Normalfall der Wasserspiegel der Mur reguliert werden. Eine hölzerne Jochbrücke verband Rudersdorf mit Liebenau. Die Brücke war 1862 durch den Brauereiunternehmer Hold errichtet worden.

Das bierige Puntigam
In der kleinen Ortschaft Wagram gab es um 1880 vier erwähnenswerte Betriebe:

Der Spitzwirt (südlichste Spitze des Bezirks Gries, nun Puntigam) zeigte 1910 seine Gäste, Personal und Vieh.

Die 1881 gegründete Hadern-Pappendeckel-Fabrik, die Darmreinigungs-Anstalt Grazerhof (seit 1879), die Erste steiermärkische Dampf-Lack-Firnis- und Farbenfabrik (seit 1852) und ab 1868 die Holzstoff-Fabrik Brüder Kranz, die für die Papierfabrik in Andritz produzierte. Der einzige größere Industriebetrieb im hier zu besprechenden Raum befand sich im Ort Puntigam und war, wie richtig vermutet, die Brauerei. Der Name Puntigam war ursprünglich ein Familienname, der dann auf einen Puntigamhof (Gasthaus „Zum Puntigam") übertragen wurde. Daraus wiederum bildete sich der Ortsname und schließlich die Kurzbezeichnung für das hier gebraute Bier: Puntigamer. Seit 1839 wurde hier gebraut. Die Familien Knabl, Hold und Schreiner prägten die Frühzeit der Brauerei. 1889 änderte sich die Organisationsform des Betriebs, aus der Brauerei Franz Schreiner & Söhne entstand die Erste Grazer Aktienbrauerei.

Puntigam und der Schienenverkehr

Beim Stichwort Puntigam denkt vermutlich die Mehrheit der Steirer an Bier und Brauerei. Die Puntigamer selbst sehen das vermutlich differenzierter. Puntigam ist ihre Heimat, ihr unmittelbares räumliches Umfeld. Einst gab es den Namen Puntigam bei Graz. Nun ergibt sich für Puntigam in Zukunft eine neue Eisenbahn-Situation. Diese Zukunft hat aber auch eine Vergangenheit.

Die Teilstrecke Graz–Cilli der Südbahn, damals noch als Staatsbahnstrecke, wurde 1846 eröffnet. Zu diesem Zeitpunkt gab es noch keine Bahnstation in Puntigam. Erst 13 Jahre später beantragte der Bauunternehmer Franz Hold (1805–1872), Eigentümer der Brauerei Puntigam, für seinen Betrieb und auf seine Kosten eine Bahnstation. Diese wurde ihm unter dem Namen seines Betriebes (Puntigam) bewilligt. Die Brauerei und damit auch die kleine Ortschaft um sie herum, lag damals in der Katastralgemeinde Rudersdorf der Ortsgemeinde Feldkirchen. Für den weiterreichenden Einfluss der um Ansehen bemühten Brauerei spricht, dass drei der ersten Stationschefs dem niedrigen Adel angehörten. Eine für damalige Zeiten unter der Berücksichtigung der Kleinheit der Station höchst ungewöhnliche Besetzung. Den Verkehr bestimmte über Jahrhunderte die traditionsreiche Triesterstraße. Parallel zu ihr wurden, etwas westlich abgesetzt, die Gleise der Eisenbahn verlegt. Puntigam hatte nun seinen eigenen Bahnhof, der im Personenzugsverkehr den Ort mit Graz verband. Dass der Bahnhof genau genommen damals in der Gemeinde Straßgang lag, wurde kaum wahrgenommen. Der Schwerpunkt der Transporttätigkeit war und blieb allerdings der Bierversand. Von hier lief die Lieferung in die weitere Umgebung und auch dann und wann des guten Rufes der Firma wegen, ein Waggon Puntigamer Bier nach Alexandria in Ägypten. Die Alternative zum Zugstransport war damals nur das Pferdefuhrwerk.

Springen wir von der Vergangenheit in die Zukunft: Die Eisenbahn durch Puntigam wird zu einem Teil der ausgebauten Linienführung der Hochleistungsstrecken AG. Dies im Zusammenhang mit der Koralpenbahn und dem Ausbau der einst auf eingleisig reduzierten Strecke in Richtung Slowenien. Dafür werden neue Straßenunterführungen gebaut, der alte Bahnhof durch einen neuen ersetzt und sogar Straßen und Kreuzungen neu geplant. Sechs Großbaustellen im Bezirk in den letzten Jahren haben hoffentlich zu einer Verbesserung der Verkehrs- und Umweltsituation im stark belasteten Puntigam geführt.

Die Brauerei Puntigam mit Elektrischer, Bahnstation, Besucherstrom und der Triester Reichsstraße als Allee (1913).

Mit der Tram zur Gaststätte der Brauerei

Der Ausbau der brauereieigenen Gaststätte um 1900 machte nur dann Sinn, wenn die Grazer Konsumenten zahlreich dorthin zu bringen waren. Wer wollte schon vor oder – noch schlimmer – nach einem Besuch der Gaststätte zu Fuß durch die Vorstadt den langen Weg zur Stadt gehen? Wer konnte sich schon eine Kutsche leisten und Automobile waren zu dieser Zeit noch Exoten. Daher mussten Verhandlungen mit der Grazer-Tramway-Gesellschaft den Anschluss ans städtische Straßenbahnnetz bringen. Am 1. November 1900 war es so weit. Die einspurige Strecke mit Ausweichstellen vom Griesplatz bis zur Brauerei wurde in Betrieb genommen. Die Fahrzeit betrug, wie der Geistliche und Lokalchronist Ignaz Joherl 1905 penibel berichtete, 21 3/4 Minuten. Dass auch die Anrainer in Rudersdorf und Wagram diese Verbindung nutzen konnten, war für die Brauerei weniger interessant, als die damit gegebene Fahrmöglichkeit für Bierliebhaber und Brauereiarbeiter. Für diese verkehrte der erste Wagen im Sommer um 6 Uhr, im Winter um 7 Uhr. An der Stadtgrenze, nahe dem Spitzwirt, lag die Maut. Dort wurde der Straßenbahnwagen durch städtische Finanzbeamte kontrolliert. Diese Binnenmaut, sie wurde bis 1938 unter verschiedenen Rechtstiteln für Waren und Fahrzeuge kassiert, war stets ein großes Ärgernis. Ganz besonders für Bauern, die ihr Angebot auf die Grazer Märkte brachten. Die Interessenslage der Brauerei brachte es auch mit sich, dass anders als für Gösting oder St. Peter in den straßenbahnfeindlichen 50er- und 60er-Jahren des 20. Jahrhunderts es zu keiner Einstellung oder Kürzung (etwa eine Streckenführung nur bis zum Zentralfriedhof) kam.

Die Brauerei Puntigam zeigt hier 1927 ihre Fahrzeuge und ganz rechts auch einen Waggon voller Bierfässer.

Öffentliche Einrichtungen für Interessenten der Grazer Stadtgeschichte und Literaturhinweise

Steiermärkisches Landesarchiv
Stadtarchiv Graz
Universitätsbibliothek
Landesbibliothek
Bild- und Tonarchiv des Joanneums
Büro der Erinnerungen des Joanneums
Stadtmuseum Graz

Die Beiträge dieses Buches wurden in den letzten 12 Jahren in der Bürgerinformation Graz BIG veröffentlicht. Die inhaltliche Grundlage hierzu lieferten 50 Jahre Interesse und Beschäftigung mit der Grazer Lokalgeschichte und eine umfangreiche eigene Bildersammlung zu diesem Thema. Im Stadtarchiv Graz wurden Akten zur Geschichte der Stadtrandbezirke, der Murschifffahrt und Luftfahrt bearbeitet. Nicht unerwähnt sollen die fachbezogenen Gespräche mit Kolleginnen und Kollegen sein. Einiges Wissen habe ich auch durch Kontakte mit Zeitzeugen und Freuden gewonnen. So sei allen gedankt, die mir direkt oder indirekt geholfen haben. In einigen Beiträgen dieses Buches wurde Literatur zur Beweisführung und Anregung zur weiteren Beschäftigung zitiert. Die Bezirkshefte des Stadtmuseums Graz (Hg.: Gerhard M. Dienes, Karl A. Kubinzky, 1989–1994) und meine Beiträge dort enthalten ebenfalls Literaturlisten. Unentbehrlich waren mir alte und neue Stadtpläne, Zeitungen sowie die Adressbücher der Stadt Graz, die von 1862 bis 1978 erschienen sind.
Hier soll nun in einer subjektiv definierten kurzen Auswahl Standardliteratur zu Grazer Stadtgeschichte zitiert werden. Dass diese Liste beliebig erweiterbar ist und auch eingeschränkt werden kann, ist selbstverständlich.

Bouvier Friedrich (Bearbeitung): Die Kunstdenkmäler der Stadt Graz, Die Profanbauten des IV. und V. Bezirkes, Wien 1984.

Brunner Walter (Hg.): Geschichte der Stadt Graz, 4 Bd., Graz 2003.

Janisch Josef Andreas: Topographisch-statistisches Lexikon der Steiermark, 3 Bd., Graz 1878–1885.

Historisches Jahrbuch der Stadt Graz, 40 Bd., Graz 1968–2010.

Kubinzky, Karl A., Wentner Astrid M.: Grazer Straßennamen, Graz 2009[3].

Popelka Fritz: Geschichte der Stadt Graz. 2 Bd., Graz 1959–1960[2].

Resch Wiltraud (Bearbeitung): Die Kunstdenkmäler der Stadt Graz, Die Profanbauten des I. Bezirkes Altstadt. Wien 1997.

Schreiner Gustav: Grätz, Grätz 1843.

Schweigert Horst (Bearbeitung): Dehio Handbuch Graz, Wien 1979.

Stadtgemeinde Graz: Die Stadt Graz, Graz 1928.

Inhaltsverzeichnis